Découvrez l'histoire par les archives de presse

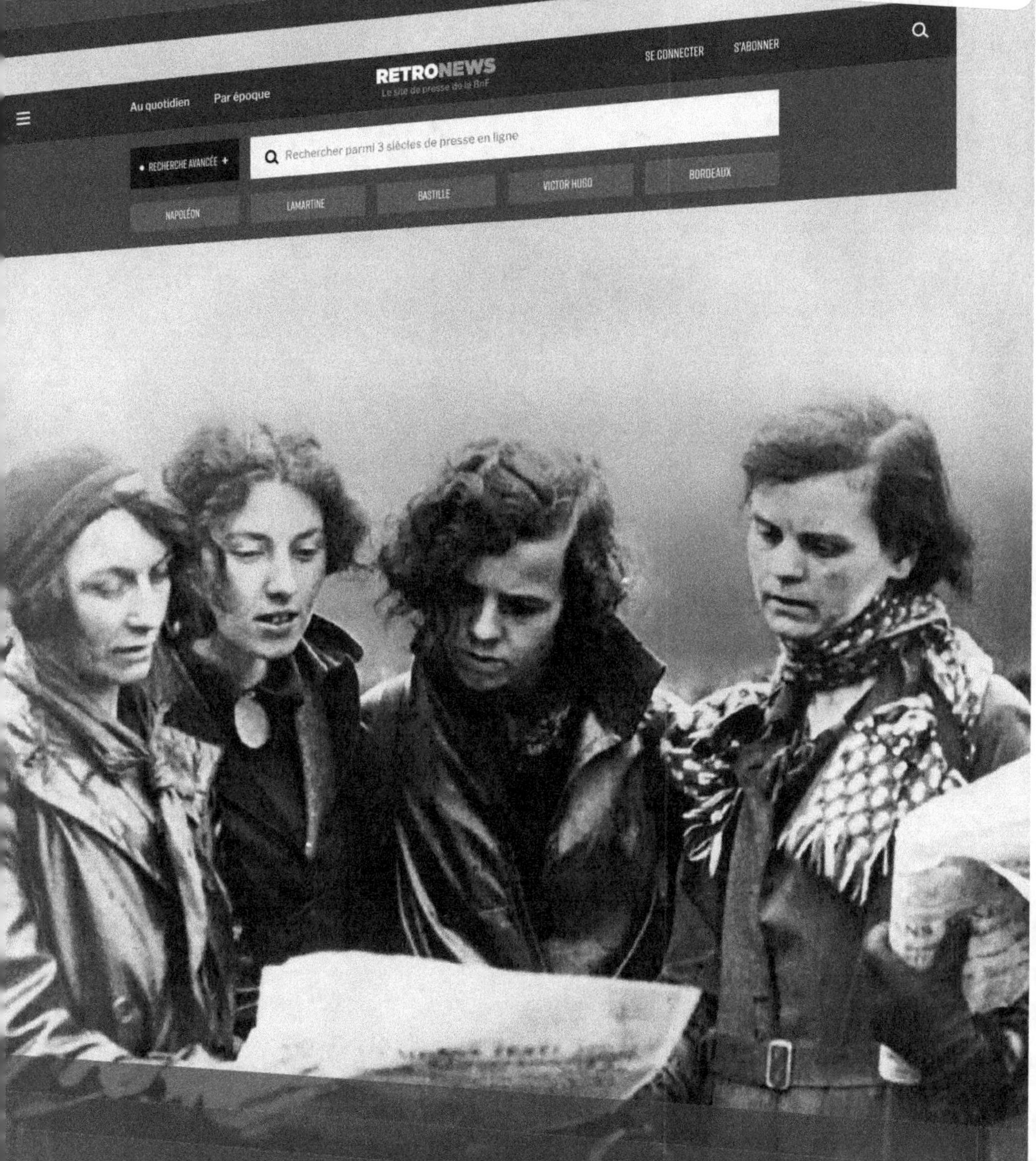

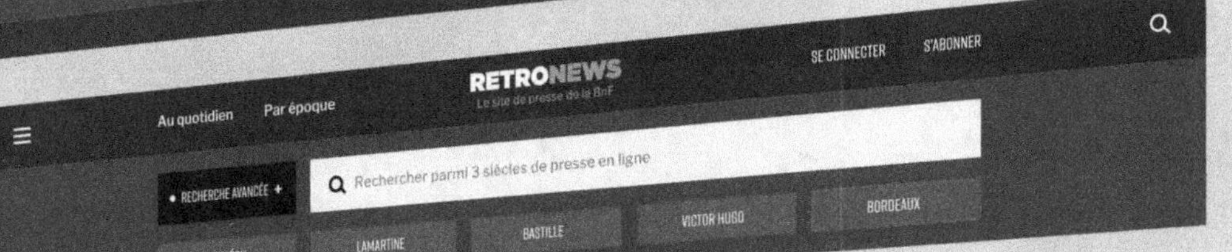

RETRONEWS

Le site de presse de la BnF

www.retronews.fr

ACADÉMIE IMPÉRIALE
DE LYON.

MÉMOIRES

DE LA

CLASSE DES SCIENCES.

Lyon, Imprimerie do Rey et Sézanne, rue St-Côme, 2.

MÉMOIRES

DE

L'ACADÉMIE IMPÉRIALE

DES SCIENCES, BELLES-LETTRES ET ARTS

DE LYON.

—

CLASSE DES SCIENCES.

—

—

TOME HUITIÈME.

—

LYON,

M^{el} **SAVY**, Libraire, place Louis-le-Grand ;

A. **BRUN** et Cie, Libraires, rue Mercière.

PARIS,

DURAND, 7, rue des Grès-Sorbonne.

—

1858.

ÉLOGE

DU DOCTEUR

BARON DE POLINIÈRE,

Par le Dr J.-B. MONFALCON,

Lu à l'Académie de Lyon dans la séance publique du 31 mars 1857.

--------++▷▷▷▷◁〔○✹○〕◁◁◁◁-------

MESSIEURS,

Dans votre avant-dernière séance publique vous avez écouté avec un vif intérêt la lecture faite par M. de Polinière, d'une biographie de M. le docteur Viricel. Quelques mois se sont écoulés ; une nouvelle solennité académique vous réunit, et cette fois c'est pour entendre l'éloge funèbre de l'orateur que vous avez tant applaudi. Notre confrère n'était point arrivé encore à un âge avancé, mais ses jours étaient comptés. A peine avait-il terminé sa notice, travail dont il s'était occupé peut-être avec trop de sollicitude, qu'il fut frappé, au siége même de l'intelligence, d'un mal insidieux et terrible. Votre séance avait été annoncée : malgré une indisposition grave dont le caractère véritable ne se révélait pas encore, M. de Polinière se rendit auprès de vous pour remplir sa part du programme. Mais pendant qu'il lisait son long écrit, plusieurs d'entre vous remarquèrent l'altération de ses traits et la défaillance de sa voix. Reconduit chez lui par quelques amis, il se remit au lit pour ne plus en sortir vivant. Aujourd'hui vos yeux cherchent vainement dans cette enceinte ces deux académiciens si distingués; vous ne les y retrouverez plus. L'auteur et le sujet du panégyrique se sont succédé à bien peu de distance dans la tombe, associés dans vos regrets profonds, comme ils l'ont été l'un à l'autre pendant leur vie par un même sentiment d'affection et de haute estime.

Les hommes d'un haut mérite ne trouvent pas toujours dans leur entourage des appréciateurs bien fervents, et leurs titres à l'estime publique ne rencontre parfois qu'indifférence chez ceux-là même qui auraient le plus intérêt à les faire valoir et à s'en enorgueillir. Engagées dans un autre ordre d'idées, les générations qui leur succèdent se montrent assez souvent oublieuses, et sont bientôt elles-mêmes dispersées et éteintes dans le cours rapide des âges. Mais les Académies ne meurent point : chez elles, le culte de la science est un sentiment et un devoir; sous ce rapport, elles sont la véritable famille du savant et de l'homme de lettres. Lorsqu'elles ont perdu un de leurs membres, leur premier soin c'est de recueillir ce qui peut honorer sa mémoire et la recommander aux temps à venir. Pendant leur vie, les hommes haut placés dans la science ont associé à leur gloire les Sociétés savantes auxquelles ils appartenaient; quand ils ne sont plus, les Académies se montrent reconnaissantes en honorant le souvenir de ces personnages éminents par tous les moyens dont elles disposent. Nulle part on ne conserve avec plus de vénération les titres à l'estime publique de l'homme qui se distingua dans sa carrière; nulle part on ne prend un soin si religieux de les réunir, de les faire valoir et d'en assurer la conservation. Celui des membres de l'Académie avec lequel M. de Polinière avait entretenu les relations les plus anciennes et les plus intimes, devait être nécessairement celui qui aurait le plus de bien à vous en dire; c'est à cette considération seule que je dois l'honneur d'avoir été désigné par vous, pour écrire l'éloge de l'un des hommes dont la médecine lyonnaise s'applaudit le plus. Heureux de cette mission, je vous raconterai sans exagération, comme sans réticence, ce que je sais de notre digne confrère; vous m'aiderez de vos sympathies, et du concours de nos efforts résultera, je l'espère, un portrait ressemblant (1).

Augustin Pierre Isidore de Polinière, docteur en médecine de la Faculté de Paris, correspondant de l'Académie royale de médecine, membre du Jury médical et du Conseil de salubrité, médecin, puis administrateur de l'Hôtel-Dieu et de l'hôpital de la Charité, de la Société de médecine, de l'Assistance médicale et du Dispensaire, chevalier de la Légion d'Honneur et baron, naquit à Vire en Normandie, le 15 décembre 1790. Il appartenait à une famille distinguée, dont les trois branches se partagèrent entre la médecine, la magistrature et la carrière militaire; elle a compté dans son

---

(1) La biographie des médecins que l'Académie a comptés parmi ses membres, est riche en enseignements variés. Elle contient non seulement l'histoire très instructive de l'art médical dans notre cité, mais encore le portrait d'hommes qui ont été célèbres à des titres divers. Nous prenons plaisir à faire une connaissance intime avec ces savants docteurs; à pénétrer le secret de leurs habitudes et de leurs goûts; à saisir le caractère de leur individualité; à nous rendre compte, enfin, de ce qu'ils ont été par l'usage qu'ils ont fait des facultés dont la Providence les avait dotés. Déjà si honorable et si honorée, la médecine nous paraît devoir l'être encore davantage lorsque nous voyons à quel degré éminent de considération et de renommée elle peut conduire.

sein, vers le même temps, jusqu'à onze chevaliers de Saint-Louis. Le plus connu de ses membres fut Pierre Polinière, professeur renommé de physique pendant le premier quart du xviii siècle, et auteur d'écrits qui donnèrent beaucoup de popularité à une science, maintenue alors dans l'enfance par les doctrines surannées d'Aristote. Pierre Polinière a mérité une place dans la biographie universelle par le succès de ses ouvrages et par l'éclat de son enseignement (1). Le père de l'académicien fut un médecin distingué ; on a de lui des observations médicales qui furent insérées dans le recueil de Lepecq de la Cloture. Une branche de la famille Polinière fut anoblie pendant les dernières années du règne de Louis XIV, distinction dont ses membres ne paraissent pas avoir toujours fait usage.

Destiné à la profession de médecin, Isidore de Polinière fit en Normandie de bonnes études qu'il continua plus tard à Paris. Un goût très prononcé pour l'état militaire lui aurait fait préférer une autre direction ; mais toutefois il ne fit aucune opposition à la volonté de son père. S'il parut à l'armée, ce fut pour y remplir les modestes fonctions de chirurgien sous-aide pendant la mémorable campagne de 1809. Libéré bientôt de ce service, il se rendit à Paris pour s'y faire recevoir docteur en médecine, et ne se montra pas moins assidu aux cours célèbres de MM. Cousin, Guizot et

---

(1) Pierre Polinière professa la physique expérimentale au collége d'Harcourt, à Paris, avec beaucoup de succès ; jusqu'à lui l'enseignement avait été élémentaire ; les faits n'accompagnaient pas l'exposition des principes. Ce fut donc une nouveauté heureuse que l'association d'expériences publiques à la théorie ; elle eut un si grand retentissement que le nouveau professeur fut appelé à faire un cours pour le duc d'Orléans, régent, et pour le jeune roi de France, Louis XV. On doit à Polinière des éléments de mathématiques, *Paris, de Laulne*, 1709, in-12, et son traité intitulé : *Expériences de physique, Paris, de Laulne*, 1709, 2 vol. in-12. Cet ouvrage a eu cinq éditions, la dernière est de 1741. Né à Coulonces, près de Vire, en 1671, Polinière mourut à Paris en 1736.

Villemain, qu'à ceux de la Faculté. Très exact aux leçons cliniques qui avaient lieu dans les hôpitaux, il se fit distinguer par deux médecins très habiles, MM. Husson et Recamier, avec lesquels il entretint pendant longtemps d'excellentes relations. Il fut reçu docteur en 1815, après avoir soutenu une thèse sur la puberté (1). Pendant cette première époque de sa vie, M. de Polinière montra d'heureuses dispositions pour l'étude; il aimait le travail pour lui-même, s'occupait d'arts et savait combien la science s'embellit et s'agrandit quand elle est alliée à la culture des lettres. Rien au reste n'annonçait chez lui d'aptitude particulière; sa vocation c'était d'être médecin, et il devait lui être exclusivement fidèle.

Marié à vingt-trois ans, M. de Polinière fut appelé, par l'alliance qu'il avait contractée, à venir exercer la médecine à Lyon, dans une grande ville qui lui était étrangère et où il aurait à se créer, par ses qualités personnelles, une clientèle et des amis. Entré, il est vrai, dans une famille fort recommandable, qui avait des relations nombreuses à Lyon et dans une ville du voisinage, mais entièrement inconnu au corps médical, M. de Polinière devait se résigner à une longue attente avant d'obtenir, dans la confiance du public, la part à laquelle il avait droit. Les premiers pas d'un médecin dans sa carrière rencontrent beaucoup d'obstacles et sont soumis à des chances très défavorables. Une seule cause gagnée peut mettre en lumière le talent d'un avocat; un bon tableau suffit pour révéler la valeur d'un peintre; un seul triomphe au théâtre fait la fortune d'un écrivain dramatique. La multitude voit et juge; son arrêt donne une renommée qui n'est ni contestée ni contestable. Mais le médecin est

---

(1) De la Puberté, thèse pour le doctorat en médecine. *Paris. Didot jeune,* 1815, in-4°.

placé, à son début, dans une condition bien moins avantageuse: une cure brillante, quand il l'obtient, n'a d'écho que dans une famille, et il lui faut une suite non interrompue de succès pour voir quelque popularité environner son nom.

M. de Polinière ne l'ignorait pas; il eut quelques inquiétudes, mais ne se découragea point. Il devait avoir beaucoup de loisirs pendant un certain nombre d'années; quel usage en ferait-il? Confident de ses préoccupations, un ami lui conseilla de fortes études, le travail et les concours académiques. Une grande perspicacité n'était pas nécessaire pour prévoir qu'un jeune médecin exact et instruit, servi par de bonnes relations de famille, et par des avantages naturels qui comptent souvent pour quelque chose dans la fortune d'un homme, n'attendrait pas longtemps la clientèle. Ainsi donc M. de Polinière n'avait à courir la chance que d'un stage de quelques années, dont il pourrait tirer parti en recherchant les prix que mettent au concours les Sociétés savantes (1). Dans ces luttes pacifiques, les échecs sont ignorés et les succès peuvent servir beaucoup : voie constamment ouverte aux hommes laborieux, elles appellent l'attention sur des jeunes gens de mérite qui auraient végété pendant de longues années si des palmes académiques, glorieusement obtenues, n'avaient fait répéter leur nom par le public. M. de Polinière avait un trop bon esprit pour ne pas adopter cette idée; il attendit, pour se mettre à l'œuvre, des sujets à sa convenance, et bientôt il s'en présenta deux.

Ce fut notre Académie qui lui offrit la première l'occasion

---

(1) M. de Polinière, dans les premiers temps de sa carrière médicale, se chargea, en diverses circonstances, de rapports dont quelques-uns ont été imprimés; la plupart ont été écrits en collaboration avec l'auteur de cet éloge.

Rapport sur la fabrique d'eaux minérales artificielles de M. Bourgeois (par J.-B. Monfalcon et I. de Polinière. *Lyon, imprimerie de Louis Perrin,* 1823, in-8º.

guettée de se distinguer par une œuvre utile. Elle avait mis
au concours, en 1821, un prix sur la question des avantages
et des inconvénients respectifs des hôpitaux et des secours
à domicile pour les indigents malades. Le programme fut en
quelque sorte celui de la vie médicale de notre confrère,
dont toutes les pensées eurent dès lors pour objet la recher-
che des meilleurs moyens d'assister le pauvre, et de faire
rendre aux hôpitaux tous les services qu'on est en droit d'en
attendre. Ainsi, par ce sujet de concours et par l'éloge de
M. le docteur Viricel, l'Académie a ouvert et fermé la carrière
littéraire de M. de Polinière; trente-cinq années d'honorables
travaux sont enfermées entre ces deux points extrêmes. Ce
concours de 1821 valut au jeune docteur une médaille d'or
à titre d'encouragement. L'Académie remarqua dans l'ouvrage
des idées théoriques fort sages, dont l'expérience démontra
l'utilité lorsque l'auteur eut l'occasion, trente ans après, de
les convertir en faits dans l'administration de nos deux
grands hôpitaux (1).

Ce premier succès était une excitation à continuer et à
mieux faire. La Société de médecine de Marseille promit,
vers ce temps, par la voie du concours, un prix à l'auteur
du mémoire le meilleur sur la question de l'emploi des éva-
cuations sanguines, moyen thérapeutique fort puissant, mais
dont on a souvent abusé, dans l'ignorance où l'on a été
pendant longtemps des règles fixes qui doivent présider à
son application. Ce concours devait être aussi un évènement
pour M. de Polinière, qui résolut d'y prendre part en traitant
ex-professo son difficile sujet. Il s'était beaucoup occupé de

---

(1) Mémoire sur la question suivante : Quels sont les avantages et les inconvénients
respectifs des hôpitaux et des secours à domicile distribués aux indigents malades ?
Quelles améliorations pourrait-on introduire dans le système actuel des établissements
de cette nature ? *Lyon, de l'imprimerie de Durand*, 1821, in-8°.

l'usage des saignées; ainsi tout préparé, il se mit courageusement à l'œuvre, précisa la question, posa les principes, discuta les difficultés, et se servit, comme preuves, des nombreuses observations que lui fournirent les auteurs et sa pratique naissante. Ce qui ne devait être qu'un assez court mémoire devint une monographie très considérable; elle obtint le prix malgré le nombre et le mérite des concurrents. Ce livre est une appréciation sage et exacte de la question; il est rangé encore, et à juste titre, parmi les ouvrages les plus estimables que la médecine possède sur ce sujet (1). L'art d'écrire ne s'apprend pas tout d'un coup; quand on l'a pratiqué toute sa vie on est loin encore d'en posséder tous les secrets; M. de Polinière s'en occupait avec conscience et faisait des progrès sensibles. Au reste, il n'aspirait nullement à la réputation d'écrivain, et n'avait d'autre prétention que celle d'exposer ses idées avec correction et clarté (2).

Toutefois il s'occupa de concours d'un autre genre et plus en harmonie avec la position qu'il désirait prendre. Rien ne

---

(1) Etudes cliniques sur les émissions sanguines artificielles. *Lyon, imprimerie de Louis Perrin*, 1827, 2 vol. in-8º.

(2) Après deux victoires académiques, il était prudent de s'arrêter. La littérature n'est d'aucune ressource pour un médecin, et elle peut lui nuire. On ne pardonne guère le talent d'écrivain et les succès en ce genre à l'homme dont la profession est de guérir des malades; si on ne peut les lui disputer, on ne les lui reconnaît guère que pour lui contester sa capacité dans la pratique médicale. A Paris toutefois il n'en est pas ainsi : rien de plus commun chez les docteurs de la capitale que le cumul d'une grande clientèle avec la renommée d'auteur, et d'ordinaire l'un sert à l'autre. M. Orfila s'est livré impunément toute sa vie à son goût pour la musique; sa réputation de savant n'en a nullement souffert. Mais placé dans d'autres conditions, M. de Polinière fit autrement; il voulait prendre rang parmi les médecins praticiens et non parmi les hommes de lettres. Dix années de séjour à Lyon lui avaient fait connaître le milieu dans lequel il était destiné à vivre; homme du monde et bon observateur, il se fit des règles de conduite dont il ne dévia plus. Satisfait d'avoir fait ses preuves comme médecin instruit et écrivain judicieux, il n'ambitionna pas la gloire littéraire et ne rechercha que le genre de succès auquel il se sentait appelé.

lui importait davantage que d'être médecin de l'Hôtel-Dieu : obtenir ce titre c'était faire un grand pas vers le but auquel il tendait. Pour arriver à la place de médecin du grand hôpital, il fallait passer par des épreuves multipliées et difficiles; M. de Polinière les soutint avec honneur et fut reçu le premier parmi les concurrents. Ce numéro d'ordre si avantageux, lui fit prendre presque immédiatement son service de médecin titulaire, et lui épargna une suppléance qui aurait pu durer huit ou dix années. On confia à ses soins une salle de cent vingt malades, la belle salle Saint-Charles qu'il ne voulut plus quitter. Nous verrons bientôt comment il s'acquitta des fonctions si importantes, dont l'heureux résultat du concours l'avait pourvu.

Médecin de cœur et d'âme, par état comme par vocation, notre confrère ne voyait rien au-dessus de la position qu'il avait choisie (1). Modéré dans ses doctrines, croyant très sincère en médecine, mais sans superstition, et autorisant par son exemple la plus entière liberté d'examen, tolérant, enfin, avec les sectes dissidentes, le nouveau médecin de l'Hôtel-Dieu eut bientôt, dans l'opinion publique, la situation qu'il ambitionnait. Sydenham, Morgagni, Stoll et Baglivi surtout, étaient ses auteurs de prédilection; il les citait souvent et les relisait toujours. Doué de la faculté de faire comprendre ce qu'il voyait, il eut été un excellent professeur de clinique médicale; peu s'en fallut qu'il ne fit partie en cette qualité de l'école secondaire de médecine qu'on venait d'instituer. Tous les obstacles avaient été successivement surmontés; en quelques années, M. de Polinière avait été nommé, au

---

(1) Très répandu dans la haute société et en relations intimes avec des fonctionnaires de l'ordre le plus élevé, il aurait eu beaucoup de chances pour entrer dans la carrière administrative. Un ami le pressa beaucoup et souvent de rechercher son entrée au Conseil municipal ; ses sollicitations furent inutiles.

concours, médecin de l'Hôtel-Dieu, et s'était fait une clientèle assez considérable. Il possédait à un degré peu commun
l'art de plaire à ses malades, de s'emparer de leur confiance
et de les persuader.

On ne s'étonnera donc point qu'un homme de cette valeur
ait été appelé de bonne heure à faire partie de la Société de
médecine, dont il devait être deux fois le président. Il s'y
trouva parfaitement à sa place, et s'y plût à un haut degré.
Riche d'une expérience déjà grande, il prenait part à toutes
les discussions et les éclairait de ses lumières. Cette savante
Compagnie le chargeait fréquemment de rapports sur des
questions de médecine pratique ou de philosophie médicale,
et lui confiait le soin de la représenter dans les grandes
occasions. Jamais M. de Polinière ne manqua volontairement
une séance; aucune invitation ne réussissait à le détourner
de l'accomplissement du devoir qu'il s'était imposé; il aimait
d'une vive affection la Société de médecine, qui lui rendait
en estime ce qu'elle recevait de lui en dévouement.

M. le docteur Martin jeune lui remit ses fonctions de
membre du Jury médical, modeste et utile institution qui a
rendu, sans bruit, de bons services. Chargé de l'inspection
des médicaments dans les pharmacies, le nouveau membre
du Jury s'acquitta de ce service avec science et conscience,
n'épargnant pas le blâme quand il le croyait mérité et nécessaire, mais n'oubliant jamais d'être circonspect et bienveillant. Ces qualités, l'instruction pour le fond et l'aménité
dans les formes, il les montrait à un degré remarquable
pendant les examens des officiers de santé, des sages-femmes
et des pharmaciens. Elles lui ouvrirent l'entrée du Conseil
de salubrité, autre institution fort importante qui touche de
près, par ses attributions, à celles des Jurys médicaux, et
dont j'aurai bientôt occasion de parler.

L'année 1830 avait dépassé la moitié de son cours; les

jours de la restauration en étaient comptés et le dernier d'entre eux était venu. J'ai dit que M. de Polinière avait des amis parmi les plus hauts fonctionnaires; il en est deux que l'ordre des temps m'invite à nommer: c'étaient M. le général Paultre de la Motte, commandant de la division militaire, et M. le comte de Brosses, préfet du Rhône.

Fils de ce président au parlement de Dijon, dont un bon travail sur Salluste et ses relations avec Voltaire ont fait la renommée, M. de Brosses avait le cachet d'un grand seigneur de l'ancienne cour. Vif, alerte, très spirituel, il se faisait remarquer par une grande distinction de langage et de manières; sa conversation était animée d'anecdotes qu'il contait fort bien. Très distrait, mais bien moins qu'il n'en avait l'air, il écoutait à peine ou n'écoutait pas du tout la personne qui lui parlait; frivole et léger en apparence, il avait un grand fond de solidité, saisissait rapidement les questions qu'on lui présentait, et décidait avec capacité et une parfaite connaissance de cause. Il avait en M. de Polinière une très grande confiance et aimait à s'entretenir avec lui. Cette sorte de déférence du préfet du Rhône pour son médecin se montra dans une circonstance bien grave.

Engagée à fond dans ces journées de juillet 1830, qui devaient avoir, dix-huit années plus tard, un inévitable et très logique lendemain, la cause de la restauration était entièrement perdue. Une révolution, dont les plus sages ne pouvaient prévoir alors les conséquences, s'accomplissait dans notre cité, non sans orages et sans périls (1).

---

(1) Attaché par conviction aux principes de la monarchie constitutionnelle, très modéré, mais ferme dans une foi politique qu'il ne renia et dont il ne dévia jamais, notre confrère fut de son temps; il ne cachait ni n'affichait son opinion, se tenait à l'écart des querelles de parti, mais n'hésitait jamais à manifester sa pensée quand un motif sérieux l'y invitait.

Après deux jours de lutte dans notre cité, toute résistance avait cessé, hors sur un seul point; l'insurrection triomphante grondait dans les cours de la préfecture; mais M. de Brosses, sans défense et sans peur, tenait toujours d'une main ferme le drapeau qui lui avait été confié. De moment en moment on voyait le danger se rapprocher et grandir; aux cris avaient succédé les menaces. Résister encore c'était toujours de l'héroïsme, mais c'était aussi provoquer l'effusion du sang, et dévouer bien des vies à la mort, sans la moindre compensation possible pour leur sacrifice. Témoin de ce qui se passait et parfaitement informé, M. de Polinière se rendit auprès du courageux préfet et le supplia, avec les plus vives instances, de ne pas prolonger davantage une opposition désormais sans objet. M. de Brosses refusa longtemps et céda enfin; il laissa arborer les couleurs nationales et consentit, par force majeure, à ce qu'il ne pouvait empêcher. En donnant dans cette grave circonstance des conseils qui furent écoutés, M. de Polinière ne fit pas de la politique, et je ne crois pas en faire moi-même en vous racontant une anecdote, qui fournit un trait caractéristique au portrait dont vous m'avez confié l'esquisse.

Parmi les fonctions que notre confrère eut à remplir vers cette époque déjà si éloignée de nous, celles de membre de la Commission exécutive des salles d'asile lui furent particulièrement agréables; il s'y livra avec zèle et dévouement. Cette institution commençait à être goûtée à Lyon et prospérait; des hommes fort éclairés et des dames d'un grand mérite lui portaient un vif intérêt, et la servaient de tous leurs moyens. Nommé président du Conseil exécutif, M. de Polinière visitait très fréquemment les asiles et en surveillait l'organisation dans tous ses détails. Il écrivit sur ce sujet, pour un journal, un petit ouvrage dans lequel il fit l'histoire de l'institution, à Lyon. On trouve dans cet écrit un tableau

intéressant du régime intérieur des asiles, de leur distribution, des jeux et des exercices des enfants, des méthodes
adoptées pour l'enseignement par les maîtresses, enfin des
soins de tout genre dont les jeunes élèves sont l'objet. On
n'avait jamais mieux démontré la salutaire influence que la
création des salles d'asile était appelée à exercer sur l'avenir
des classes laborieuses. L'auteur a très bien compris son
sujet. Les salles d'asile n'ont point pour destination unique
de procurer aux enfants d'ouvriers un abri contre les hasards
et les dangers du délaissement ; elles ont encore un but
moral d'un ordre élevé. L'enfant y est préparé à l'éducation
par des leçons courtes, faciles, proportionnées à son jeune
âge et entremêlées de jeux et d'exercices gymnastiques. Il y
reçoit les germes précieux de la foi religieuse, premier
besoin et force vitale de l'homme ; à tous les moments il y
est environné des attentions que la prévoyance la plus dévouée des mères peut imaginer (1).

Au temps où M. de Polinière dirigeait l'institution des
asiles avec tant de zèle, il recevait une distinction qu'il
ambitionnait beaucoup, celle de membre de cette Académie :
elle lui fut accordée en 1832. Ses droits ne pouvaient être
méconnus ; toutefois quelques élections précédèrent la sienne ;
il attendit sans se décourager, bien persuadé que justice lui
serait rendue. Admis enfin sans contradiction sérieuse, le
nouvel académicien choisit pour sujet de son discours de
réception : *L'éducation considérée dans ses rapports avec la
Médecine*, question tout-à-fait à sa convenance (2). Quatre
ans après, l'Académie le choisit pour son président, honneur

---

(1) Salles d'asile pour l'enfance, de la ville de Lyon. *Lyon, imprimerie de
Gabriel Rossary*, 1835, in-8°.

Cet écrit parut en deux articles, dans le journal l'*Athénée*.

(2) De l'éducation dans ses rapports avec la médecine. *Lyon, Rossary*, 1833, in-8°.

qu'elle devait lui décerner une seconde fois. Le compte-rendu des travaux de la Compagnie pendant l'année 1836 est le plus considérable des écrits de ce genre. Préoccupé du désir de faire valoir ses collègues, l'auteur fait de longues analyses de leurs lectures et en donne même des extraits : il loue beaucoup, mais toutefois avec une certaine mesure (1). Quelles que fussent ses occupations, M. de Polinière était aussi exact aux séances de l'Académie qu'à celles de la Société de médecine; il tenait à honneur d'être chargé d'un rapport ou d'être nommé membre d'une Commission; aussi son nom parait-il très souvent dans le recueil de vos actes (2). Sa présidence a été remarquée et méritait de l'être; conciliant, mais ferme, soigneux de modérer la vivacité des débats et de faire observer le règlement de point en point, écoutant beaucoup, ne discutant jamais, résumant avec clarté ce qui avait été dit, habitué à parler en public, habile dans l'art de récompenser d'un mot bienveillant et flatteur l'académicien qu'on venait d'entendre, exact à l'heure, plein de tact et de distinction, et doué enfin d'avantages naturels qui l'appelaient à la représentation, notre confrère était un président modèle; aussi l'a-t-il été de presque toutes les Assemblées ou Sociétés savantes dont il a fait partie.

La médecine est une profession si belle que des actions qualifiées d'héroïques dans toute autre carrière, sont considérées, dans la pratique médicale, comme l'accomplissement

---

(1) Compte-rendu des travaux de l'Académie royale des sciences, belles-lettres et arts de Lyon, pendant l'année 1836. *Lyon, Louis Perrin*, 1837, in-8° de 240 pages.

(2) M. de Polinière a fait à l'Académie d'assez nombreux rapports, dont l'indication se trouve dans les comptes-rendus de cette Compagnie savante ; voici l'un de ces écrits :

Extrait de l'ouvrage du docteur Brayer, intitulé : *Neuf années de séjour à Constantinople. Lyon* (sans date), in-8°.

pur et simple du devoir. Une épidémie très meurtrière et jusqu'alors inconnue à la France, le choléra ravageait Paris; le nombre des victimes pour chaque jour était effrayant, et le fléau se répandait de proche en proche, marchant par étapes du Nord au Midi avec une terrible régularité. On s'alarmait fort dans notre populeuse cité, et déjà l'apparition prochaine de la maladie était annoncée. Pour en atténuer les effets autant qu'il serait possible, l'administration municipale conçut la pensée d'envoyer à Paris trois médecins pour y étudier le choléra. Elle confia cette mission à MM. Trolliet, de Polinière et Bottex, qui en acceptèrent sans hésiter le périlleux honneur. Ils visitèrent les hôpitaux tous les jours, assistèrent au traitement trop souvent inutile des malades, et recueillirent d'amples informations, dont ils composèrent un rapport qu'ils rédigèrent en commun (1). Combien de fois le dévouement de MM. Pariset, Andonard, Bailly, François et Mazet, pendant l'épidémie de fièvre jaune à Barcelone, n'a-t-il pas été imité et surpassé, en ce sens du moins que les gouvernements et la renommée ne s'en occupaient pas, tant il était devenu vulgaire. Que de médecins ont péri du choléra en France ou de la fièvre typhoïde pendant la guerre d'Orient, martyrs inconnus du devoir, soldats ignorés tombés en servant l'humanité sur un champ de bataille, dont ils savaient bien qu'ils ne reviendraient pas!

L'année pendant laquelle M. de Polinière s'honora par cette bonne action, le vit sortir de l'Hôtel-Dieu après dix ans de service, et entrer avec le titre de médecin dans l'hôpital de la Charité, place à laquelle il fut appelé par le suffrage

---

(1) BOTTEX, POLINIÈRE et TROLLIET. Rapport sur le choléra morbus de Paris, présenté à M. le Maire et au Conseil municipal. *Lyon, Louis Babœuf,* 1832, in-8° de 160 pag.

unanime des administrateurs de ces grands établissements.
Une position de médecin dans un hôpital est fort recherchée
et mérite de l'être; elle donne de la consistance dans l'opinion
publique à celui qui l'obtient, et met à la disposition de
l'homme studieux une source d'instruction inépuisable. Pendant ses dix années de service dans la salle Saint-Charles,
M. de Polinière se montra sous le jour le plus avantageux.
Un médecin de l'Hôtel-Dieu ne peut malheureusement guérir
toujours; mais ce qui dépend de lui dans tous les cas, c'est
de témoigner de la bienveillance et de donner de l'espoir à
l'infortuné qui se meurt. Quel que soit le nombre de ses
malades, il doit chaque jour à chacun d'eux quelques bonnes
paroles; elles coûtent si peu! Nulle part la dureté des
formes et la sécheresse de cœur ne sont plus blâmables que
dans le service médical d'un grand hôpital; nulle part la
douceur et la patience ne sont des devoirs plus impérieux!
La grossièreté du langage, le tutoiement des vieillards et
des femmes, des procédés offensants pour la décence et la
pudeur, sont plus que des torts, ce sont de mauvaises actions.
Celui qu'elles rabaissent et dégradent ce n'est pas le malade,
c'est le médecin; le pauvre sur son lit de douleur est un ami
malheureux. Combien de fois M. de Polinière n'a-t-il pas
rappelé au respect de l'humanité de jeunes élèves qui, parlant d'un malade à deux pas de son lit, oubliaient à quel
degré l'oreille d'un mourant est souvent attentive et fine?
Combien de fois ne leur a-t-il pas dit que témoigner du
respect au pauvre c'était s'honorer soi-même? Il est des
maladies qui ne pardonnent jamais; mais même dans ces
cas désespérés, soutenir le courage défaillant du moribond
et réveiller en lui l'espérance endormie, c'est faire une bonne
œuvre et ménager à l'art médical une ressource suprême.

Pourquoi dans cet éloge, lu en famille à l'Académie, ne
parlerai-je pas de ces réunions, chaque matin, des médecins

de l'Hôtel-Dieu , où régnait tant d'harmonie et où notre confrère tenait si bien sa place ? Ce n'était point un spectacle ordinaire que celui de quinze ou vingt médecins et chirurgiens-majors vivant entre eux dans les meilleurs termes, se consultant sur tous les détails de leur service, se contrôlant les uns les autres et s'interrogeant avec une inépuisable sollicitude sur les moyens les plus efficaces de guérir leurs malades. Membre pendant plus de vingt années de ces réunions, je n'ai pu résister au désir d'en faire l'éloge ; plusieurs écrits utiles (1) et de sages réformes sont sortis de cette confraternité si bien entendue, qui fit si longtemps du corps médical et chirurgical des hôpitaux de Lyon une seule intelligence, un seul intérêt et une même volonté.

Cette parfaite entente n'existait pas à un degré moindre parmi les membres de l'ancien Conseil de salubrité, institution précieuse dont les longs et bons services ne sont pas assez connus peut-être. M. de Polinière y entra de bonne heure ; les hommes dont il devenait le très utile collègue occupaient, pour la plupart, un rang élevé dans l'estime publique. Tous avaient pour œuvre commune d'améliorer le plus possible l'état sanitaire, fort négligé depuis longtemps, de la ville de Lyon. Notre cité ne ressemblait guère alors à ce qu'elle est devenue aujourd'hui ; pendant plusieurs siècles des pestes meurtrières la visitaient fréquemment et menaçaient de s'y établir à poste fixe. Les habitants d'une grande cité ont droit à de bonnes eaux, à un air salubre et à un parcours commode de la voie publique ; ces trois conditions de la vie des grandes agglomérations d'hommes leur sont dues, et le premier devoir des magistrats c'est de les leur procurer.

---

(1) Formulaire des hôpitaux de Lyon, rédigé par MM. les Médecins et Chirurgiens de ces établissements et publié par ordre de l'administration. *Lyon, Louis Perrin,* 1812, 1 vol in-12.

Devenu l'un des protecteurs officiels de la santé publique, notre confrère avait qualité pour veiller sur elle et pour la défendre contre les empiètements incessants de l'industrie. Certains établissements indispensables versent abondamment dans l'atmosphère des émanations incommodes, insalubres ou dangereuses; mais il dépend assez souvent de la science de les rendre inoffensifs, et on comprend dès lors la haute importance des attributions d'un Conseil de salubrité. Ce n'est point tout: certains métiers compromettent et abrègent les jours des ouvriers; en faire cesser le danger et rendre leur exercice plus facile, c'est se placer au rang des bienfaiteurs de l'humanité. Meilleur système de pavage, d'éclairage et de voierie, habitation des maisons nouvellement bâties, eaux potables, bon emploi des machines à vapeur, inconvénients, au sein des grandes villes, de certaines fabriques de produits chimiques, toutes ces grandes questions de l'hygiène occupèrent l'attention du Conseil de salubrité. Il eut à passer successivement en revue, dans le cercle de ses attributions, nos prisons et nos hôpitaux, le lycée, les casernes, l'abattoir, les cimetières ; tout était à faire et il s'occupa de tout dans des rapports approfondis, dont plusieurs eurent M. de Polinière pour auteur. On ne sait point assez que les grandes améliorations hygiéniques ont pour résultat très direct la diminution de la mortalité, et par conséquent l'augmentation de la durée moyenne de la vie humaine. Rien n'est mieux démontré que ces faits : donner aux villes un air pur et de bonnes eaux, introduire dans leurs rues, par larges flots, l'air et la lumière, c'est enlever aux causes de maladies et de mort une partie considérable de leur puissance. On vivra plus longtemps et mieux dans la rue Impériale, qu'on ne faisait dans les quartiers obscurs, humides et infects qu'elle a remplacés. On s'étonne à bon droit que nos pères aient vécu comme ils faisaient et qu'ils aient supporté avec tant

de patience des incommodités et des dangers permanents
dont ils avaient tant à souffrir. Secrétaire du Conseil de
salubrité sous les présidences successives de MM. les docteurs
Martin et Viricel, M. de Polinière eut souvent à exprimer ces
vérités, dans des procès-verbaux que firent remarquer leur
clarté et leur exactitude. Après vingt-cinq années de bons
services, ce Conseil avait encore quelque chose d'utile à
faire, c'était de réunir, dans un travail d'ensemble, ses nombreux rapports sur l'hygiène publique de Lyon; il le fit, non
sans quelques succès, en 1845. L'année suivante, le Conseil
général du département du Rhône, désirant donner beaucoup
de publicité à des idées qu'il jugeait bonnes, vota, de son
propre mouvement, la dépense d'une seconde édition. Amé-
lioré et fort augmenté, le livre parut sous le titre de *Traité
général de la salubrité dans les grandes villes* (1).

M. de Polinière est l'auteur, dans l'un et l'autre ouvrage,
du chapitre sur les hôpitaux et de notices biographiques sur
Sainte-Marie, Grognier, Cartier, Baumers et Mermet. Il lut,
plus tard, l'éloge du docteur Bottex, dans une séance publique de la Société de médecine (2). Nous l'avons entendu
fréquemment adresser, avec émotion, des paroles d'adieu à
des médecins dont la dépouille mortelle venait d'être confiée
à la terre, honneur auquel il avait tant de droits et qu'il ne
devait pas recevoir. Il s'était inspiré, pour ses notices biographiques, des modèles en ce genre que lui avaient fournis
Cuvier, Vicq-d'Azir, et MM. Arago, Pariset, Flourens et

---

(1) MONFALCON et DE POLINIÈRE. Hygiène de Lyon ou Opinions et Rapports du
Conseil de salubrité du département du Rhône. *Lyon, imprimerie de Nigon,* 1845,
grand in-8°. — Traité de la salubrité dans les grandes villes, suivi de l'hygiène de
Lyon, seconde édition. *Paris, Baillière* (Lyon, imprimerie de Nigon), 1846, 1 vol.
in-8°.

(2) Eloge de M. le docteur Alexandre Bottex. *Lyon, imprimerie de Louis Perrin,*
1850, grand in-8°.

Mignet; il les avait étudiés avec soin. Le but particulier des écrits de ce genre, et surtout la circonstance dans laquelle ils sont lus, ne permet pas une appréciation bien exacte de l'homme qu'on doit louer en présence de ses parents et de ses amis. Beaucoup d'indulgence et bien des réticences sont imposées par les convenances sociales, et c'est seulement plus tard que l'inflexible vérité reprend son droit. Il ne faut donc pas blâmer notre confrère d'avoir trop écouté quelquefois ses sentiments personnels d'estime et d'amitié, en racontant la vie et les écrits des hommes dont il esquissait le portrait.

Les services qu'il avait rendus au corps médical et sa position le désignaient aux distinctions; il fut donc nommé chevalier de la Légion-d'Honneur, choix que ratifia l'opinion publique. Des circonstances particulières dont l'appréciation ne m'appartient pas, le conduisirent à désirer un titre; il l'obtint. Des lettres-patentes du roi Louis-Philippe concédèrent le titre de baron à Augustin-Pierre-Isidore Polinière, et furent entérinées à l'audience de la première Chambre de la Cour royale de Lyon, le 28 juin 1844 (1).

---

(1) Les titres nobiliaires sont vus différemment selon les temps, les mœurs, les convenances de famille et l'opinion individuelle. A la cour de Napoléon, l'étiquette imposait au premier chirurgien de l'empereur le titre de baron : Boyer l'eut donc de droit, mais il ne le prit pas une seule fois, ne se le laissa point donner, et ne s'en souvint jamais que pour en faire un texte d'inépuisables plaisanteries, dont il gratifiait volontiers ses confrères MM. les barons de l'Empire Corvisart, Larrey, Desgenettes, Yvan et Percy. Nommé bien malgré lui baron, l'illustre géomètre Poisson n'accepta pas cette qualification, et refusa même de retirer son diplôme. Le savant physiologiste Haller déclina les titres aristocratiques qui lui avaient été conférés par des souverains du Nord, et déclara qu'il préférait être appelé Haller tout court comme l'avait été son père : sa volonté fut respectée. On ne peut donc pas dire, en parlant de lui, M. le baron de Haller, mais on dit le grand Haller, et l'un vaut bien l'autre. Les dignités de baron de Vérulam et de vicomte de Saint-Alban n'ont pas grandi François Bacon ; si l'histoire désignait l'illustre philosophe par ces titres , on ne saurait guère de qui elle veut parler. Mais en matière de distinctions nobiliaires les opinions doivent être parfaite-

Un honneur d'un autre genre fut accordé quelques années plus tard à notre confrère : médecin de l'hôpital de la Charité depuis huit ans, il fut appelé à faire partie de la Commission administrative des hospices, deux années avant l'expiration de ses fonctions. L'ancienne administration des hôpitaux avait l'excellente habitude de faire entrer au moins un médecin dans son sein ; elle attendait beaucoup et avec raison des connaissances et de l'aptitude toutes spéciales d'hommes qui avaient vieilli au service des malades. Je dois m'interdire de citer des hommes vivants, mais il m'est permis de désigner parmi ceux qui ne sont plus, et comme des administrateurs habiles, deux médecins tels que MM. Terme et de Polinière. Espérons que cet usage reparaîtra ; on ne s'explique pas comment il a cessé (1).

---

ment libres, et il n'est pas permis de mettre en cause une manière de voir, qui est, parfois, la conséquence de circonstances ignorées de position. Fontanes, Laplace, Monge et Cuvier tenaient beaucoup à leurs titres de baron, de comte et de marquis ; ils étaient dans leur droit. Tout est concilié, au reste, fort sagement dans nos mœurs modernes. En plaçant en première ligne la science et le talent, l'opinion ne dédaigne ni ne proscrit les titres. Il y a beaucoup d'aristocratie dans la république des lettres : elle a ses comtes, ses ducs et ses maréchaux ; que chacun soit donc libre de s'anoblir à sa manière. Le nouveau baron n'ignorait rien de tout cela ; il écrivait à un ami : « J'aime beaucoup vos observations critiques sur ma baronie ; elles sont fondées à » votre point de vue, mais mes vrais motifs n'étaient point ceux-là. Ils ont paru » justes à des philosophes qui, comme moi, savent fort bien qu'au fond les titres et » les décorations ne prouvent rien et ne grandissent pas un homme ni ne le rendent » pas meilleur. La vanité n'a pas été mon mobile et j'ai obéi à des considérations » d'un ordre plus élevé. » Je n'ai point de remarque à faire sur ces sages paroles de notre confrère ; elles sont une explication complète. M. de Polinière appartenait à une famille bien réellement anoblie et qui avait de très belles armes : d'hermine à la croix-d'or. On aurait cru, au reste, en le voyant, qu'il était noble de très ancienne date ; ses bonnes manières et la rare distinction de sa personne étaient, pour lui, une noblesse donnée par la nature et qui a bien son prix.

(1) Membre de la Commission de vaccine, M. de Polinière a publié en cette qualité l'ouvrage suivant : Rapport de la Commission de vaccine, précédé de l'éloge de M. le docteur Mermet. *Lyon, imprimerie de Mothon, 1849, in-8°.*

Placée à la tête de la gestion des hôpitaux après la révolution de 1830, une administration nouvelle avait montré un vif désir d'étudier à fond l'organisation de ces établissements, et de l'améliorer dans toutes ses parties, sans s'aventurer toutefois dans des innovations dont l'expérience n'aurait pas démontré les avantages. Ce fut un changement complet de système, motivé sur ce fait, si bien reconnu aujourd'hui, que rendre un hôpital plus salubre, c'est augmenter les chances de guérison, et par conséquent diminuer celles de la mortalité. Aidé par ses nombreux agents thérapeutiques, l'art médical peut beaucoup sans doute, mais l'hygiène agit bien davantage encore. L'un se trompe parfois et voit très souvent ses moyens d'action neutralisés ou extrèmement affaiblis par des circonstances secondaires; il ne s'adresse au reste jamais qu'à des cas individuels: l'autre a une efficacité certaine, opère sur les masses à toute heure du jour et de la nuit et donne des résultats infaillibles. Un air le plus pur possible, en quantité suffisante et maintenu à une température modérée; une ventilation large, transversale et bien gouvernée; de bonnes eaux et de l'excellent bouillon, telles sont les premières des conditions hygiéniques dont un hôpital doit être doté. Pourchasser avec la plus infatigable sollicitude et détruire l'un après l'autre tous les foyers d'infection; à un carrelage ou à des dalles froides et humides substituer partout un parquet sec et bien ciré; ne faire jamais coucher qu'un seul malade dans un lit, et veiller à ce que ce lit soit propre, élastique et chaud, telles sont les principales nécessités auxquelles il convient de pourvoir à tout prix. Un hôpital ne doit pas faire d'économies, et la vie d'un malade n'est jamais achetée trop cher; tels furent les principes très judicieux qui dirigèrent l'administration nouvelle, et que M. de Polinière servit de toute la puissance de ses facultés et de ses convictions.

Membre pendant douze années de la Commission administrative des hospices, il eut très fréquemment l'occasion
d'appliquer ses idées et d'en vérifier les résultats ; aussi se
trouvait-il admirablement sur son terrain. De très grandes
améliorations eurent lieu à l'Hôtel-Dieu; l'initiative de quelques-unes lui appartient, celle entre autres de la création de
ce promenoir qui, en procurant un exercice fort salutaire
aux convalescents, a régénéré une rue privée d'air et de
soleil. Un nombre plus grand de malades fut admis à l'Hôtel-
Dieu, ils furent mieux soignés et il en mourut moins. Grâces
aux efforts incessants, non de M. de Polinière seul, mais du
Conseil d'administration des hospices en entier, la mortalité
diminua dans une proportion notable; c'est là le grand but
auquel doivent tendre constamment les Commissions admi-
nistratives des hospices. Quand il est atteint, l'énonciation
simple du fait est le plus beau de tous les éloges.

Nommé, en 1843, directeur de l'hospice de la Charité,
M. de Polinière eut particulièrement à introduire dans cette
maison les améliorations hygiéniques. L'impulsion avait été
donnée énergiquement par son prédécesseur, mais il restait
fort à faire et il importait beaucoup de continuer. Cet hôpital
immense avait été fort négligé, et des abus déplorables s'y
étaient introduits. Les galeries et les cours étaient encom-
brées, beaucoup d'arcades et de fenêtres avaient été murées,
des salles de dimensions à peine suffisantes avaient été
coupées en deux par des planchers : la grande réforme con-
sista à rétablir dans son intégrité le plan de l'architecte, à
ouvrir partout les arcades et les fenêtres, à déblayer les
galeries et les cours, enfin à faire pénétrer sur tous les points
l'air et la vie.

L'Œuvre des Enfants-Trouvés continua à marcher dans
une excellente voie; ces petits êtres, si dignes d'intérêt,
devinrent l'objet d'une préoccupation spéciale ; ils furent

mieux soignés et on en conserva davatange. Vingt ans d'une immense expérience avaient constaté la sagesse des idées de M. Terme sur le service des tours, et fait justice complète des déclamations philanthropiques qui les avaient accueillies lorsqu'elles se produisirent. Adoptées en fait par la très grande majorité des départements et des hospices, elles sont devenues la règle de l'administration supérieure. M. de Polinière avait eu d'abord quelques doutes, il les perdit et fut convaincu lorsque sa position l'eut placé au milieu des faits.

Son ouvrage le plus estimable est celui dans lequel il a rendu compte, année par année depuis 1830, de toutes les améliorations qui avaient été introduites successivement dans le régime de nos hôpitaux (1). Cette publication éveilla, sans motifs bien évidents, de regrettables susceptibilités; ordonnée par la Commission administrative des hospices, et approuvée par elle dans tout son contenu, elle était en quelque sorte l'œuvre commune et non le travail d'un seul; c'est une première observation à faire. L'auteur de ce compterendu s'était borné à raconter, chronologiquement, les travaux accomplis par l'administration nouvelle. Si la critique se trouvait quelque part, elle existait dans les faits et non dans les paroles. Enfin, bien éloigné de se poser comme le principal auteur de la régénération des hôpitaux, M. de Polinière n'avait pas dit, à beaucoup près, toute la part personnelle d'initiative qu'il y avait prise (2).

----

(1) Considérations sur la salubrité de l'Hôtel-Dieu et de l'hôpital de la Charité. *Lyon, de l'imprimerie de Louis Perrin*, 1853. 1 vol. in 8°, avec des tableaux.

(2) Ses travaux d'administrateur ne lui faisaient pas oublier les devoirs de sa profession; il était médecin avant tout. Je ne puis ni ne dois le suivre dans ses rapports avec sa clientèle, devenue nombreuse, et fournie, en très grande partie, par les hautes classes de la Société; qu'on me permette, toutefois, de nommer quelques-uns de ses malades. D'heureuses circonstances et sa réputation le mirent plus d'une fois

Pour raconter tout ce que fut notre confrère, j'ai dû le suivre pas à pas dans la carrière qu'il a parcourue; parler des institutions qu'il a servies, apprécier ses écrits et l'étudier enfin dans toutes ses actions (1). Toutes les évolutions de cette vie si bien remplie se sont accomplies sous vos yeux; vous avez vu par quels travaux le jeune médecin normand,

---

en rapport avec quelques-unes de ces notabilités dont la rencontre, dans la vie d'un médecin, est un évènement. M. et Mme de Châteaubriand, se rendant en Italie, s'étaient arrêtés pendant quelques jours à Lyon; Mme de Châteaubriand tomba malade assez gravement, demanda un médecin et reçut les soins empressés de notre confrère; il en résulta pour lui des rapports de tous les jours avec l'illustre auteur du *Génie du Christianisme,* dont il conserva un long et agréable souvenir. Peu de temps après, un avocat de beaucoup de talent, qui devait devenir ministre de la Justice, vint faire dans nos murs un séjour de quelque durée. Le futur garde-des-sceaux exploitait alors modestement, dans les départements, une méthode pour apprendre à lire en quelques jours aux petits enfants et aux adultes. Plein de confiance dans la valeur de son procédé, M. Crémieux demanda des juges à l'Académie, qui lui donna pour examinateurs l'auteur et le sujet de cet éloge. Les expériences furent publiques et réussirent; elles établirent, entre M. de Polinière et le concessionnaire du brevet de la méthode Laforienne, des relations qui en firent naître d'autres avec Mlle Mars, alors engagée au Grand-Théâtre de Lyon pour des représentations fort suivies. Très souffrante d'une douleur rhumatismale au genou, l'illustre actrice demanda des conseils à M. de Polinière, depuis longtemps un de ses admirateurs les plus fervents. Il s'était donné la collection complète de tous les portraits gravés de Mlle Mars, qu'il montra à Célimène, vraiment charmée de trouver dans son médecin un appréciateur si enthousiaste de son talent. Ce fut à peu près vers la même époque qu'eut lieu, dans le salon de l'Académie, un grand banquet offert, au nom des Lettres, au Père Lacordaire. Président de la Compagnie, M. de Polinière en fit admirablement les honneurs auprès du célèbre prédicateur, auquel il fit hommage de notre grande médaille d'or. Dois-je ajouter qu'en cette occasion encore je lui avais été adjoint, et que nos efforts, pour faire de cette réunion une fête de famille, eurent un plein succès? Mais je n'oublierai point, parmi les personnages historiques qui devinrent les clients de mon digne ami, le baron Larrey, déjà bien vieilli et fort affaibli : il n'y avait aucune possibilité de le sauver; M. de Polinière le veilla avec une grande sollicitude pendant ses derniers jours et lui ferma les yeux.

(1) Le dernier écrit de M. de Polinière a été son éloge de M. le Docteur Viricel, travail dont il s'était occupé avec une grande sollicitude; il en fit d'assez nombreuses lectures, et ne cessa de s'en occuper jusqu'au dernier moment de sa vie. Cette contention permanente de l'esprit, eut probablement pour conséquence une surexcitation cérébrale que suivit bientôt une maladie mortelle.

établi dans une ville qui lui était étrangère, s'y était conquis une position très élevée dans le corps médical. Je vous ai montré jusqu'ici l'homme officiel, le président de sociétés savantes, le médecin des hôpitaux, le membre de la Commission administrative des hospices. Permettez-moi maintenant de vous présenter notre confrère sous un autre point de vue, dans son cabinet, au milieu de ses livres, de ses bronzes et de ses coquillages, tel enfin qu'il était avec ses amis et dans la vie intime.

M. de Polinière avait conservé pour Vire, sa ville natale, une affection que l'éloignement n'avait pas affaiblie. Quand ses affaires le lui permettaient, mais toujours trop rarement à son gré, il allait faire une visite à ses parents en Normandie, et saluer de tous les bons instincts de son cœur cette patrie d'Olivier Basselin, qui fut aussi la sienne (1). Après s'être ainsi retrempé dans les souvenirs de son jeune âge, il revenait plus gai et mieux portant à Lyon, qui l'avait adopté et ne le distinguait plus de ses enfants. Si notre pays est celui où nous avons nos biens, nos amis et notre famille, celui où le plus grand nombre de nos années s'est écoulé, celui où nous avons vécu de notre vie d'homme dans l'accomplissement de nos devoirs, Lyon, certes, était le sien. Aussi est-il devenu l'un des nôtres, et a-t-il mérité une place distinguée parmi les Lyonnais vraiment dignes de mémoire; les quarante ans de sa vie qu'il nous a donnés lui ont bien acquis parmi nous le droit de cité (2).

---

(1) Olivier Basselin, ouvrier fouleur de draps, né dans le Val-de-Vire, en Normandie, vers le milieu du quatorzième siècle, avait un talent remarquable pour la composition de chansons bachiques, qui furent imprimées après sa mort, et qui paraissent avoir été l'origine de nos vaudevilles. On les nommait *Vaux-de-Vire*, du lieu où on les chantait. M. de Polinière avait de beaux exemplaires des éditions publiées en 1811, en 1825 et en 1833, et se plaisait à les montrer.

(2) L'homme se révèle par ses goûts de prédilection : M. de Polinière avait décoré

D'une grande taille et très blond, M. de Polinière avait l'organisation physique de ces hommes du Nord, ses aïeux, qui ont donné leur nom à la France. Sa belle figure a été fidèlement reproduite dans un portrait dû au pinceau habile d'un membre de la section des Beaux-Arts de l'Académie, M. Bonnefond, par un buste et par une gravure. Le front, de bonne heure presque entièrement dégarni de cheveux, annonce une forte intelligence, les yeux sont largement ouverts, le nez et la bouche bien modelés; tout dans cette remarquable physionomie exprime la distinction et l'aménité. Très circonspect, très prudent, soigneux de ne-jamais se commettre quand il pouvait faire autrement, M. de Polinière avait à un haut degré les qualités qu'on attribue aux habitants de l'antique Neustrie; aussi ses amis lui ont-ils dit souvent qu'il était parfaitement de son pays. Serait-ce déroger à la gravité de l'éloge académique que d'ajouter ce trait, qu'il était un très agréable et très joyeux convive et d'une

---

son cabinet de bronzes de Fratin et de Barye, de statuettes d'après Pradier, de bonnes gravures, de médailles et des portraits de son père et de ses amis. Son bureau était chargé de livres et de ces petits riens élégants qui décèlent l'homme de goût; il aimait la conchyoliologie et s'était donné une collection peu nombreuse, mais formée de pièces de choix. Un de ses délassements favoris, c'était de mettre ses coquilles en ordre dans la belle armoire qu'il avait fait confectionner pour les recevoir. Sa bibliothèque se composait de livres utiles, mais nullement remarquables par la valeur des éditions et de la reliure (1). Mon honorable ami n'était point bibliophile et ne comprenait guère comment il était possible de l'être, mais il lisait beaucoup et marquait de nombreux signets les faits ou les pensées qui l'avaient frappé. Libre des obligations de société et des devoirs de sa profession, il se hâtait de se réfugier dans son cabinet, où il se plaisait fort et dont il ne sortait qu'à regret. Une de ses occupations de prédilection c'était de placer à leur meilleur point de vue les objets d'art qu'il y avait accumulés, et d'en faire la démonstration à ses amis.

(1) Les livres sur les sciences médicales qui faisaient partie de cette bibliothèque ont été donnés à l'Ecole secondaire de médecine, à laquelle ils seront fort utiles. M. Richard, directeur de cette Ecole, les a mis en ordre et placés dans une salle qu'il a ornée du buste de M. de Polinière, sur le socle duquel on lit cette inscription : Doct. BARON DE POLINIÈRE. MVNIFICIENTIA, DOCTRINA, FAMAQVE SEMPER PRAESENS.

gaieté expansive et familière dans l'intimité? Il aimait les
arts et dessinait avec goût; la grande médaille des hôpitaux
a été gravée sous sa direction (1).

Doué de tous les avantages qui distinguent et font rechercher l'homme du monde, il n'ambitionnait cependant pas
les succès de société et leur préférait de spirituelles con-
versations dans d'honorables intimités qu'il s'étaient créées.
Heureux des sentiments d'affection et de haute estime que
lui témoignaient quelques âmes d'élite, il avait enfermé sa
vie dans un cercle très resserré d'amis. Son mariage, sa
fidélité à une entreprise industrielle devenue très prospère,
des héritages et l'exercice très fructueux de sa profession,
lui avaient acquis une fortune considérable dont il savait
faire un noble usage. Sa bienfaisance n'a été bien connue
qu'après sa mort; il a beaucoup aidé les pauvres de ses
conseils et de sa bourse; l'indigent qui attendait dans son
antichambre passait à son rang et obtenait assez souvent
un tour de faveur. L'Association médicale, institution philan-
thropique dont il fut président le premier, lui a l'obligation
d'un don assez important. Ses confrères, et M. le Docteur
Viricel surtout, l'appelaient fréquemment en consultation;
dans ses rapports avec les médecins, il se montrait toujours
bienveillant et d'une parfaite urbanité. L'aménité de son

---

(1) M. de Polinière, dont toutes les idées sur l'exécution de cette médaille avaient
été adoptées par le Conseil administratif des hospices, fut chargé de diriger le travail
qu'il confia à un artiste de talent, M. Schmitt. Il fit beaucoup de recherches dans les
écrits des numismates, et s'éclaira des avis d'hommes compétents. La médaille devait
associer les deux époques, celle de l'institution de l'Hôtel-Dieu et celle du pieux
hommage rendu aux fondateurs; son module est de 55 millimètres, celui du jeton
de 35. La face représente l'effigie du roi Childebert et de la reine Ultrogothe; on
voit sur le revers les armoiries des hôpitaux, composées de l'écu et de la couronne
qu'embrassent des palmes chrétiennes; l'exergue rappelle les noms des fondateurs et
la date de leur belle création.

M. Schmitt, reconnaissant, grava sur un disque de cuivre le portrait très ressemblant de M. de Polinière.

caractère ne se démentait jamais; les jeunes médecins se plaisaient à lui demander son avis; il le leur donnait volontiers, et les traitait comme des égaux qui avaient des droits particuliers à ses bons offices. Aussi lui pardonnait-on sincèrement ses avantages naturels et acquis; bien loin d'être jaloux de lui, ses rivaux avaient pris le parti d'en être fiers.

Pour peindre avec vérité M. de Polinière et montrer ce qu'il a valu, l'exactitude suffit; il n'a point été le chef de la médecine lyonnaise, mais Lyon l'a compté parmi ses médecins les plus distingués. D'autres ont été non moins savants et ont possédé à un plus haut degré l'art d'écrire; d'autres l'ont égalé dans la pratique médicale; mais il n'en a pas moins été un médecin d'un type exceptionnel qu'on n'avait pas vu avant lui, et qui ne se reproduira jamais peut-être. Sa supériorité consistait dans la distinction exquise de ses manières; son caractère particulier, c'était un accord parfait entre ses rares facultés et sa position; c'était, en d'autres termes, l'excellente tenue et la dignité personnelle. Le corps médical n'a pas eu d'individualité plus brillante et plus honorée depuis Marc-Antoine Petit (1).

J'ai été bien long, Messieurs, mais c'est un ami de quarante ans qui vous parle de son ami. Pendant ce long espace de temps, nous avons été unis, M. de Polinière et moi, par la communauté de nos goûts et souvent de nos fonctions; pardonnez-moi donc quelque prolixité. Pénétré au plus haut degré des regrets que la perte d'un si remarquable confrère vous a inspiré, je demanderai, toutefois, si cette fin préma-

---

(1) La Société de médecine reconnaissante a chargé son secrétaire-général, M. le docteur Diday, de l'éloge de M. de Polinière, mission qui a été remplie avec esprit et mesure.

DIDAY (M. P.), Vie du docteur de Polinière; *Lyon*, 1857, in-8°. Lu en séance publique, cet éloge a paru dans les numéros 3 et 4 de la *Gazette médicale de Lyon*, février, 1857.

turée a été réellement un malheur. M. de Polinière est mort
au seuil de la première vieillesse, avant l'inévitable époque
du déclin de l'intelligence, dans toute la plénitude de ses
facultés, avec la jouissance entière de la haute position qu'il
occupait dans le corps médical, et environné des témoigna-
ges empressés de l'estime publique. Il n'a connu les infir-
mités ni du corps ni de l'âme, et n'a pas même prévu le
danger qui le menaçait. Frappé d'une maladie, dont le
le premier effet, d'ordinaire, est d'ôter à l'esprit sa liberté, il
a conservé la sienne jusqu'à sa dernière heure. *Sine Deo
nihil*, rien sans Dieu, telle était sa devise. Bien qu'il ne crut
pas sa vie en péril, il s'empressa de réclamer les consola-
tions d'une religion dont il vénérait les doctrines et les
ministres. Après avoir noblement rempli jusqu'au bout la
tâche que la Providence lui avait départie, regretté du pauvre et du riche, aimé de beaucoup et regretté de tous, M. de
Polinière nous a quittés, laissant à l'Académie le devoir
pieux qu'elle remplit aujourd'hui, son souvenir à ses amis,
son jugement et sa récompense à Dieu.

PRIX PROPOSÉS

PAR

L'ACADÉMIE IMPÉRIALE

DES SCIENCES, BELLES-LETTRES ET ARTS

DE LYON.

—

QUESTIONS SCIENTIFIQUES.

—

Un prix, consistant en une double Médaille de la fondation Christin de Ruolz et présentant une valeur de 600 fr., sera décerné par l'Académie impériale de Lyon, à l'auteur de la meilleure *Faune du département du Rhône et des parties environnantes.*

Le concours sera clos le 31 mars 1861.

L'Académie n'exige point un travail qui embrasse l'universalité du règne animal. Mais elle désirerait y voir compris l'ensemble des animaux vertébrés. L'auteur de la faune demandée, en énumérant avec ordre les espèces qui se rattachent au territoire lyonnais, devra faire connaître les stations qu'elles préfèrent, en les caractérisant autant que possible d'après leurs altitudes, leurs températures, leurs expositions, leur état plus ou moins accidenté, boisé, aride, aqueux, ou d'autres particularités remarquables. Il insistera, d'ailleurs, sur les animaux domestiques; il traitera de leurs diverses races et des emplois industriels de leurs produits. Les variétés d'une même espèce sauvage seront étudiées dans leurs rapports avec le caractère des lieux où elles dominent. Il sera tenu compte des mœurs et des habitudes des animaux hibernants ou non, sédentaires ou migrateurs, et l'on devra s'attacher à retrouver, autant qu'il se pourra, les dates précises du passage de ces derniers depuis quelques années. Est-il vrai que les arrivées ou les départs hâtifs de certains oiseaux doivent être considérés comme pouvant servir aux pronostications? Indiquent-ils quelques grandes perturbations météorologiques survenues dans des régions lointaines? A-t-on observé l'établissement récent d'espèces nouvelles, qui auraient remplacé les espèces existant antérieurement dans le pays, ou qui vivraient à côté d'elles en tribus isolées ? A quelles causes doit-on attribuer ces invasions ? Quelle est la portée des préjudices que les animaux des champs occasionnent à l'agriculture, et quelle est celle des services qu'ils lui rendent ? N'existe-t-il pas à cet égard des préjugés à combattre ? Toutes ces diverses questions sont recommandées spécialement à l'attention des concurrents.

L'Académie rappelle, d'ailleurs, qu'elle a déjà mis au concours les Sujets suivants : 1° pour 1859, *Histoire et examen des principaux perfectionnements apportés, depuis la découverte de Watt, dans l'emploi de la vapeur comme force motrice;*

2° Pour 1860, *Etude géologique et paléontologique de l'arrondissement de Villefranche (Rhône).*

CONDITIONS GÉNÉRALES.

Les concurrents ne peuvent se faire connaître, ni directement ni indirectement, avant le jugement de l'Académie, à peine d'exclusion ; leurs Mémoires doivent être envoyés *franco* à l'un des Secrétaires-généraux de l'Académie. Chaque ouvrage doit porter en tête une devise ou épigraphe répétée dans un billet cacheté contenant le nom de l'auteur, sa demeure et sa qualité.

A moins d'un consentement formel de sa part, ce billet ne peut être ouvert que lorsque l'auteur a obtenu le prix du Concours. (Art. 73 du Règlement de l'Académie). Dans tous les cas, le Mémoire ne peut être retiré sous aucun prétexte par l'auteur, qui reste libre d'en faire prendre copie.

Chacun des prix proposés sera décerné dans la séance publique de l'Académie qui suivra l'époque de la clôture du Concours.

Lyon, le 18 mai 1858.

Le Président de l'Académie,

ROUGIER.

Les Secrétaires-généraux,

A. BINEAU.

CH. FRAISSE.

MÉMOIRES

DE

L'ACADÉMIE DE LYON.

CLASSE DES SCIENCES.

NOTE

SUR

CERTAINES COLORATIONS

DE LA LUNE ET DU SOLEIL,

Par M. J. FOURNET,

Correspondant de l'Institut, Professeur à la Faculté des Sciences de Lyon.

(Présenté à l'Académie des Sciences de Lyon dans la séance du 22 décembre 1857).

PREMIÈRE PARTIE.

—

Les excellentes leçons de M. Chevreul, que j'ai suivies avec un intérêt tout particulier, à Paris en 1833, et en 1842-43 à Lyon, m'ayant fait connaître la portée des effets du constraste simultané des couleurs, j'ai pu en faire l'application à divers phénomènes d'optique météorologique. Dans le nombre, je choisis en ce moment ceux qui concernent certaines colorations de la lune et du soleil, et, à titre de point de départ, je dois rappeler l'arc rouge crépusculaire dont résultent l'aurore matinale ainsi que les effets correspondants des soirées. Il se manifeste dans tout son éclat au début et à la fin des belles journées. A ces heures, on le voit poindre à l'horizon, gagner le zénith, puis s'effacer graduellement à l'opposite. Si d'ailleurs la coupole céleste est parsemée de flocons nuageux, ceux-ci, se trouvant éclairés par cette lumière transitoire, sont momentanément teintés de rouge, beaucoup plus ardent que ne peut l'être celui du fond diaphane de l'atmosphère. C'est le « *quas lumine vestit purpureo* » porté à sa plus haute expression; c'est la *rougie* de nos cultivateurs, illumination qui, survenant le matin ou le soir, devient pour eux l'indice d'une pluie prochaine. En effet, celle-ci manque alors rarement d'après mes observations.

Supposons actuellement la lune placée entre des nuées colorées de la façon susdite, et l'on comprendra aussitôt qu'en vertu des effets du contraste, elle devra se revêtir de la couleur complémentaire du rouge qui est le vert.

J'ai pu, entre autres, remarquer cet accident le 27 juin 1842, à Privas (Ardèche). Je prenais ma route à quatre heures du matin pour me livrer à quelques études géologiques. Le N E régnait en bas, tandis que la voûte céleste était tapissée de bandes cirrheuses étirées en longs panaches par le S O, et celles-ci se trouvant bientôt rubéfiées près du zénith, la lune, environnée de leurs flammèches rutilantes, acquit une teinte verte d'une remarquable intensité. Au surplus ces cirrhus se condensèrent rapidement en cumulo-stratus, puis, 8 h. m., la pluie survenait comme à dessein de confirmer le pronostic de la *rougie du matin*. Heureusement pour moi, le N acquit, à son tour, une violence telle, que je fus bientôt débarrassé de cette contrariante intempérie.

Je passe sous silence d'autres apparitions du même ordre, parmi lesquelles j'en pourrais citer une qui fut observée par mon collègue et ami M. Bineau, et me bornant à déclarer qu'elles sont assez fréquentes dans nos climats, je vais, sans plus tarder, indiquer un type différent, qu'il m'a été donné de remarquer en plusieurs circonstances. Il se distingue du précédent par l'absence complète des nuelles.

Le 17 janvier 1858, à la fin d'une journée purifiée par une violente tempête N, on ne voyait à Lyon aucun nuage. Cependant, au passage de l'arc rouge, la lune qui n'était encore qu'à l'état d'un mince filet, prit momentanément une teinte verte bien caractérisée. Quelques minutes plus tard apparut le second arc rouge, et alors l'astre, de nouveau soumis à l'effet du contraste, reprit la couleur verte qu'il avait perdu dans l'intervalle.

Le 11 novembre 1856, me trouvant aux environs de Carthagène, dans le Baranco-de-Seca près d'Almazarron, pendant une des plus pures soirées de la Murcie, le ciel fut teinté par la belle lumière rose du crépuscule. La lune, peu après son lever, étant noyée dans cette coloration, devint sensiblement aussi verte que dans les cas précédents.

Le lendemain, je revenais d'Almazarron à Carthagène. L'atmosphère était pareillement pure, et, par suite, l'arc anticrépusculaire se dessina encore une fois très nettement. Cependant, notre satellite étant déjà en retard, surgit dans la partie bleuâtre sous-jacente, en affectant cette dimension colossale qui provient de l'illusion occasionnée par l'interposition des objets terrestres, disposés de façon à faire croire à un grand éloignement. Mais sa couleur différait de celle de la veille. Il se montrait paré d'un jaune de bronze éclatant, teinte complémentaire du bleu environnant, et, au bout de quelques minutes, l'éclairage crépusculaire ayant cessé, il acquit la blancheur argentine qui est son attribut durant les nuits sereines. Ainsi donc, encore une fois, la couleur de l'astre était en rapport avec celle du ciel.

Au surplus, voici d'autres observations relatives au même phénomène. Le 29 novembre 1857, à Lyon, vers 4 h. 1/2 du soir, la lune, se trouvant passablement élevée sur un fond d'un bleu encore assez pur, demeurait d'abord fortement orangée, puis elle blanchit à mesure que le gris crépusculaire remplaçait le bleu.

Le 28 décembre suivant, les conditions étant identiques, les contrastes reproduisirent les mêmes résultats.

Si, au contraire, j'examine l'astre placé à des hauteurs angulaires, sensiblement égales aux précédentes, mais ayant pour fond un ciel complètement gris, alors, au lieu de le trouver jauni, je le vois d'un blanc parfait. C'est ce qui arriva spécialement entre les deux observations susmentionnées, à la date du 2 décembre, vers 7 h. du soir.

On peut d'ailleurs concevoir d'autres combinaisons en vertu desquelles l'astre sera affecté de nuances orangées plus prononcées, ou bien encore de teintes décidément roses. Dans ce dernier cas, il sera placé dans des parties du ciel passant par degrés au vert, parfois intense, que l'on remarque à l'horizon dans certaines soirées, ou durant les matinées, et ces effets de contraste seront inverses de ceux qui résultent de la rougie du matin.

Je passe actuellement aux conditions atmosphériques qui m'ont mis à même d'étudier le bleuissage du soleil, et je les mentionne avec tous leurs détails afin de laisser le moins de prise possible aux incertitudes.

A minuit, entre le 12 et le 13 mars 1856, après une tempête méridionale qui se leva subitement, et qui voila le ciel, je traversais le Mont-Cenis pour me rendre en Sardaigne. La neige ne tarda pas à tomber avec abondance. A 4 h. m. j'étais parvenu au sommet du col, et, me trouvant assuré de la persistance de cette intempérie, je descendis du traîneau, voulant profiter de l'occasion qui s'offrait, d'examiner la cristallisation de ces vapeurs congelées, dès que la clarté du jour serait suffisante.

Peu à peu, dans la matinée, la *lombarde* s'était calmée. Cependant, à 10 h. m., les nuages étaient encore parfaitement opaques, et la neige tombait toujours serrée ; enfin, à 11 h. m., mes observations au sujet de celle-ci étant terminées, je quittai la station pour arriver à Suze par le plus court, en prenant les sentiers escarpés qui aboutissent à la vallée de Novalaise. Dès ce moment, les nuages supérieurs se dissolvaient rapidement.

A 11 h. 1/2 m., au niveau du premier refuge, je distinguais parfaitement les agglomérations nuageuses amincies, qui couvraient les sommités, tandis que d'autres vapeurs paraissaient remplir les vallées, de sorte qu'évidemment je cheminais au milieu d'une véritable brume.

A midi, les progrès de la raréfaction des nuages étaient tels qu'il ne tombait plus que de rares granules neigeux, et bientôt, malgré l'augmentation d'épaisseur provenant des masses que je laissais au-dessus de moi, un soleil nébuleux, mais en apparence d'un blanc pur, perçait de temps à autres. Quoique cet éclat incolore ne soit pas rare, il est cependant assez peu fréquent, comparativement aux nuances orangées, pour avoir dû fixer mon attention. Par suite, il imprima une nouvelle direction à mes recherches.

Je pus donc voir qu'à midi 1/2, sous l'influence de la radiation et du réchauffement vernal déjà prononcé, des brumes, épaisses comme les vapeurs d'une chaudière, s'échappaient du creux des vallées d'Exilles, de Suze et de Novalaise. Charriées par une faible brise ascendante, elles se façonnaient en gros amas ballonnés ou conoïdaux, s'étendaient lentement le long des rampes, puis elles allaient masquer tour à tour les cîmes voisines et se réunir aux débris du stratus, en formant des espèces de nuages morcelés et atténués, au point de laisser entre eux de larges éclaircies que traversaient les rayons intermittents du soleil. En un mot, j'étais en présence des diverses phases du développement d'un de ces phénomènes que je désigne sous le nom de *fumée des montagnes*, phénomène dont le résultat est de constituer des espèces de parasites qu'il me paraît nécessaire de distinguer de ceux qui ont été définis par M. Babinet. Par contre, il ne neigeait plus.

A 1 h. s. je pénétrais dans leurs parties les plus denses, et à 1 h. 1/4 s., grâces à une descente accélérée, je me trouvais dans une atmosphère claire et trop chaude pour permettre à la vapeur élastique de passer à l'état vésiculaire. La couche brumeuse était donc alors comme soulevée en masse, et condensée au-dessus de ma tête à environ 200^m plus haut que le fond de la vallée. J'estime, d'ailleurs, qu'abstraction faite des saillies élancées de sa partie supérieure, elle avait une épaisseur d'environ 100^m.

Dans la soirée, cette même nappe, devenant de plus en plus dense en continuant à monter d'une certaine quantité, passa à l'état de cumulo-stratus gris. Toujours obstinément fixée à mi-hauteur des montagnes, elle cachait complètement les sommets, à partir d'un plan horizontal parfaitement régulier. Enfin, dans la nuit, la lune se montra excessivement trouble.

Ces vapeurs ne devaient pas être congelées, car il ne tombait plus de neige depuis midi; j'ajouterai même que dès 10 h. m., celle qui était étalée dans le col du Mont-Cenis, commençait à passer à l'état fondant; qu'alors, en vertu d'une tiède brise de l'E S E, dégénérescence de la tempête nocturne, combinée avec la radiation du soleil au moment de sa culmination, les particules glacées, suspendues dans l'air, étaient fondues au point que les habits se couvraient d'humidité, et qu'à 1 h., le dégel s'effectuant avec une certaine brusquerie, je ne recevais que les fines et rares gou-

telettes d'une sorte de bruine. D'ailleurs, l'accroissement des
températures sera encore mieux exprimé par la marche du
thermomètre. Cet instrument indiquait à:

    10 h. m. Au Mont-Cenis. . . . . · —0,9

    11 h. 1/2 m. Au premier refuge . . . . +0,1

    12 h. 1/2 s. Sur la descente, dans un espace passa-
        blement clair, entre la brume inférieure et les
        nuelles supérieures . . . . +2,8

    1 h. s. Au milieu de la partie la plus dense de la brume. +2,0

    1 h. 1/2 s. A une centaine de mètres sous la brume. +6,0

    2 h. s. Fond de la vallée de Novalaise. . . . . . . +8,9

Si donc l'on se rappelle que, d'après mes observations,
12 à 14° de froid environ paraissent être nécessaires pour
déterminer la congélation de la vapeur vésiculaire, on comprendra qu'en vertu de toute cette réunion de données, je
sois tenté d'admettre qu'un état glacé quelconque de l'eau
suspendue dans l'air, ne peut pas être invoqué à l'occasion
des effets que je tiens à décrire. Cependant, je sais aussi que
pour être en droit de me montrer plus affirmatif, il eut été
à propos de porter le thermomètre au sommet des montagnes
et non d'en descendre. En effet, la série de mes observations
pourrait au besoin servir à établir le fait d'un décroissement
rapide de la chaleur en raison de la hauteur, puisque j'ai
passé assez vite de —0,9 à +8,9. Il est vrai qu'il serait
permis de répondre que les heures n'étaient plus les mêmes;
que vu la saison, le soleil envoyait des rayons assez peu obliques; qu'enfin le vent méridional devait ajouter sa puissance
calorifique. Mais, en dernière analyse, la discussion ne pouvant avoir aucune issue, je dois me contenter d'avoir émis
mon opinion, et je vais passer aux détails concernant les
colorations solaires.

L'astre que j'observais toujours attentivement, pendant
ma marche descendante, conservait encore habituellement
la blancheur qui m'avait frappé, ne faisant que s'éclaircir,

que pâlir ou s'obscurcir tour à tour, selon l'épaisseur des flocons passant devant lui. Mais au milieu de ces vicissitudes continuelles, vers 1 h. s., et à de certains intervalles, il apparaissait avec des teintes variant du bleu pâle, très pur, au bleu glauque de l'aigue-marine. Dans ces moments, les bords des nuées qui l'encadraient étaient teintés en orangé tournant plus ou moins au rouge, et l'ensemble jouissait d'un éclat suffisamment faible pour ne point fatiguer les yeux.

Cette simultanéité de l'apparition des deux couleurs, me porte naturellement à conclure que les effets du contraste se produisaient en raison de l'intensité et de la qualité des nuances de l'espèce d'auréole irrégulière et changeante, formée par les vapeurs amenées à l'état de densité convenable pour donner naissance aux franges lumineuses. Ajoutons encore que si, durant certaines phases du phénomène, le soleil reprenait sa blancheur, quand son entourage devenait lui-même incolore, il se teintait également en bleu glauque avec une partie de son fond, quand l'ensemble du tableau était circonscrit par un cadre doré. Ainsi donc, c'était tantôt le soleil seul, tantôt le soleil avec sa toile qui bleuissait. Et, dans l'un comme dans l'autre cas, les nuées environnantes étant toujours orangées, les effets du contraste s'exerçaient indifféremment sur les deux parties.

J'ai insisté à dessein sur ces divers détails, d'abord pour laisser à désirer le moins possible à l'égard du phénomène, et ensuite par la raison que quelques-unes des particularités susmentionnées pourront servir ultérieurement à discuter la valeur de certaines observations, qui me paraissent devoir rentrer dans la même catégorie.

Pour le moment, il me faut ajouter que le soleil est fréquemment environné de colorations orangées souvent fort vives, ou bien encore de vapeurs réputées blanches, et du genre de celles qui déterminèrent mes observations du Mont-

Cenis, sans que pour cela son disque soit bleu. Quelques exemples vont justifier mon énoncé.

Le 5 Nov. 1857, à Montbard, vers 4 h. 1/2 s., le soleil couchant était orangé jaune au milieu d'un transparent vaporeux, passablement éclatant, pareillement orangé et environné de nuages d'un noir indigo et bordés d'or.

Le 16 Nov. 1857, à Lyon, le brouillard étant dense durant la matinée, le soleil ne put se montrer que vers 1 h. s. Il était alors orangé terne, et la brume le circonscrivait d'une auréole diffuse de même couleur.

Le 18 Nov. 1857, à Lyon, vers 3 h. s., un cumulo-stratus vaporeux, peu épais, laissait paraître un soleil jaune d'or appliqué sur un large drap d'or.

Le 19 Nov. à la même heure et au même lieu, par un ciel pur, mais avec une brume basse étendue jusqu'à une certaine hauteur au-dessus du sol, l'astre, de nouveau vivement doré, était encore entouré d'une clarté identique faiblissant avec la distance.

En thèse générale, il ne se passe guère d'années à Lyon sans que l'on y aperçoive une intense illumination d'un jaune tirant à l'orangé, et produite sous l'influence des pluies. Alors encore le soleil affecte la couleur générale de l'atmosphère.

Le 11 Août 1856, à 4 h. 1/2 s., le tonnerre grondait, une averse tombait sur la ville pendant que le soleil éclairait vivement la scène. L'on pouvait voir dans les rues, à la distance d'environ dix pas, un tronc d'arc-en-ciel dans lequel ce même jaune orangé dominait. Au bout d'une demi-heure, ces splendeurs s'effaçaient avec la suspension de la pluie, et pourtant le soleil n'était pas plus bleu que dans les autres circonstances déjà énumérées.

Le 21 Août 1856, pendant un orage à grêle, la foudre tombait dans la rue Sala, à Lyon. La pluie était si forte que l'espace au nord offrait l'apparence d'une véritable brume.

A 5 h. s. l'averse était suspendue, mais le même éclairage survenait à 6 h., et il fut suivi d'une éclaircie.

Le 24 Juin 1857, de faibles brises du NO et du SO soufflant tour à tour, le ciel devint cirrheux et cumuleux à midi, les nuages cheminant du SO assez vite. Cet état persista dans la soirée, et à 7 h. l'illumination apparut comme précédemment. Les nuées étaient colorées en jaune blafard et pourtant il ne pleuvait pas. Bien plus, une éclaircie complète s'effectua dans la nuit sous l'influence du NO. Pourtant le pronostic n'était pas en défaut, car la période était très orageuse; la foudre tombait à Sièges (Jura), et il tonnait à Bourg.

Encore, en Algérie, pendant les violentes tempêtes pluvieuses, neigeuses et orageuses de 1856, le 1er Déc., à Jemmapes, le soleil surgissait au milieu de cette lumière blafarde, et sa nuance ne différait de celle de son entourage que par un éclat plus vif.

Le 2 Déc., à Aïn-Mokhra, l'air étant chargé de vapeurs vésiculaires provenant des abondantes pluies de la nuit, le soleil blanc se confondait, pour ainsi dire, à son lever avec une vaste aube argentine, mais cet affaiblissement des teintes ne modifiait en rien le résultat ordinaire.

Le 8 Nov. 1857, vers midi, à Saint-Germain-en-Laye, un cumulo-stratus s'étant suffisamment aminci, le soleil était également incolore, pâle, au centre de nuées grisâtres qui lui formaient en passant une ceinture blanche.

Les couronnes et autres irisations ne sont guère plus efficaces. En effet :

Le 9 Mai 1852, entre 3 et 4 h. s., à Oullins, je remarquai des nuages chassés vivement par un vent du nord qui les dissolvait successivement. Ils étaient ornés de splendeurs sans égales, vives et changeantes, bleues, pourprées, vertes, jaunes, orangées. Ces colorations, du genre de celles qui ont déjà été indiquées par Frézier, Saussure, Forster,

Brandes et Muncke, commençaient à se manifester quand les cumulus passaient à environ 20° de l'astre; elles se soutenaient le plus souvent jusqu'au moment où ils passaient au-devant, et alors tout devenait blanc à l'exception des bordures vaporeuses suffisamment éloignées du centre.

Enfin, le 2 Nov. 1857, à Lyon, vers 7 h. s., le ciel étant régulièrement tapissé de petits flocons blancs, serrés les uns contre les autres, ceux-ci donnèrent naissance à une couronne lunaire, large, parfois assez belle, teintée de bleu à l'intérieur, et orangée sur sa périphérie. Cependant il n'y eut aucun effet de contraste appréciable, parce que l'anneau bleu était séparé de l'astre par un assez large espace blanc, et que, d'un autre côté, l'enveloppe orangée était encore plus distante. La lune conserva donc sa blancheur plus ou moins terne, selon l'épaisseur des nuelles.

En résumé, de ces détails, qu'il me serait facile de multiplier et de varier considérablement, je conclus que, d'habitude, un astre environné de blanc est blanc, et qu'il apparaît alors comme une lampe vue de quelque distance, pendant la nuit, au travers de rideaux incolores. Si les franges bigarrées de sa couronne sont trop distantes, il reste encore blanc. Son aspect incolore se conserve de même au milieu d'une ouate grise. Enfin, il peut demeurer orangé dans le cas où il est établi au centre d'illuminations de même couleur. Et ces circonstances étant les plus ordinaires, je conclus, en sus, qu'il faut que la constitution des nuages satisfasse à quelques conditions assez délicates pour déterminer la manifestation des effets du contraste simultané.

On se souviendra d'ailleurs que dans les divers cas de coloration dont il vient d'être fait mention, les rayons orangés eux-mêmes sont de bonne teinte, et nullement des résultats provenant de la suraddition des reflets de complémentaires. Ils donnent en effet des ombres bleues, absolument comme le feraient ceux qui auraient traversé un verre de même couleur que l'astre. Au surplus, quand, sur son déclin, le soleil plonge dans les brumes basses de l'atmosphère, d'orangé qu'il était, il tourne souvent au carmin, et alors il peut faire naître des ombres grises virant légèrement au glauque; mais pour pouvoir déterminer la production de ces dernières, sa clarté doit encore être passablement intense, sinon les ombres obtenues sont purement grises. C'est ce qui arrive du moment où étant réduit à l'état d'un boulet rouge, l'œil en soutient impunément l'aspect.

DEUXIÈME PARTIE.

—

Jusqu'à présent je me suis borné à l'exposé de mes propres résultats; mais pour compléter les aperçus au sujet des diverses colorations des astres, il me reste à détailler et à discuter diverses indications fournies par d'autres observateurs, et je vais réunir ces données dans le chapitre actuel.

Sous son ciel italique, Virgile paraît avoir été souvent à même de remarquer le bleuissage du soleil. On en jugera d'après les vers suivants de ses *Géorgiques*. (Lib. I, vers 438 à 445) :

Hoc etiam cùm jam decedet Olympo
Profuerit meminisse magis ; nam sæpè videmus
Ipsius in vultu varios errare colores :
Cœruleus pluviam denuntiat, igneus Euros.
Sin maculæ incipient rutilo immiscerier igni,
Omnia tunc pariter vento nimbisque videbis
Fervere : non illà quisquam me nocte per altum
Ire, neque à terrâ moneat convellere funem.

Les savants physiciens, dont s'honore l'Italie, pourront peut être nous dire en quoi consiste le phénomène du pasteur de Mantoue. S'agit-il des effets du contraste? Faut-il voir ici une cause analogue à celle qui, d'après MM. Schlagintweit, agit dans l'Inde, ainsi qu'on le verra plus loin? En tous cas, chacun aura compris qu'un pronostic de pluie, basé sur ce bleu, serait parfaitement illusoire pour d'autres contrées telles que la France et l'Allemagne, attendu qu'il n'a été donné qu'à très peu de météorologiste de ces pays, d'apercevoir ces jeux de lumière. Même pour les Alpes qui touchent de si près à l'Italie, le seul observateur qui en fasse mention, à ma connaissance, est le célèbre Scheuchzer; du moins j'ai vainement cherché, parmi les *Voyages* de Saussure, quelques indications de ce genre. Quant aux indications de Scheuchzer, en les complétant autant que possible, elles ne s'en réduisent pas moins à ce qui suit.

Le 29 juillet 1703, après une série de grands débordements, parcourant le canton de Glaris, il s'aperçut, vers 5 h. s., qu'au milieu d'un ciel nuageux, un soleil, parfois très vif, acquérait une agréable teinte d'un bleu pourpré, durant les instants où les groupes vaporeux passaient au devant.

Une gravure accompagne ces brèves indications ; mais étant fort sombre et assez grossière, on doit se tenir dans la réserve au sujet des causes concomitantes. Tout au plus, quelques lisières claires du bord des cumulus permettent-elles de supposer qu'ils étaient frangés d'or à l'instar de ceux que j'ai vus au Mont-Cenis; mais ces derniers étaient assez blancs et fort peu denses, contrairement aux épaisses et lourdes masses figurées dans les *Itinera Alpina. (Descrip. seconda.)*

En dehors des Alpes, nous trouverons un exemple qui, d'après ses détails, s'accorde d'une manière assez remarquable avec celui dont j'ai donné la description. Le phénomène survint le 18 août 1821, date à laquelle M. Forster aperçut, dans le comté d'Essex, entre 9 et 10 h. m., un soleil dont le bleu d'azur était analogue à celui que réfléchit l'atmosphère durant une journée sereine. L'excellent observateur n'est pas certain d'avoir vu par lui-même la totalité du disque orné de cette couleur, attendu que les nuages environnants, passant avec rapidité, en masquaient une partie, et que l'apparition ne dura pour lui que quelques secondes; mais il est positif que d'autres personnes ont été les témoins de la coloration complète. D'ailleurs, déjà dans la même matinée, l'aspect inusité de l'astre avait fixé l'attention des gens de la campagne. Sa lumière était tellement affaiblie par ces nuelles qu'on pouvait le fixer à l'œil nu, et son éclat ressemblait à celui du mercure, ou bien à celui d'une pièce de soie lustrée, au point que plusieurs personnes crurent voir un aérostat.

Le même jour, dans le comté de Sussex, M. Howard signalait l'apparition d'un soleil offrant la couleur intense de l'acier bleu des ressorts de montre, ou de la flamme du soufre. D'un autre côté, à Paris, M. de Humboldt notait, sur les registres de l'Observatoire, le fait de la blancheur persistante et parfaite du soleil, vu au travers de brumes épaisses qui en tempéraient assez l'éclat pour qu'il n'occasionnât aucun éblouissement. Enfin, le lendemain soir, 19 août, M. Flaugergues observait, à Viviers, un brouillard analogue, blanchâtre, sec, et qui voila le ciel. Le surlendemain matin, le soleil, à son lever, paraissait blanc, sans éclat, et, le soir, l'astre était rouge. Ce brouillard fumeux, que M. Flaugergues regardait comme offrant une certaine analogie avec celui de 1783, ne se dissipa que le 30 août, à la suite d'une petite pluie, en sorte qu'il persista pendant onze jours.

M. Arago, partant des données précédentes, s'est hasardé à avancer que cette vapeur avait cheminé de Londres à Paris dans une demi-journée, et de Paris à Viviers à peu près dans le même espace de temps. Il explique, en outre, que « si les » nuages voisins du soleil étaient, comme on peut le supposer, rouges par réflexion, la lumière affaiblie de l'astre

» devait se revêtir de la teinte complémentaire du rouge,
» c'est-à-dire du bleu plus ou moins verdâtre, et que le phé-
» nomène rentrerait dans la classe des couleurs accidentelles.
» Ce serait un simple effet de contraste. »

Cette indication n'étant appuyée sur aucun fait et demeurant, par suite, purement conjecturale, on accordera que mes observations ont du moins l'avantage de venir à l'appui de la théorie susmentionnée. Revenant d'ailleurs sur les détails, je ferai ressortir la concordance des effets lumineux, puisque mon soleil du Mont-Cenis était blanc par intervalles et durant le temps accordé à cette manifestation, de même que celui-ci, d'après MM. de Humboldt, Forster et Flaugergues. Mais quel était l'état des nuages respectifs? J'ai fait connaître les motifs qui me portent à croire que la vapeur n'était plus congelée à l'heure des apparitions du Mont-Cenis, bien qu'il eut neigé auparavant. Et antérieurement, le soleil blanc ayant apparu au milieu de la brûlante saison de l'été, mes conjectures ne s'en trouvent que mieux étayées.

Toutefois, à cela ne se borne pas ma tâche, car on vient de voir que M. Flaugergues a comparé la brume de Viviers au brouillard sec de 1783, et cette circonstance doit également être discutée. Dans ce but, j'ai consulté les tableaux de divers observatoires, attendu que l'espace plus étendu du champ des observations ne peut que faciliter la compréhension des faits, l'amplitude de certains phénomènes météorologiques étant actuellement une chose bien connue. J'arrive donc aux données suivantes :

Baromètre.

Dates d'août.	LONDRES.	BOSTON (Lincolnshyre).	PARIS.	GENÈVE.	HALLE.
17	766,5	755,6	761,6	733,2	758,3
18	765,5	750,5	758,3	730,8	754,7
19	768,3	755,6	761,1	726,3	759,7

Etat du ciel.

Dates d'août.	LONDRES.	BOSTON.	PARIS.	GENÈVE.	HALLE.
17	Beau	Beau	Couvert	Nuageux	Trouble. Pluie
18	Nuageux	Beau	Nuageux	Couvert et nuages	Brouillard. Nuageux. Pluie.
19	Beau	Beau	Nuageux	Nuages et couvert	Variab. Rougie du mat. et du soir.

Hygromètre.

					St-BERNARD.
17	»	»	52	65	84,5	78
18	»	»	50	65	100,0	71
19	»	»	60	75	60,7	72

Vents.

17	»	»	O	NE	NO à O	NE
18	»	»	ONO	NE	SO à O	NE
19	»	»	NE	OSO	NO à O	NE

Au Saint-Bernard, du 16 au 22, le soleil ne parut qu'à travers de vapeurs épaisses, sans qu'elles eussent cependant la consistance des nuages. Elles ne disparurent qu'avec la pluie du 22 août, d'où il suit que leur durée fut moindre qu'à Viviers.

D'autre part, M. Burney, dans ses détails au sujet d'une série d'observations relatives aux étoiles filantes, consigne le fait indépendant de ces météores, savoir que dans la nuit du 18 août et dans la suivante, il tomba une abondante rosée aux alentours de sa station, à Gosport (Angleterre).

Enfin, M. Egen de Sœst, qui s'est occupé des brouillards secs, produits par la combustion des tourbières du nord de l'Allemagne, mentionne entre autres ceux des 18 et 19 juin 1821, faisant savoir qu'ils s'étendirent de la mer du Nord à Siegen, à Minden, à Clèves; mais son silence, à l'égard du mois d'août, permet de croire que rien de pareil ne se manifestait alors.

En résumé, les nuages, les rosées, les pluies, les baisses barométriques, la diversité des vents, l'état peu défini de l'hygromètre, aux dates sus-mentionnées, indiquent bien plus une constitution météorologique variable, qu'un régime de nature à venir à l'appui de l'existence d'une vapeur sèche.

Il me semble même que, pour ce cas, l'on est pour ainsi dire en droit de supposer que, sous le climat de Viviers, régnait une de ces brumes légères, visibles à distance, imperceptibles de près, et connues de nos cultivateurs sous les noms de *nible* ou de *chanin*. On peut s'y croire parfaitement à sec, mais l'hygromètre condensateur en indique le degré d'humidité. Etant d'ailleurs fréquentes dans les plaines du Rhône, par les vents du nord, elles masquent alors les montagnes éloignées. Elles sont encore communes dans nos vallées, dont elles opacifient la concavité, et elles me paraissent identiques à la *fumée d'horizon*, au *hâle* des Suisses, à la *callina* des Espagnols, au *landrauch* des Allemands, au *qobâr* des Ethiopiens. En tous cas, accordons à l'atmosphère de Viviers un certain surcroît de densité, et nous aurons tout ce qu'il faut pour obtenir les aspects blanc et surtout rouge du soleil. Ce dernier résultat est d'ailleurs un de ceux que M. Martins attribue aux *fumées d'horizon*, observées dans les Alpes, ainsi qu'en Espagne (*Ann. Mét. 1851*). Il est également produit par nos *nibles* lyonnais.

Une autre vapeur présumée sèche, est celle du 7 août 1841. M. Bravais, qui alors stationnait sur le Faulhorn, remarquait que, vers 7 h. s., la ceinture brumeuse se colorait en rouge, dont le reflet teintait l'atmosphère et le sol. L'ombre de sa main, projetée sur un papier blanc, était entourée d'une auréole rougeâtre qui, à une certaine distance, se fondait avec le papier. Il vit, en outre, des cercles lumineux, vibrants, qui paraissaient se détacher de la circonférence du disque solaire. Puis, à 7 h. 12' s., le soleil, s'enfonçant dans ce lit, prenait une teinte très pourprée et son éclat devenait très faible. Enfin, ce qui est très digne d'attention, c'est que l'hygromètre fut notablement affecté, car notre exact physicien observait les variations suivantes :

Heures.	Hygromètre.	État du ciel.
Matinée	»	Pur.
Midi.	51°	Légers cirrhus.
4 h. s.	61	Vapeurs blanches à l'horizon.
7 h. à 7 h. 12′ s.	»	Effets de coloration.
8 h. s.	47	Horizon vaporeux.
10 h. s.	66	»
Et à 11 h. s.	»	Les vapeurs s'élèvent jusqu'à 45° au-dessus de l'horizon.

Eh bien, l'humidité augmentait donc avec le déclin du soleil, pour diminuer après son coucher, sans doute à la suite des premiers effets de la précipitation, tandis qu'elle reprenait plus tard, probablement sous l'influence combinée de la réfrigération et de la brise nocturne descendante.

D'ailleurs, n'ai-je pas démontré, dans une précédente notice, qu'à l'égard des ombres roses ou rougeâtres, les brouillards ordinaires, parfaitement caractérisés, possèdent les propriétés que l'on paraît tenté de regarder comme étant particulières aux *fumées d'horizon*. Elles se manifestent encore dans tant d'autres circonstances variées, qu'en définitive leur apparition étant de nulle valeur dans la question pendante, je me crois pleinement autorisé à mettre en doute la constitution sèche de celle de 1841, de même qu'en partant de données différentes, j'arrive à ne pas davantage accepter le même état pour la brume de 1821, malgré l'opinion avancée par M. Flaugergues.

Je m'empresse, d'ailleurs, d'ajouter que M. Bravais même ne s'est point expliqué au sujet des effets du Faulhorn. En consultant ses écrits, je ne trouve, relativement à la coloration des astres, d'autre indication que la suivante, qui est liée à la succession des teintes crépusculaires. (*Mét. de Kœmtz,* page 498.)

Après avoir parlé de leur hiérarchie, M. Bravais fait remarquer que les teintes vertes du crépuscule ne peuvent pas être attribuées à l'effet d'un contraste optique, produit par la couleur complémentaire du rouge qui est le vert, car celui-ci apparaît souvent sans l'autre, et il termine en déclarant que le disque solaire, à son lever, peut paraître jaune, orangé, mais jamais vert. En effet, l'astre est, dans ce moment, plongé dans la bande verdâtre, résultant du mélange d'une zone jaune avec les rayons bleus, venus en nombre suffisant des hautes régions de l'atmosphère.

J'accepte, en tous points, cette conclusion de M. Bravais, avec la satisfaction de pouvoir ajouter qu'un ciel pur arrive parfois au magnifique vert émeraude, comme je l'ai vu notamment durant les belles matinées qui, en août et septembre 1838, favorisèrent mes excursions dans les hautes régions alpines. Alors les diadèmes glaciaires des sommités, colorés en rose par l'arc crépusculaire, reflétaient leur complémentaire verte sur une teinte déjà verte, selon l'explication de M. Bravais, et, de ce surcroît résultait probablement l'intense exaltation du phénomène.

Mon rôle d'historien m'amène encore à rappeler que M. Forbes *(Comptes rendus 1839)* a fait connaître ses expériences au sujet du rôle de la vapeur d'eau dans la coloration du soleil. Avant toute condensation, elle est complètement transparente et ne communique aucune teinte sensible aux rayons qui la traversent. A l'instant où la condensation est arrivée à un certain terme, la vapeur devenue vésiculaire, agissant comme un verre enfumé, n'est transparente que pour les rayons rouges. Enfin, dans un troisième état, elle est opaque pour de grandes épaisseurs, tandis qu'avec des épaisseurs moindres elle laisse passer la lumière blanche sans la colorer. De simples changements de température suffisent pour faire passer, par les trois états en question, la vapeur renfermée dans un globe de verre ; et d'ailleurs ces phénomènes n'exigeant pas de fortes tensions, M. Forbes en conclut que les vives couleurs rouges du soleil couchant peuvent dépendre du passage de l'astre à travers des nuages placés dans les conditions critiques de précipitation, qui ont donné le rouge pendant les expériences de cabinet. Enfin, suivant le même physicien, l'absorption dans la vapeur commence par le violet et l'indigo. Elle atteint ensuite le bleu, et, avec une épaisseur encore plus grande, elle affaiblit considérablement le jaune ; ensuite il ne reste plus qu'un rouge vif et un *vert imparfait*.

A cette occasion, je prendrai la liberté de mentionner d'abord mes propres observations au sujet des vapeurs qui, s'échappant par bouffées d'un générateur, passaient devant un vif soleil sous la forme de nuelles dont la dissolution était rapide. Eh bien, alors, ces flocons s'irisaient brillamment en vert, en rouge, en pourpre, en orangé, d'une manière identique aux nuages du 9 Mai 1852, observés à Oullins, et j'ai dû supposer qu'il se produisait des effets de diffraction comme dans la formation des *couronnes* selon la théorie de Fraunhofer. On remarque d'ailleurs ces mêmes couronnes autour des bougies placées dans des étuves chargées de vapeurs vésiculaires, ou plus simplement encore sur les vitres des appartements quand le froid extérieur condense à leur surface une fine rosée. Il suffit pour cela de regarder, de la rue et à des distances convenables, les flammes des bougies qui éclairent les chambres.

D'un autre côté, à l'égard de la rubéfaction du soleil, il me faut mettre en évidence, d'une manière plus complète qu'on ne le fait d'habitude, le rôle de la vapeur aqueuse mis en avant par M. Forbes. Que de fois l'astre n'envoie-t-il pas, du bord de l'horizon, ses derniers ou ses premiers traits tout resplendissants des feux de la topaze, tandis que plus rarement il apparaît comme une plaque de rubis !

L'observation m'ayant démontré que les atmosphères clarifiées, soit par les vents impétueux ou secs du Nord, soit par les courants tièdes du Sud, laissent indifféremment passer de la lumière orange, il me faut conclure que le rouge ne doit pas être un effet de l'épaisseur de la simple partie gazeuse de l'air. On aperçoit au contraire le disque ensanglanté quand les parties basses du ciel sont embrumées. Alors seulement, il réalise l'image du poëte :

Caput obscurâ nitidum ferrugine texit.

De même encore à l'approche des soirées de l'hiver, quand des brouillards très denses dans les régions inférieures vont en se raréfiant en haut, on peut, du sommet d'un piton qui perce au-dessus d'eux, s'enfoncer dans la vapeur, voir graduellement le soleil, d'abord éclatant, passer de l'orangé au rouge, avant de s'effacer, et reprendre par degrés son lustre à mesure que l'on remonte.

Il s'ensuit que dans ces circonstances les vésicules de la vapeur agissent à la manière des fines parties de suie qui enfument le verre de l'astronome improvisé à l'approche d'une éclipse, et, sans leur concours, les molécules aériennes seraient complètement impuissantes à l'égard du phénomène en question. Au surplus, on va voir une action identique produite par les pulvicules de certains brouillards secs.

M. Babinet fut, à deux reprises différentes, témoin du bleuissement du soleil. Il était, dit-il, de bonne teinte, un peu mêlé de blanc. Dans les *Comptes rendus (1839)*, il fit ressortir en particulier les nuances remarquablement plates offertes par cet astre, déclarant, en outre, que celui-ci n'était pas environné d'anneaux colorés. Mais faut-il étendre cette indication aux irisations irrégulières du genre de celles qui ont été mentionnées parmi les détails de mon observation du Mont-Cenis? En attendant quelques explications à ce sujet, j'ajoute que M. Babinet, laissant de côté la théorie du contraste, est parvenu à reproduire des espèces de soleils de diverses couleurs, rouges, blancs, violets, dans des expériences faites en 1827 devant la Société philomatique. Son procédé consiste à faire passer la lumière d'une bougie au travers de couches mixtes d'eau et d'air, d'huile et d'air, d'huile et d'eau, qu'il réduit à l'épaisseur voulue en les étalant entre deux lames de verre modérément comprimées et portées à un degré de chaleur convenable. Enfin, cet observateur supposait alors que le phénomène météorologique provient de l'interférence des rayons qui ont traversé les vésicules d'eau, avec ceux qui ont traversé l'air seulement.

Toutefois, il n'est pas hors de propos de rappeler qu'en 1857, ce savant physicien a déclaré que la couleur bleue de Jupiter, observé à Paris, ne se manifeste qu'en vertu d'un contraste avec la lumière rouge des réverbères, et que la planète est réellement blanche quand on l'observe en rase campagne. Revenant encore sur la question, dans le *Journal des Débats* (13 Fév. 1858), il dit « avoir constaté que, par un
» effet de contraste, dû au bleu de l'atmosphère, la Lune,
» Vénus, Jupiter, Saturne, et plusieurs des plus bril-
» lantes étoiles, quand elles se projettent sur un ciel très
» bleu, prennent la teinte de contraste qui est un jaune de
» tournesol, quelquefois remontant à l'orangé pâle.... C'est
» une observation curieuse, quand la lune, presque en plein,
» brille dans le ciel oriental, peu après le coucher du soleil,
» de voir cet astre qui est en réalité d'un blanc parfait,
» revêtir, pour un temps, la couleur orange par l'opposition
» du bleu du ciel qui l'entoure, puis, peu à peu, perdre cette
» teinte à mesure que le ciel environnant devient plus obs-

» cur, pour briller enfin de toute sa blancheur quand les
» lueurs du crépuscule se sont évanouies. Par contre, dans
» les rues de Paris, éclairées par de nombreuses lumières
» rougeâtres, le reflet de la lune sur les petites flaques d'eau
» est sensiblement bleu. » Enfin, le même physicien fait observer « qu'en étudiant les classiques anciens avec les lu-
» mières de la science moderne, on trouve souvent de
» curieuses observations dont les auteurs ne pouvaient se
» rendre compte. Ainsi, Ovide met l'étoile du soir sur un
» cheval roux, et lui fait donner de la rosée. »

Hesperus et fusco roscidus ibat equo.

« Rien de plus fidèle que cette description. Si le soir, at-
» tardé, vous cotoyez une prairie, évitez de marcher au tra-
» vers de l'herbe quand le temps est clair; alors l'herbe est
» mouillée. Si le temps est couvert, elle est parfaitement
» sèche. C'est un effet bien connu du rayonnement de la cha-
» leur vers le ciel pendant les temps clairs, et l'étoile du soir
» brillant d'un grand éclat. Mais il est moins facile d'ex-
» pliquer pourquoi cette étoile du soir, c'est-à-dire la planète
» Vénus, a une teinte jaune-orange dans les premiers mo-
» ments qui suivent le coucher du soleil.... Quant au soleil
» qui est rouge quand il se lève et se couche, ce n'est point
» une illusion. L'air et tous les corps réfléchissent en plus
» grande abondance les rayons bleus que les rayons rouges
» ou orangés, et la lumière, tamisée au travers de l'atmo-
» sphère très étendue vers l'horizon, s'est appauvrie de rayons
» bleus, laissant prédominer l'orangé et le rouge. Le lecteur
» voit de suite d'où vient le bleu du ciel: c'est que l'air réflé-
» chit cette teinte en plus grande abondance. Quant au soleil
» bleu, apparence rare, il n'est pas facile de l'expliquer, et
» la théorie que j'en ai donnée est bien compliquée, quoi-
» que ce soit la seule qui ait été proposée jusqu'ici. »

J'ai dû profiter du retard de l'impression de mon mémoire pour rapporter ici ces divers détails, et l'on remarquera sans doute l'accord qui existe entre nos vues respectives, à l'égard des effets du contraste, en vertu desquels la lune, placée sur un fond bleu, est orangée, et j'ai aussi l'avantage d'avoir fait ressortir la colorisation verte de cet astre, au moment des purpurations occasionnées par le passage de l'arc crépusculaire. D'un autre côté, il m'a été accordé de faire connaître au moins un cas spécial de bleuissement du soleil, lequel cas paraît être parfaitement indépendant des effets de la réflexion de certains rayons lumineux, de façon qu'il m'est permis de m'attribuer une part dans ces progrès de l'optique météorologique. Encore n'ai-je pas négligé le rôle de cette réflexion, à l'occasion des soleils orangés et rouges, ajoutant à l'appui de mes indications la nature de leurs ombres qui, étant bleues ou glauques, ne permettent pas d'admettre les illusions du contraste.

Au surplus, je complète ici cette suite d'aperçus en rappelant que l'eau agit à peu près comme l'atmosphère. En effet, déjà dans le siècle passé, le célèbre astronome Halley, étant descendu assez profondément dans la mer pendant qu'elle était éclairée du soleil, fut très surpris de voir le dos de sa main, qui recevait ses rayons directs, teint d'une belle couleur rose, tandis que le dessous, qui l'était par les rayons réfléchis, se trouvait teint en bleu. C'est ce qui devait arriver dans l'hypothèse, que les rayons réfléchis, et par la surface de la mer, et par les parties insensibles du milieu, fussent des rayons bleus. Mais à mesure que la lumière pénétrant plus profondément se dépouillait davantage des rayons bleus, le rouge devait tendre à prédominer. En cela, l'air et l'eau fonctionnent à la manière d'une foule de corps dichroïtes, et depuis longtemps j'ai soin, dans mes leçons de minéralogie, de montrer divers minéraux, certains pétroles, des opales, des verres

à demi-dévitrifiés, et même les laitiers bleus des hauts-four-
neaux, produisant exactement les mêmes phénomènes, de façon
que ceux-ci sont incontestablement d'un ordre très général.

Passons actuellement aux vapeurs réputées parfaitement
sèches et capables de faire rétrograder l'hygromètre. Le
brouillard si connu de 1783, dont l'origine est probablement volcanique, a été classé dans cette catégorie. Il était
éclairant au point de permettre, pendant la nuit, de voir les
objets à une certaine distance. Sa lumière diffuse ressemblait
à celle que répand la lune par un ciel couvert; sa couleur
était bleuâtre, et il répandit une odeur assez manifeste pour
frapper plusieurs observateurs.

De Saussure cite à son sujet les colorations rouges du
soleil; mais nulle part il ne fait mention de teintes bleues ou
autres qui auraient affecté cet astre. A Laon, d'après Cotte,
celui-ci était orangé, pâle durant la journée, et rouge de feu
à son coucher. Marcorelle le voyait, à Narbonne, rouge de
feu le matin et le soir, puis simplement rougeâtre et pâle
durant le jour. A Salon, sa clarté était pâle autour du midi, et
rouge de sang quand il était proche de l'horizon. Il en fut de
même à Dijon, à Genève, à Padoue, à Berlin. Enfin, selon
Mlle Lemasson, au Hâvre, il apparaissait vers l'heure de son
coucher, avec un aspect rouge comme s'il eût été vu au travers
d'un verre enfumé; d'ailleurs, à midi, la lumière, réfléchie par
les corps blancs, avait une légère couleur de feuille sèche, et
les ombres présentaient la teinte bleuâtre que l'on observe
quelquefois au moment où le soleil va disparaître au-dessous
de l'horizon. Concluons de ces détails, tous identiques au
fond, que la vapeur sèche jouait alors exactement le même
rôle qu'un brouillard ordinaire.

Il n'en fut pas de même à l'époque du brouillard sec de
1831. Divers savants du midi de la France, de l'Algérie et
des Etats-Unis, mentionnèrent expressément des nuances bleu

d'azur, vert d'azur et verdâtres. Alors aussi l'absence de toute autre indication porta M. Arago à reproduire à peu près textuellement ses réflexions de 1821. Cependant pour ajouter un dernier trait à ces aperçus, il faut citer les observations de MM. Schlagintweit, faites pendant les tempêtes qui soulèvent, de temps à autres, des amas de poussière dans l'Inde. Si alors le soleil est suffisamment abaissé pour que ses rayons aient à traverser une certaine épaisseur de cette atmosphère pulvérulente, il se colore en bleu prononcé, et les ombres, projetées par de petits objets sur des surfaces blanches, sont orangées, c'est-à-dire complémentaires du bleu. Ces indications paraîtront-elles suffisantes aux physiciens, pour qu'ils se hasardent à émettre une opinion? N'en est-il pas de ces ombres comme de celles que de Saussure, au Cramont, obtenait bleues, violet pâle, incolores, c'est-à-dire noires, et même une fois jaunâtres, oubliant de les mettre en relation avec l'état du ciel, et surtout d'indiquer l'absence ou la présence des auréoles qui peuvent environner l'astre.

En résumé, et jusqu'à nouvel ordre, on peut admettre trois cas de coloration des astres.

Le premier se produit sous l'influence du contraste simultané. Je range, dans cette catégorie, le soleil bleu ou verdâtre du Mont-Cenis; les lunes vertes de Lyon, de Privas et du Baranco-de-Seca; les lunes orangées de Lyon, de la côte d'Almazarron, et les étoiles bleues de M. Babinet.

Le second se manifeste quand l'astre s'environne d'une gloire de même teinte, dont il occupe en quelque sorte le centre. Il faut placer ici les soleils orangés, noyés dans des transparents rehaussés d'or, principalement aux moments des pluies, et les soleils blanchâtres fixés au milieu d'une aube réputée argentine.

Enfin, viennent les nuances produites par l'extinction de certains rayons en vertu de leur passage au travers de vapeurs humides ou sèches, sans production d'auréoles. Les soleils de nos soirées et matinées, surgissant au travers de brumes grisâtres avec l'aspect d'un simple boulet rouge; les soleils rouges des brouillards secs; ceux que M. Babinet vit bleus, étant dépourvus d'anneaux colorés; peut être encore ceux de l'Inde, appartiennent à cette classe qui paraît devoir compléter la somme de cette partie des beaux *phénomènes emphatiques* dont notre atmosphère est si souvent le théâtre.

ÉTUDE

SUR LES

COLÉOPTÈRES DU GENRE BRUCHUS

QUI SE TROUVENT EN FRANCE,

Par E. MULSANT & Cl. REY.

(Présentée à l'Académie des Sciences de Lyon dans la séance du 2 mars 1858).

Il est difficile de subdiviser le grand genre *Bruchus* en coupes bien distinctes. Les caractères tirés de la forme du prothorax, de la dent de ses côtés et de celle des cuisses postérieures, sont très variables. Néanmoins, ils sont encore les seuls, communs aux deux sexes, dont nous puissions nous servir à l'exemple de Schónherr. Car ils sont fortifiés par d'autres caractères de seconde valeur, soit communs aux deux sexes, soit seulement particuliers au sexe masculin, et qui motivent en quelque sorte la base des coupes du célèbre auteur suédois.

Ainsi, par exemple, chez les espèces à prothorax conique, les antennes sont proportionnellement plus longues et plus fortement en scie que dans la division des espèces à prothorax transversal ; les tibias intermédiaires sont simples dans les deux sexes ; les antennes sont généralement plus fortement en scie dans les ♂ que dans les ♀ ; quelquefois, cependant, elles sont semblables dans les deux sexes, mais alors le prothorax est moins conique. Ce dernier est aussi toujours mutique, et les cuisses postérieures en général sont ou sans dents ou obsolètement dentées.

Chez les espèces à prothorax transversal, les antennes ordinairement plus courtes et semblables dans les deux sexes sont cependant fortement dentées dans quelques-unes, surtout chez les ♂, mais alors le prothorax, restant toujours beaucoup moins long que large, affecte une forme plus ou moins conique. Les cuisses postérieures sont le plus souvent dentées, rarement mutiques. Le prothorax, généralement denté, est mutique dans quelques espèces. Chez ces dernières, les tibias intermédiaires sont simples dans les deux sexes, au lieu que chez celles à prothorax denté, ils sont, dans les ♂, toujours plus ou moins arqués en dehors, et terminés intérieurement par des lames, éperons ou dents plus ou moins prolongés.

Enfin, le *pygidium* offre dans sa forme un caractère d'une importance moindre, mais qui se rencontre dans toutes les divisions. Il est, surtout chez les ♂, plus ou moins convexe, plus ou moins vertical, plus ou moins recourbé en dessous. Dans ce dernier cas, il refoule tous les arceaux du ventre, et oblige même le dernier à le recevoir dans une échancrure plus ou moins profonde.

Notre but n'étant point de remanier complètement le genre *Bruchus*, mais seulement de faciliter la détermination des espèces par la séparation des sexes, nous dérangerons le moins possible l'ordre établi par Schönherr, et nous subdiviserons nos Bruches de la manière suivante :

Prothorax

plus ou moins conique, sensiblement plus étroit en avant qu'en arrière; à côtés toujours mutiques, plus ou moins obliques, rectilignes ou légèrement arrondis. — Tibias intermédiaires simples dans les deux sexes. **Antennes** . . . . .

  longues, atteignant ou moins, dans les ♂, les deux tiers de la longueur du corps ; plus ou moins dilatées intérieurement en dents de scie, plus fortement chez les ♂. **Cuisses postérieures** . . . .

    distinctement dentées. . . . . . . *obscuripes.*

    mutiques ou à peine dentées. . .

biguttatus.
variegatus.
dispar.
marginellus.
varius.
imbricornis.
canaliculatus.
canus.
olivaceus.
virescens.
debilis.
nanus.
perparvulus.
cinerascens.
misellus.
tarsalis.
pauper.
pygmæus.
oblongus.
tibialis.
anxius.
tibiellus.

atteignant à peine la moitié du corps, semblables dans les deux sexes; allant en grossissant vers le sommet, légèrement dilatées en dents de scie des deux côtés, ordinairement à partir du 5e article ; les extérieurs (moins le dernier) transversaux.-- Cuisses postérieures mutiques.

siculus.
inspergatus.
picipes.
pusillus.

substransversal, un peu plus étroit en avant qu'en arrière; à côtés toujours mutiques, à peine obliques, largement arrondis antérieurement. — Tibias intermédiaires simples dans les deux sexes.—Antennes des ♂ longues, dépassant la moitié de la longueur du corps, fortement dilatées en dedans en dents de scie. — Cuisses postérieures mutiques . . . .

miser.
foveolatus.
murinus.
sericatus.

fortement transversal, à côtés ordinairement peu obliques, plus ou moins arrondis antérieurement. **Côtés du Prothorax**

  munis d'une dent vers leur milieu. — Antennes atteignant à peine la moitié de la longueur du corps ; semblables dans les deux sexes; allant en grossissant vers le sommet, plus ou moins dilatées en dents de scie des deux côtés, ordinairement à partir du 5e article : les extérieurs (moins le dernier) transversaux. — Cuisses postérieures distinctement dentées. — Tibias intermédiaires des ♂ plus ou moins arqués, dentés en dedans à leur sommet. . . . .

pisi.
rufmanus.
flavimanus.
nubilus.
luteicornis.
granarius.
troglodytes.
brachialis.
tristis.
tristiculus.
servatus.
pallidicornis.
ulicis.
viciæ.
griseomaculatus.
loti.
tessellatus.

  mutiques. **Cuisses postérieures** . . . .

    dentées. **Tibias intermédiaires**

      dentés au sommet dans les ♂ - Antennes simples. *laticollis.*

      mutiques dans les deux sexes. **Antennes**

        semblables dans les deux sexes. *lividimanus.*

        fortement en scie chez le ♂; aussi longues que le corps. *histrio.* *jocosus.*

    mutiques; tibias intermédiaires mutiques dans les deux sexes . . . .

cisti.
seminarius.
alni.

Genre : **BRUCHUS**, Linné.

—

A. *Prothorax plus ou moins conique, sensiblement plus étroit en avant qu'en arrière; à côtés toujours mutiques, plus ou moins obliques, rectilignes ou légèrement arrondis. Tibias intermédiaires simples dans les deux sexes.*

a. *Antennes longues, atteignant au moins, dans les ♂, les deux tiers de la longueur du corps; plus ou moins dilatées intérieurement en dents de scie, plus fortement chez les ♂.*

†. *Cuisses postérieures distinctement dentées.*

OBSCURIPES, Schœnherr.
France méridionale.

♂ *Yeux* très grands et très saillants; *front* pas plus large que la moitié de leur diamètre transversal. *Antennes* médiocrement dilatées intérieurement en dents de scie, à partir du quatrième article inclusivement : le 2e subglobuleux, à peine plus long que large : le 3e obconique, suballongé, légèrement dilaté en dedans, obliquement coupé au sommet : les 4e à 10e un peu plus longs que larges, graduellement un peu plus étroits en approchant du sommet : le dernier en parallélogramme allongé : les 1er et 2e testacés en dessous. Les 2e, 3e et 4e *arceaux du ventre* un peu plus resserrés dans leur milieu que sur les côtés; le 5e échancré au milieu de son bord postérieur jusque près de sa base, pour recevoir le *pygidium* qui est convexe, vertical, et se recourbe en dessous.

♀ *Yeux* médiocrement saillants: *front* plus large que la moitié de leur diamètre transversal. *Antennes* légèrement dilatées en dents de scie à partir du 5e article : le 2e subglobuleux à peine plus long que large: les 3e et 4e allongés, obconiques, subégaux : le 5e à peine plus long que large : les 6e à 10e transversaux, graduellement plus courts en approchant du sommet : le 10e néanmoins un peu moins court que les précédents : le dernier ovalaire, acuminé : les quatre premiers articles testacés, avec les 2e et 3e quelquefois rembrunis en dessus. Les 2e, 3e et 4e *arceaux du ventre* non resserrés dans leur milieu : le 5e prolongé en triangle arrondi au sommet. *Pygidium* oblique, très faiblement convexe à sa partie inférieure.

†† *Cuisses postérieures mutiques ou à peine dentées.*

BIGUTTATUS, Olivier.
France méridionale.

♂ *Antennes* brusquement et fortement dilatées intérieurement en dents de scie à partir du 4e article : les 2e et 3e très courts, transversaux, subégaux : les 4e à 10e graduellement moins courts et un peu plus étroits en approchant du sommet : le dernier elliptique, oblong. Les 2e, 3e et 4e *arceaux du ventre* faiblement resserrés dans leur milieu : le 5e sinué au milieu de son bord postérieur. *Pygidium* convexe et vertical dans sa moitié inférieure.

♀ *Antennes* légèrement dilatées intérieurement en dents de scie à partir du 5e article : le 2e à peine plus long que large : le 3e un peu plus long que le précédent, obconique : le 4e sensiblement plus long que le 3e, obconique, intérieurement élargi au sommet : les 5e et 10e non transversaux, graduellement et insensiblement plus courts en approchant du sommet ; le dernier ovalaire, acuminé. Les 2e, 3e et 4e *arceaux du ventre* non resserrés dans leur milieu : le 5e prolongé en triangle arrondi. *Pygidium* oblique, très faiblement convexe à sa partie inférieure.

Obs. Quelquefois dans les ♀, les 2e et 3e articles des antennes sont obscurément ferrugineux à leur base.

Une variété non signalée par Schönherr, a les élytres complètement noires, sans aucun vestige de tache rougeâtre.

VARIEGATUS, Germar.

France.

♂ *Yeux* très grands et très saillants. *Antennes* fortement dilatées intérieurement en dents de scie à partir du 4ᵉ article : le 2ᵉ court, transversal : le 3ᵉ deux fois plus long que le précédent, fortement dilaté en dedans en forme de triangle, mais non en dent de scie : les 4ᵉ à 10ᵉ graduellement et insensiblement plus longs et plus étroits en approchant du sommet : le dernier elliptique, oblong : le dessous des 1ᵉʳ et 2ᵉ articles, le 3ᵉ et la base du 4ᵉ, testacés. *Dernier arceau ventral* largement arrondi au sommet. *Pygidium* oblique, légèrement convexe à sa partie inférieure.

♀ *Yeux* médiocrement saillants. *Antennes* faiblement dilatées intérieurement en dents de scie à partir du 5ᵉ article : le 2ᵉ subglobuleux, pas plus large que long : les 3ᵉ et 4ᵉ allongés, obconiques, subégaux : les 5ᵉ à 10ᵉ graduellement et insensiblement un peu·plus courts en approchant du sommet : le dernier ovalaire : le dessous des 1ᵉʳ et 2ᵉ articles, les 3ᵉ et 4ᵉ testacés. *Dernier arceau ventral* prolongé en triangle arrondi. *Pygidium* oblique, presque plan ou très faiblement convexe à sa partie inférieure.

Obs. Le *Br. bimaculatus. Ol.* (Ent., tom. IV, n° 79, pag. 20, pl. 3, fig. 22.) n'est assurément pas autre chose que le *Br. variegatus.*

Nous croyons qu'on peut aussi réunir à cette espèce le *Br. dispergatus.* (Schœnherr), qui est d'une taille beaucoup moindre, et dont la tache noire des élytres est moins dénudée.

Quelquefois le 2ᵉ article des antennes est entièrement testacé dans l'un et l'autre sexe.

DISPAR, Schœnherr.

France.

♂ *Yeux* très grands et très saillants. *Antennes* fortement dilatées intérieurement en dents de scie à partir du 4ᵉ article : les 2ᵉ et 3ᵉ courts, à peine aussi longs que larges, subégaux : les 4ᵉ à 10ᵉ graduellement un peu moins courts en approchant du sommet : le dernier elliptique, oblong : les 1ᵉʳ, 2ᵉ, 3ᵉ, 4ᵉ, 9ᵉ, 10ᵉ et 11ᵉ testacés, avec les 1ᵉʳ et 2ᵉ rembrunis en dessus. *Tibias antérieurs* légèrement arqués et rétrécis avant leur sommet. Le *5ᵉ arceau ventral* largement arrondi à son bord postérieur. *Pygidium* oblique, sensiblement convexe et subvertical dans son tiers inférieur.

♀ *Yeux* médiocrement saillants. *Antennes* faiblement dilatées intérieurement en dents de scie à partir du 5ᵉ article : les 2ᵉ et 3ᵉ suballongés, subégaux : le 4ᵉ obconique, pas plus long mais plus dilaté que le précédent : les 5ᵉ à 10ᵉ graduellement et insensiblement un peu plus courts en approchant du sommet, avec les extérieurs faiblement transversaux : le dernier ovallaire : les 1ᵉʳ, 2ᵉ, 3ᵉ, 4ᵉ, la base du 5ᵉ, les 10ᵉ et 11ᵉ testacés, avec les 1ᵉʳ et 2ᵉ, rembrunis en dessus. *Tibias antérieurs* simples et droits. Le *5ᵉ arceau ventral* prolongé en triangle arrondi. *Pygidium* oblique, presque plan, ou très faiblement convexe à sa partie inférieure.

Obs. Quelquefois dans les ♂, le 8ᵉ article des antennes est obscurément testacé ; dans les ♀, les 5ᵉ et 9ᵉ articles des mêmes organes sont rarement plus ou moins testacés, avec les 6ᵉ, 7ᵉ et 8ᵉ d'un ferrugineux obscur.

Le *Br. braccatus.* (Schœnherr), que nous considérons comme une variété du *Br. dispar*, ne s'en distingue que par le dernier article de ses antennes seul d'un testacé obscur, et par ses tarses postérieurs noirs.

Le *Br. fasciatus. Ol.* (Ent. tom. IV, nᵒ 79, pag. 20, pl. 3, fig. 25.), à part la couleur des pieds, semble assez convenir au *Br. dispar.*

MARGINELLUS, Fabricius, Schœnherr.
France.

♂ *Antennes* fortement dilatées intérieurement en dents de scie à partir du 4e article : les 2e et 3e courts, transversaux, subégaux : les 4e à 10e aussi longs que larges, subégaux, avec le 9e un peu plus étroit et par conséquent paraissant moins court que les précédents : le dernier en parallélogramme oblong. Le 5e *arceau ventral* subsinué au milieu de son bord postérieur. *Pygidium* convexe et subvertical dans sa partie inférieure.

♀ *Antennes* faiblement dilatées intérieurement en dents de scie à partir du 4e article : le 2e subglobuleux, à peine aussi long que large : le 3e obconique, un peu plus long que le précédent : le 4e obconique, à peine plus long mais plus élargi que le 3e : les 5e à 10e subégaux, à peine plus longs que larges, mais non transversaux : le dernier ovalaire, acuminé. Le 5e *arceau ventral* prolongé en triangle arrondi. *Pygidium* oblique, très faiblement convexe.

Obs. Dans cette espèce, les *yeux* sont un peu plus gros dans le ♂ que dans la ♀ ; mais cette différence est moins forte que chez les espèces voisines.

VARIUS, Olivier, Schœnherr.
France.

♂ *Yeux* gros et saillants. *Antennes* fortement dilatées intérieurement en dents de scie à partir du 4e article : les 2e et 3e courts, pas plus longs que larges, subégaux : les 4e à 10e graduellement moins courts et insensiblement un peu plus étroits en approchant du sommet : le dernier allongé, elliptique : les 1er, 2e, 3e, 4e, 9e, 10e et 11e testacés, avec les

1ᵉʳ et 2ᵉ rembrunis en dessus. *Tibias antérieurs* légèrement arqués avant leur extrémité. *Dernier arceau ventral* légèrement subsinué au milieu de son bord postérieur. *Pygidium* légèrement convexe et subvertical dans sa partie inférieure.

♀ *Yeux* médiocrement saillants. *Antennes* passablement dilatées intérieurement en dents de scie à partir du 5ᵉ article : les 2ᵉ et 3ᵉ un peu plus longs que larges, subégaux : le 4ᵉ obconique, guère plus long mais un peu plus élargi que le précédent : le 5ᵉ aussi long que large : les 6ᵉ à 10ᵉ faiblement transversaux : le 10ᵉ un peu moins que les précédents : le dernier ovalaire : les 1ᵉʳ, 2ᵉ, 3ᵉ, 4ᵉ, base du 5ᵉ et le 11ᵉ testacés, avec les 1ᵉʳ et 2ᵉ un peu rembrunis en dessus. *Tibias antérieurs* simples et droits. *Dernier arceau ventral* prolongé en triangle arrondi. *Pygidium* oblique, très faiblement convexe.

Obs. Le 7ᵉ article des antennes est quelquefois plus ou moins testacé dans le ♀.

Le *Br. galegœ.* (Schœnherr) nous paraît une variété du *Br. varius*, d'une taille moindre et à antennes entièrement ferrugineuses ou testacées.

IMBRICORNIS, Panzer, Schœnherr.

France.

♂ *Yeux* grands et saillants. *Antennes* très fortement dilatées intérieurement en dents de scie à partir du 4ᵉ article : les 2ᵉ et 3ᵉ très courts, transversaux, subégaux : les 4ᵉ à 10ᵉ transversaux, les 6ᵉ à 10ᵉ graduellement et insensiblement moins courts et un peu plus étroits : le dernier oblong, elliptique. *Tibias antérieurs* légèrement arqués avant leur extrémité. *Dernier arceau ventral* très obtus ou faiblement subsinué au milieu de son bord postérieur. *Pygidium* légèrement convexe et subvertical dans son quart inférieur.

♀ *Yeux* médiocrement saillants. *Antennes* passablement

dilatées intérieurement en dents de scie à partir du 5ᵉ article : les 2ᵉ et 3ᵉ suballongés, subégaux : le 4ᵉ un peu plus court que le précédent, mais plus élargi, obconique : les 5ᵉ à 10ᵉ graduellement un peu plus courts et insensiblement un peu plus larges en approchant du sommet, avec les extérieurs légèrement transversaux : le dernier ovalaire. *Tibias antérieurs* simples et droits. *Dernier arceau ventral* prolongé en triangle arrondi. *Pygidium* oblique, presque plan, ou très faiblement convexe à sa partie inférieure.

Obs. Dans cette espèce les antennes sont, chez les deux sexes, entièrement testacées, avec les intersections des articles extérieurs ordinairement un peu plus obcurs.

CANALICULATUS, Nobis.

France méridionale.

Breviter ovatus, subdepressus, niger, pube tenui, sericeo-cinerascenti sat dense vestitus; prothorace convexo, conico, fortitèr rugoso-punctato, basi fossulato, dorso longitudinaliter subtilitèr canaliculato; elytris tenuitèr striato-punctatis, interstitiis subtilissimè rugoso punctulatis. Pygidio ovali, convexo.

Long. 0,0039 (1ˡ. 3/4). — Larg. 0,0022 (1ˡ.).

♂ *Antennnes* fortement dilatées intérieurement en dents de scie à partir du 4ᵉ article : les 2ᵉ et 3ᵉ articles courts, transversaux, subégaux : le 2ᵉ globuleux : le 3ᵉ un peu plus élargi que le précédent : les 4ᵉ à 10ᵉ un peu plus longs que larges, graduellement et sensiblement plus étroits en approchant du sommet, ce qui rend les extérieurs plus allongés : le dernier deux fois plus long que large, obtus à son extrémité. Les 2ᵉ, 3ᵉ et 4ᵉ *arceaux du ventre* fortement resserrés dans leur milieu : le 5ᵉ profondément échancré au milieu de son bord postérieur, presque jusqu'à sa base, pour recevoir le *pygidium* qui se recourbe en dessous : celui-ci vertical, longitudinalement très convexe. *Elytres* subdéprimées.

♀ *Antennes* très faiblement dilatées intérieurement en

dents de scie à partir du 4e article : les 2e et 3e un peu plus longs que larges, subégaux : les 4e à 10e oblongs, graduellement un peu plus courts en approchant du sommet : le dernier oblong. Les 2e, 3e et 4e *arceaux du ventre* non resserrés dans leur milieu : le 5e largement arrondi au sommet. *Pygidium* oblique, longitudinalement assez convexe. *Elytres* légèrement convexes.

Corps brièvement ovale ; subdéprimé ; d'un noir mat, couvert d'une pubescence fine, soyeuse et cendrée.

Tête oblongue, assez fortement et rugueusement ponctuée, et marquée entre les antennes d'une impression transversale. *Front* longitudinalement convexe ; offrant un petit espace lisse au milieu, et séparé de l'épistome par une suture en forme de chevron dont l'ouverture regarde la bouche. *Epistome* oblong, anguleux à la base, légèrement sinueux au sommet ; lisse au milieu et assez fortement ponctué sur les côtés. *Labre* transversal, aussi large que l'épistome, obtusément tronqué au sommet, fortement arrondi sur les côtés et aux angles antérieurs ; obsolètement et éparsement ponctué. *Palpes maxillaires* et *parties de la bouche* d'un noir brillant. *Yeux* grands ; à peine plus saillants dans le ♂ que dans la ♀ ; profondément bilobés ; noirs avec des reflets micacés.

Antennes à peine plus courtes que le corps chez le ♂, atteignant au moins les trois quarts de la longueur du corps chez la ♀ ; noires et garnies d'un duvet grisâtre ou cendré grisâtre, très fin.

Prothorax conique, profondément bissinué à la base, où il est un peu plus large que long ; trois fois plus large à celle-ci qu'au sommet ; tronqué à celui-ci ; à côtés presque droits ; à angles postérieurs aigus, moins prolongés en arrière que le *lobe médian :* celui-ci large, tronqué, avec une petite entaille au milieu de son bord postérieur, et marqué en dessus d'une fossette oblongue dont le fond est presque lisse ; garni de poils grisâtres, un peu plus serrés en arrière du lobe médian, où ils forment comme une espèce de tache banchâtre souvent peu marquée ; convexe, fortement et rugueusement ponctué, et creusé sur son milieu d'un sillon longitudinal fin, et s'effaçant un peu avant le bord antérieur.

Ecusson petit, bilobé ; rugueux ; noir, garni de poils cendrés.

Elytres en carré long, deux fois plus longues que le prothorax, de la largeur de celui-ci à leur base ; à calus huméral assez prononcé, oblong ; à côtés un peu élargis derrière les épaules jusqu'au tiers antérieur, puis subparallèles dans le reste de leur longueur ; largement arrondies ou subarrondies chacune à leur extrémité, ainsi qu'aux angles postéro-externes, avec l'angle sutural à peine senti, très obtus, presque arrondi ; très étroitement rebordées dans leur périphérie ; subdéprimées (σ) ou très légèrement convexes (φ); noires, et assez densement couvertes d'une pubescence fine, couchée, grisâtre et soyeuse ; marquées chacune de dix stries fines, obsolètement ponctuées : la suturale partant des côtés de l'écusson pour aller rejoindre l'angle sutural, où elle se recourbe en dehors pour se confondre avec le rebord apical : les neuf autres, s'arrêtant avant le sommet : les 2e et 3e les plus prolongées, recourbées en dehors, tendant à se rapprocher l'une de l'autre sans pourtant se réunir : les 4e et 5e les plus courtes, le plus souvent réunies postérieurement : les 6e et 7e un peu plus longues que les précédentes, recourbées en dedans et quelquefois réunies : les 8e et 9e encore un peu plus prolongées que les 6e et 7e, sans l'être autant que les 2e et 3e, recourbées en dedans et quelquefois réunies : la 10e courte, dépassant à peine les deux tiers de la longueur de l'élytre, située sur la partie infléchie de celle-ci et dont elle suit la flexuosité : ces stries un peu plus profondes à leur base ; les 2e et 3e, les 4e et 5e sont réunies deux à deux antérieurement : la 6e flexucuse en devant : la 7e, antérieurement déjctée en dehors, ne naît que derrière le calus huméral, et la 8e, également un peu déjetéc en dehors, part d'un peu plus haut. Intervalles assez larges ; plans ; finement et rugueusement ponctués : le 1er à partir de la strie sturale, et plus rarement le 2e, offrent à leur base de gros points enfoncés, disposés en série longi-tudinale.

Pygidium plus long que large ; ovale ; convexe ; finement et densement ponctué ; couvert d'une pubescence très fine et très serrée, grisâtre.

Pieds assez longs ; pubescents ; finement ponctués, noirs. *Tibias antérieurs et intermédiaires* assez grêles : les *postérieurs* plus longs, plus forts à leur extrémité. *Cuisses postérieures* légèrement renflées ; munies vers les trois quarts de leur tranche inféro-interne d'une élévation dentiforme, obsolète. *Tarses postérieurs* allongés : 3e article de tous les tarses garni en dessous d'une brosse de poils blanchâtres, serrés.

Dessous du corps d'un noir assez brillant ; convexe ; couvert d'une pubescence grise, fine, assez serrée. *Poitrine* plus fortement et plus rugueusement ponctuée que le ventre.

Patrie : La Provence. Juin. Sur les fleurs des Cistes et des plantes cichoracées.

Obs. Cette espèce, la plus grande de celles à prothorax conique, diffère du *Br. canus*, Germ., par sa taille une fois plus forte, par les articles des antennes proportionnellement moins courts, par son prothorax plus grossièrement ponctué et surtout canaliculé. Ce dernier caractère suffit pour le distin-guer de tous ses congénères.

CANUS, Germar.

France.

♂ *Antennes* médiocrement dilatées en dents de scie peu aiguës à partir du 4e article : les 2e et 3e assez courts, transversaux, subégaux : le 3ᵉ un peu plus élargi que le précédent : les 4ᵉ à 10ᵉ guère plus longs que larges, subégaux : le dernier subelliptique. *Dernier arceau du ventre* obtusément arrondi ou légèrement subsinué au milieu de son bord postérieur. *Pygidium* assez fortement convexe et vertical dans son tiers inférieur.

♀ *Antennes* faiblement dilatées en dents de scie à partir du 4ᵉ article : les 2ᵉ et 3ᵉ assez courts, à peine aussi longs que larges : le 2ᵉ subglobuleux : le 3ᵉ un peu plus élargi, obconique : les 4ᵉ à 10ᵉ un peu plus longs que larges, subégaux : le dernier ovalaire. *Dernier arceau ventral* largement arrondi à son bord postérieur. *Pygidium* faiblement convexe, vertical dans son quart inférieur.

OLIVACEUS, Germar, Schœnherr.

♂ *Antennes* médiocrement dilatées intérieurement en dents de scie à partir du 4ᵉ article : le 2ᵉ à peine aussi long que large : le 3ᵉ à peine plus long que le précédent : les 4ᵉ à 10ᵉ graduellement un peu plus courts en approchant du sommet : les extérieurs pas plns longs que larges : le dernier ovalaire, acuminé. *Dernier arceau ventral* sinué au milieu de son bord postérieur. *Pygidium* fortement convexe et vertical dans son tiers inférieur.

♀ *Antennes* faiblement dilatées intérieurement en dents de scie à partir du 4ᵉ article : le 2ᵉ à peine aussi long que large, subglobuleux : le 3ᵉ un peu plus long et un peu plus élargi que le précédent : les 4ᵉ à 10ᵉ graduellement un peu plus courts en approchant du sommet : les extérieurs subtransversaux : le dernier brièvement ovalaire, acuminé. *Dernier arceau ventral* assez prolongé, largement arrondi au milieu de son bord postérieur. *Pygidium* oblique, légèrement convexe et vertical dans son quart inférieur.

VIRESCENS, Sturm, Schœnherr.
Languedoc.

♂ *Antennes* faiblement dilatées intérieurement en dents de scie à partir du 5ᵉ article : le 2ᵉ subglobuleux, pas plus long que large : le 3ᵉ sensiblement plus long que le précédent, obconique : le 4ᵉ de la longueur du 3ᵉ, mais un peu plus élargi, obconique : le 5ᵉ un peu plus long que large : les 6ᵉ à 10ᵉ transversaux, graduellement et insensiblement un peu plus courts en approchant du sommet : le dernier ovalaire, acuminé. *Dernier arceau ventral* sinué au milieu de son bord postérieur. *Pygidium* convexe et vertical dans son tiers inférieur.

Obs. Cette espèce, dont nous ne connaissons que les ♂, se distingue du *Br. olivaceus*, Schœnherr, par ses antennes un peu plus grêles à la base, et par ses élytres plus déprimées.

DEBILIS, Schœnherr.
France.

♂ *Antennes* assez fortement dilatées intérieurement en dents de scie à partir du 4ᵉ article : les 2ᵉ et 3ᵉ courts, transversaux, subégaux : les 4ᵉ à 10ᵉ guère plus longs que larges, subégaux : le dernier ovalaire, subacuminé. *Dernier arceau ventral* obtusément arrondi au sommet. *Pygidium* assez convexe, vertical dans son tiers inférieur.

♀ *Antennes* faiblement dilatées intérieurement en dents de scie à partir du 5ᵉ article : le 2ᵉ court, subglobuleux, transversal : le 3ᵉ un peu plus long que large : le 4ᵉ obconique, sensiblement plus long et plus élargi que le précédent : les 5ᵉ à 10ᵉ graduellement un peu plus courts en approchant du sommet : les extérieurs transversaux : le dernier ovalaire, acuminé. *Dernier arceau ventral* arrondi au sommet. *Pygidium* faiblement convexe, subvertical dans son quart inférieur.

NANUS, Germar, Schœnherr.
Provence, Languedoc.

♂ *Antennes* fortement dilatées intérieurement en dents de scie à partir du 4e article : le 2e court, subglobuleux, à peine aussi long que large ; le 3e beaucoup plus grand, plus élargi, triangulaire, mais non en dents de scie : les 4e à 10e en dents de scie aiguës : le 4e subtransversal : les 5e à 10e plus allongés, graduellement un peu plus longs et un peu plus étroits en approchant du sommet : le dernier allongé, obtusément acuminé. *Dernier arceau ventral* subsinué au milieu de son bord postérieur. *Pygidium* assez convexe et subvertical à sa partie inférieure.

♀ *Antennes* faiblement dilatées intérieurement en dents de scie à partir du 5e article : le 2e à peine plus long que large : les 3e et 4e allongés, obconiques, subégaux : le 4e un peu plus élargi que le 3e : les 5e à 10e graduellement et insensiblement un peu plus courts : les extérieurs transversaux : le dernier courtement ovalaire, subacuminé. *Dernier arceau ventral* largement arrondi à son bord postérieur. *Pygidium* oblique, légèrement convexe à sa partie inférieure.

Obs. Quelquefois le 2e article des antennes est ferrugineux à sa base.

PERPARVULUS, Schœnherr.
Tours.

Obs. Cette espèce, que nous n'avons point vue, appartient peut-être à cette coupe.

CINERASCENS, Schœnherr.
Languedoc.

♂ *Antennes* assez fortement dilatées intérieurement en dents de scie peu saillantes, à partir du 5e article : les 2e, 3e et 4ᵉ suballongés, obconiques, subégaux : le 4ᵉ un peu plus élargi que le 3ᵉ : les 5ᵉ à 10ᵉ graduellement et insensiblement un peu plus courts en approchant du sommet : les 5ᵉ et 6ᵉ aussi longs que larges, les extérieurs subtransversaux : le dernier ovalaire, acuminé. *Dernier arceau ventral* obtusément arrondi au milieu de son bord postérieur. *Pygidium* légèrement convexe, subvertical à sa partie inférieure.

♀ *Antennes* faiblement dilatées intérieurement en dents de scie peu saillantes, à partir du 5ᵉ article : les 2ᵉ, 3ᵉ et 4ᵉ obconiques, suballongés, subégaux : le 4ᵉ un peu plus élargi que le 3ᵉ : les 5ᵉ à 10ᵉ graduellement et insensiblement un peu plus courts : les 5ᵉ et 6ᵉ un peu plus longs que larges : les extérieurs presque transversaux : le dernier ovalaire, acuminé. *Dernier arceau ventral* arrondi à son bord postérieur. *Pygidium* oblique, légèrement convexe.

Obs. Dans les deux sexes de cette espèce, les 1ᵉʳ, 2ᵉ, 3ᵉ et 4ᵉ articles des antennes sont testacés, avec souvent un trait rembruni sur leur tranche supérieure.

MISELLUS, Schœnherr.

Bugey, Provence.

♂ *Antennes* fortement dilatées intérieurement en dents de scie à partir du 4ᵉ article : les 2ᵉ et 3ᵉ à peine aussi longs que larges, subégaux : le 5ᵉ un peu plus long que large : les 6ᵉ à 10ᵉ pas plus longs que larges, subégaux : le dernier ovalaire, oblong, subacuminé : les 2ᵉ, 3ᵉ, 4ᵉ *arceaux du ventre* un peu plus resserrés dans leur milieu que sur les côtés : le *dernier* fortement sinué ou échancré au milieu de son bord postérieur, presque jusqu'à sa base, pour recevoir le *pygidium* qui se recourbe en dessous : celui-ci très convexe, vertical.

♀ *Antennes* sensiblement dilatées intérieurement en dents de scie à partir du 5ᵉ article : les 2ᵉ et 3ᵉ aussi longs que larges, subégaux : le 4ᵉ plus long et plus dilaté que le précédent, obconique : le 5ᵉ pas plus long que large : les 6ᵉ à 10ᵉ subégaux, faiblement transversaux : le dernier ovalaire, subacuminé : les 2ᵉ, 3ᵉ et 4ᵉ *arceaux du ventre* non resserrés dans leur milieu : le 5ᵉ assez prolongé, et obtusément arrondi à son bord postérieur. *Pygidium* oblique, légèrement convexe à sa partie inférieure.

TARSALIS, Schœnherr.

Provence.

♀ *Antennes* médiocrement dilatées intérieurement en dents de scie à partir du 5ᵉ article : le 2ᵉ subglobuleux, à peine plus long que large : les 3ᵉ et 4ᵉ obconiques, subégaux : le 4ᵉ un peu plus élargi que le précédent : les 4ᵉ à 10ᵉ graduellement un peu plus courts : les extérieurs subtransversaux ; le dernier ovalaire, acuminé. *Dernier arceau ventral* assez prolongé, arrondi au sommet. *Pygidium* oblique, faiblement convexe à sa partie inférieure.

Obs. Dans cette espèce, dont nous ne connaissons que la ♀, les quatre premiers articles des antennes sont testacés, avec les 1ᵉ et 2ᵉ rembrunis en dessus. Le prothorax est moins conique que dans les espèces voisines.

PAUPER, Schœnherr.

Provence, Languedoc.

♂ *Antennes* légèrement dilatées intérieurement en dents de scie peu aiguës, à partir du 4ᵉ article : les 2ᵉ et 3ᵉ articles courts, subégaux, subtransversaux : les 4ᵉ à 10ᵉ graduellement et insensiblement un peu plus courts : les 4ᵉ, 5ᵉ et 6ᵉ guère plus longs que larges ; les extérieurs presque transversaux : le dernier courtement ovalaire, subacuminé : les 2ᵉ, 3ᵉ et 4ᵉ *arceaux du ventre* faiblement resserrés dans leur milieu : le *dernier* sensiblement sinué au milieu de son bord postérieur.

Pygidium ovale, oblong, convexe, vertical dans sa partie inférieure.

Oʙs. Nous ne connaissons que le ♂ de cette espèce, qui diffère de la suivante par ses antennes moins grêles à la base, à 4ᵉ article plus grand et plus dilaté.

PYGMŒUS, Schœnherr.

Bugey, Provence.

♂ *Antennes* légèrement dilatées intérieurement en dents de scie à partir du 5ᵉ article : le 2ᵉ subglobuleux, pas plus long que large : le 3ᵉ pas plus long mais un peu plus grêle que le précédent : le 4ᵉ obconique, un peu plus long et surtout plus dilaté que le 3ᵉ, triangulaire mais non en dents de scie : les 5ᵉ à 10ᵉ graduellement et insensiblement un peu plus courts en approchant du sommet : les extérieurs presque transversaux : le dernier ovalaire, acuminé. *Dernier arceau ventral* obtusément arrondi au milieu de son bord postérieur. *Pygidium* convexe et subvertical dans son quart inférieur.

♀ *Antennes* très légèrement dilatées intérieurement en dents de scie à partir du 5ᵉ article : le 2ᵉ à peine plus long que large : le 3ᵉ obconique, suballongé, un peu plus grêle que le précédent : le 4ᵉ allongé, obconique, sensiblement plus long et un peu plus dilaté que le précédent : les 5ᵉ à 10ᵉ graduellement un peu plus courts en approchant du sommet : les 5ᵉ et 6ᵉ un peu plus longs que larges : les extérieurs subtransversaux : le dernier brièvement ovalaire, subacuminé. *Dernier arceau ventral* assez prolongé, arrondi au milieu de son bord postérieur. *Pygidium* oblique, légèrement convexe à sa partie inférieure.

OBLONGUS, Blanchard.

Languedoc, Provence.

♂ *Antennes* légèrement dilatées intérieurement, mais distinctement dentées en scie à partir du 5ᵉ article : les 2ᵉ et

3ᵉ allongés, obconiques : le 3ᵉ paraissant à peine plus long
que le précédent : le 4ᵉ obconique, sensiblement plus long
et plus élargi que le 3ᵉ : les 5ᵉ à 10ᵉ allongés, graduellement
un peu moins longs en approchant du sommet : le dernier
ovalaire, acuminé.

♀ *Antennes* sensiblement plus courtes que dans le ♂,
très faiblement dilatées intérieurement en dents de scie à
partir dn 5ᵉ article : le 2ᵉ suballongé ; les 3ᵉ et 4ᵉ allongés,
obconiques, subégaux : le 4ᵉ un peu plus élargi que le précédent : les 5ᵉ à 10ᵉ graduellement un peu plus courts et plus
larges : les 5ᵉ et 6ᵉ plus longs que larges : les extérieurs plus
ou moins transversaux : le dernier brièvement ovalaire,
acuminé.

Obs. Dans les deux sexes de cette espèce, les 1ᵉʳ, 2ᵉ, 3ᵉ,
4ᵉ articles des antennes et la base du 5ᵉ sont testacés, avec
le 1ᵉʳ rembruni en dessus. Le *pygidium* ne diffère guère du ♂
à la ♀ ; il est oblong, très oblique et presque plan.

TIBIALIS, Schœnherr.
Languedoc.

♀ *Antennes* légèrement dilatées intérieurement en dents
de scie à partir du 5ᵉ article : le 2ᵉ subglobuleux, paraissant
un peu plus long que large : les 3ᵉ et 4ᵉ obconiques, allongés,
subégaux : le 4ᵉ à peine plus dilaté que le précédent : les 5ᵉ
à 10ᵉ graduellement un peu plus courts et plus larges en
approchant du sommet : les 5ᵉ, 6ᵉ et 7ᵉ un peu plus longs
que larges : les 8ᵉ, 9ᵉ et 10ᵉ pas plus longs que larges : le
dernier ovalaire, acuminé. *Dernier arceau ventral* assez prolongé, arrondi au sommet. *Pygidium* oblique, faiblement
convexe à sa partie inférieure.

Obs. Nous ne connaissons que la ♀ de cette espèce, qui
a le prothorax moins conique que ses voisines. Les antennes
sont testacées, avec le dessus des 1ᵉʳ et 2ᵉ articles et les
intersections des extérieurs un peu rembrunis.

ANXIUS, Schœnherr.

France méridionale.

♂ *Antennes* fortement dilatées en dents de scie peu saillantes, à partir du 4ᵉ article : les 2ᵉ et 3ᵉ obconiques, subégaux, à peine plus longs que larges : les 4ᵉ à 10ᵉ graduellement un peu moins courts en approchant du sommet : les 5ᵉ, 6ᵉ, 7ᵉ et 8ᵉ transversaux : les 9ᵉ et 10ᵉ subtransversaux : le dernier ovalaire, acuminé : les 1ᵉʳ, 2ᵉ et 3ᵉ articles testacés, rembrunis en dessus. Les 2ᵉ, 3ᵉ et 4ᵉ *arceaux du ventre* assez resserrés en leur milieu : le 5ᵉ sinué ou échancré, jusqu'à la base, au milieu de son bord postérieur, pour recevoir le *pygidium* qui se recourbe en dessous : celui-ci très convexe, vertical.

♀ *Antennes* assez fortement dilatées en dents de scie peu saillantes, à partir du 5ᵉ article : les 2ᵉ et 3ᵉ obconiques, subégaux, à peine plus longs que larges : le 4ᵉ plus élargi que le précédent : les 5ᵉ à 10ᵉ transversaux, graduellement un peu plus courts et un peu plus larges en approchant du sommet : le dernier brièvement ovalaire, acuminé : les 1ᵉʳ, 2ᵉ, 3ᵉ et 4ᵉ testacés, rembrunis en dessus. Les 2ᵉ, 3ᵉ et 4ᵉ *arceaux du ventre* très faiblement resserrés dans leur milieu : le *dernier* sensiblement sinué à son bord postérieur. *Pygidium* assez convexe, vertical.

TIBIELLUS, Schœnherr.

France.

♂ *Antennes* fortement dilatées en dents de scie peu saillantes, à partir du 5ᵉ article : les 2ᵉ et 3ᵉ subégaux, à peine plus longs que larges : le 4ᵉ plus grand et sensiblement plus élargi que le précédent : les 5ᵉ à 10ᵉ subtransversaux, subégaux ; le dernier ovalaire, acuminé : les 1ᵉʳ, 2ᵉ, 3ᵉ et 4ᵉ articles testacés, avec le 1ᵉʳ rembruni en dessus. Les 2ᵉ, 3ᵉ et 4ᵉ *arceaux du ventre* très faiblement resserrés dans leur milieu : le

5° sensiblement sinué au milieu de son bord postérieur. *Pygidium* convexe, vertical dans sa moitié inférieure.

♀ *Antennes* assez fortement dilatées en dents de scie peu saillantes, à partir du 5° article : le 2° subglobuleux, pas plus long que large : le 3° un peu plus long que le précédent, obconique : le 4° pas plus long que le 3°, mais plus élargi : les 5° à 10° transversaux, graduellement un peu plus courts et plus larges : le dernier brièvement ovalaire, acuminé : les 1er, 2°, 3° et 4° testacés, avec le 1er rembruni en dessus. Les 2°, 3° et 4° *arceaux du ventre* à peine resserrés dans leur milieu : le 5° obtusément arrondi à son bord postérieur. *Pygidium* convexe, subvertical dans sa moitié inférieure.

OBS. Cette espèce ressemble beaucoup au *Br. anxius*, SCHOENHERR, dont il diffère par ses antennes plus pâles à la base, par ses pieds antérieurs testacés, par son prothorax paraissant moins conique et un peu plus large en avant.

Dans ces deux dernières espèces, les antennes sont assez distinctement en scie en dehors.

b. *Antennes atteignant à peine la moitié du corps, semblables dans les deux sexes, allant en grossissant vers le sommet, légèrement dilatées en dents de scie des deux côtés, ordinairement à partir du 5° article : les extérieurs (moins le dernier) transversaux. Cuisses postérieures obsolètement dentées, ou mutiques.*

SICULUS, Schœnherr.

Provence.

♂ *Dernier arceau ventral* non prolongé, obtusément arrondi à son bord postérieur. *Pygidium* convexe, subvertical dans sa moitié inférieure.

♀ *Dernier arceau ventral* prolongé en triangle arrondi au sommet. *Pygidium* légèrement convexe, oblique.

OBS. Dans cette espèce, les antennes, entièrement testacées chez les deux sexes, avec les intersections des articles extérieurs un peu obscurcis, ont ces derniers sensiblement plus courts chez le ♂ que chez la ♀.

INSPERGATUS, Schœnherr.

France.

♂ *Dernier arceau ventral* profondément sinué au milieu de son bord postérieur. *Pygidium* très convexe, vertical à partir du tiers inférieur.

♀ *Dernier arceau ventral* faiblement subsinué ou obtusément arrondi au milieu de son bord postérieur. *Pygidium* légèrement convexe, oblique ou subvertical dans son quart inférieur.

Obs. Dans cette espèce, la couleur des pieds est très variable; dans le type, le sommet des cuisses antérieures et intermédiaires, les tibias et les tarses des mêmes pieds, les tibias et les tarses des pieds postérieurs, sont testacés, avec le 4° article de tous les tarses rembruni. Dans une première variété, les tarses postérieurs sont entièrement obscurs. Dans une 2°, tous les pieds sont de cette couleur, à l'exception des genoux, du sommet des tibias des deux premières paires, et du 4° article de tous les tarses, qui sont plus ou moins testacés. Enfin, dans une 3° variété, la plus grande partie des cuisses antérieures et intermédiaires et les antennes sont testacées. C'est à celle-ci que nous rapportons le *Br. femoralis*. (Sch.)

PICIPES, Germar, Schœnherr.

France méridionale.

♂ *Dernier arceau ventral* profondément sinué au milieu de son bord postérieur. *Pygidium* très convexe, vertical à partir de son tiers inférieur.

♀ *Dernier arceau ventral* faiblement subsinué ou obtusément arrondi au milieu de son bord postérieur. *Pygidium* légèrement convexe, subvertical dans son quart inférieur.

Obs. Cette espèce pourrait bien n'être qu'une variété du *Br. inspergatus*, à antennes et pieds testacés.

PUSILLUS, Germar, Schœnherr.

France.

♂ *Dernier arceau ventral* assez profondément sinué au milieu de son bord postérieur. *Pygidium* très convexe, vertical dans son tiers inférieur.

♀ *Dernier arceau ventral* faiblement prolongé, largement arrondi à son bord postérieur. *Pygidium* assez convexe, vertical dans son quart inférieur.

B. *Prothorax subtransversal, un peu plus étroit en avant qu'en arrière, à côtés toujours mutiques, à peine obliques, largement arrondis antérieurement. — Tibias intermédiaires simples dans les deux sexes. — Antennes des ♂ longues, dépassant la moitié de la longueur du corps, fortement dilatées intérieurement en dents de scie. — Cuisses postérieures mutiques.*

MISER, Schœnherr.

France méridionale.

♂ *Antennes* fortement et brusquement dilatées intérieurement en dents de scie à partir du 5ᵉ article : les 2ᵉ et 3ᵉ subglobuleux, à peine aussi longs que larges : les 4ᵉ à 10ᵉ graduellement moins courts et insensiblement moins larges en approchant du sommet : les 4ᵉ à 7ᵉ subtransversaux : les 8ᵉ à 10ᵉ un peu plus longs que larges : le dernier allongé, subelliptique : le sommet du 1ᵉʳ, les 2ᵉ et 3ᵉ d'un testacé ferrugineux. Les 2ᵉ, 3ᵉ et 4ᵉ *arceaux du ventre* fortement refoulés dans leur milieu : le 5ᵉ profondément sinué ou échancré, jusqu'à sa base, au milieu de son bord postérieur, pour recevoir le *pygidium* qui se recourbe en dessous : celui-ci convexe, vertical.

♀ *Antennes* légèrement dilatées intérieurement en dents

de scie à partir du 5. article : le 2⁰ subglobuleux, aussi long que large : le 3⁰ obconique, sensiblement plus long que le précédent : le 4⁰ obconique, un peu plus long mais visiblement plus dilaté que le 3⁰ : les 5⁰ à 10⁰ graduellement un peu plus courts en approchant du sommet : les extérieurs transversaux : le dernier brièvement ovalaire, acuminé : le sommet du 1ᵉʳ, les 2⁰ et 3⁰ d'un testacé ferrugineux. Les 2⁰, 3⁰ et 4⁰ *arceaux du ventre* à peine resserrés en leur milieu : le 5⁰ légèrement sinué au milieu de son bord apical. *Pygidium* assez convexe, vertical dans sa moitié inférieure.

FOVEOLATUS, Schœnherr.

Provence.

Obs. Cette espèce, qui offre les mêmes différences sexuelles que la précédente, ne nous en paraît qu'une variété de taille inférieure.

MURINUS, Schœnherr.

Languedoc, Provence.

♂ *Antennes* fortement dilatées intérieurement, à partir du 5⁰ article, en dents de scie aiguës et recourbées : le 2⁰ court, globuleux, subtransversal : le 3⁰ un peu plus long et plus élargi : le 4⁰ beaucoup plus long que le précédent, passablement dilaté mais non en dent de scie : les 5⁰ à 10⁰ subégaux : le dernier oblong, acuminé : les 2⁰, 3⁰, base du 4⁰ et dessous du 1ᵉʳ testacés.

♀ *Antennes* légèrement dilatées intérieurement en dents de scie à partir du 5⁰ article : le 2⁰ subglobuleux, aussi long que large : les 3⁰ et 4⁰ allongés, obconiques, subégaux : les 5⁰ à 10⁰ graduellement un peu plus courts et un peu plus larges en approchant du sommet : les extérieurs subtransversaux : le dernier ovalaire, acuminé : le dessous des 1ᵉʳ et 2⁰, les 3⁰ et 4⁰ testacés.

Obs. Dans les deux sexes, le dernier arceau ventral est à peu près semblable. Il en est de même du pygidium, qui est suboblique et légèrement convexe à sa partie inférieure.

SERICATUS, Germar, Schœnherr.

Provence.

♀ *Antennes* légèrement dilatées intérieurement en dents de scie à partir du 5° article : le 2° subglobuleux, à peine plus long que large : les 3° et 4° suballongés, obconiques, subégaux : le 4° à peine plus élargi que le précédent : les 5° à 10° graduellement un peu plus courts et plus larges en approchant du sommet : les extérieurs légèrement transversaux : le dernier brièvement ovalaire, acuminé. *Dernier arceau ventral* assez prolongé, arrondi au milieu de son bord postérieur. *Pygidium* oblique, faiblement convexe.

Obs. Chez la ♀ de cette espèce, dont nous n'avons vu que ce seul sexe, les 2°, 3° et 4° articles des antennes sont testacés : le dessous du 1er est plus ou moins ferrugineux.

C. *Prothorax fortement transversal, à côtés ordinairement peu obliques, plus ou moins arrondis antérieurement.*

a. *Côtés du prothorax munis d'une dent vers leur milieu. — Antennes atteignant à peine la moitié de la longueur du corps, semblables dans les deux sexes, allant en grossissant vers le sommet, plus ou moins dilatées en dents de scie des deux côtés, ordinairement à partir du 5° article : les extérieurs (moins le dernier) transversaux. — Cuisses postérieures distinctement dentées. — Tibias intermédiaires des ♂ plus ou moins arqués, dentés en dedans à leur sommet.*

PISI, Linné, Schœnherr.

France.

♂ *Tibias intermédiaires* légèrement recourbés en dedans à leur extrémité, munis à l'angle interne de leur sommet d'une dent spiniforme, simple, dirigée en bas. *Dernier arceau ventral* légèrement sinué au milieu de son bord apical.

♀ *Tibias intermédiaires* simples, mutiques à leur sommet. *Dernier arceau ventral* obtusément arrondi à son bord apical.

Obs. Dans les deux sexes de cette espèce le pygidium est subvertical à sa partie inférieure ; il est un peu plus convexe dans le ♂ que dans la ♀.

RUFIMANUS, Schœnherr.

France.

♂ *Cuisses intermédiaires* fortement dilatées en dessous vers leur milieu. *Tibias intermédiaires* triangulaires, un peu élargis en dedans vers leur tiers supérieur, puis sinués et recourbés avant leur sommet, où ils présentent une saillie ou lame longitudinale peu sentie, et terminée inférieurement par une dent spiniforme assez forte. *Dernier arceau ventral* faiblement subsinué au milieu de son bord apical.

♀ *Cuisses intermédiaires* faiblement élargies en dessous vers leur milieu. *Tibias intermédiaires* simples, mutiques. *Dernier arceau ventral* assez prolongé, largement arrondi à son bord apical.

Obs. Le pygidium, chez les deux sexes, est légèrement convexe et subvertical à sa partie inférieure.

Le caractère masculin des tibias intermédiaires contournés, trigones, à tranches bien prononcées, permet de réunir à cette espèce plusieurs variétés de prime-abord disparates. Parmi celles-ci, notre variété *velutinus*, Nob. est de la taille du *Br. pisi* ; mais elle a les élytres uniformément grisâtres, avec la base de la suture d'une couleur ferrugineuse ou cendrée plus prononcée, composée d'un duvet plus serré.

Un autre caractère particulier à cette espèce, c'est la dilatation notable, chez les ♂, des cuisses intermédiaires qui, chez les espèces suivantes, sont seulement un peu plus épaisses dans le ♂ que dans la ♀.

FLAVIMANUS, Schœnherr.
France méridionale.

♂ *Tibias intermédiaires* légèrement arqués, un peu élargis en dedans vers leur tiers supérieur, puis sinués, et munis à leur sommet de deux dents assez rapprochées : la supérieure assez forte, horizontale, l'inférieure spiniforme, dirigée en bas. *Dernier arceau ventral* faiblement subsinué au milieu de son bord apical.

♀ *Tibias intermédiaires* simples, mutiques. *Dernier arceau ventral* assez prolongé, largement arrondi à son bord apical.

Obs. Le pygidium est assez convexe et subvertical à sa partie inférieure, dans les deux sexes de cette espèce.

NUBILUS, Schœnherr.
France.

♂ *Tibias intermédiaires* légèrement arqués en dehors, très faiblement élargis en dedans vers leur tiers supérieur, assez brusquement recourbés à leur sommet où ils offrent deux dents solides, divergentes, obliquement dirigées, assez rapprochées, portées sur une saillie ou lame longitudinale assez sentie, qui leur sert de base commune. *Dernier arceau ventral* faiblement subsinué au milieu de son bord apical.

♀ *Tibias intermédiaires* simples, mutiques. *Dernier arceau ventral* obtusément arrondi à son bord apical.

Obs. Le pygidium subvertical à sa partie inférieure est un peu plus convexe dans le ♂ que dans la ♀.

Cette espèce varie beaucoup. Le prothorax paraît plus ou moins court ; les élytres sont plus ou moins longues ; la taille est quelquefois deux fois moindre ; enfin les antennes qui, dans le type, sont noires avec les cinq premiers articles testacés, sont rarement testacées avec les articles intermédiaires obcurs ; d'autrefois testacées avec les trois ou quatre derniers articles rembrunis ; et très souvent entièrement testacées. C'est à cette dernière variété qu'il faut rapporter le *Br. luteicornis* de quelques collections et de certains catalogues.

LUTEICORNIS, Illiger, Schœnherr.

France.

♂ *Tibias intermédiaires* légèrement arqués en dehors, très faiblement élargis vers leur tiers supérieur, en dedans ; assez brusquement recourbés à leur sommet, où ils présentent une saillie ou lame longitudinale bien prononcée, assez étroite, échancrée au bout ou comme terminée par deux dents courtes, solides, rapprochées. *Dernier arceau ventral* légèrement subsinué au milieu de son bord apical.

♀ *Tibias intermédiaires* simples, mutiques. *Dernier arceau ventral* un peu prolongé, obtusément arrondi à son bord apical.

Obs. Le pygidium est un peu plus convexe inférieurement dans le ♂ que dans la ♀, ce qui le fait paraître aussi un peu plus vertical.

Cette espèce ressemble beaucoup à la variété à antennes pâles du *Br. nubilus*. Elle s'en distingue par le caractère masculin des tibias intermédiaires où les dents sont un peu plus rapprochées, portées sur une lame plus étroite et plus prolongée. Ces mêmes tibias sont proportionnellement plus grêles. La taille est généralement moindre ; le prothorax, moins large antérieurement, a les côtés plus obliques ; les élytres sont aussi plus courtes et plus arrondies sur les côtés.

GRANARIUS, Linné, Schœnherr.

France.

♂ *Tibias intermédiaires* légèrement arqués en dehors, comprimés, anguleux à leur tranche supérieure, un peu dilatés en dedans vers le tiers supérieur, puis légèrement sinués ; munis de deux dents écartées : la première horizontalc, assez forte, située vers les trois quarts de la longueur du tibia : la deuxième moins forte, spiniforme, dirigée en bas, située à l'angle apical interne. L'espace situé entre ces dents est creusé. *Dernier arceau ventral* faiblement subsinué au milieu de son bord apical.

♀ *Tibias intermédiaires* simples, mutiques. *Dernier arceau ventral* assez prolongé, obtusément arrondi à son bord apical.

Obs. Dans cette espèce, le pygidium est légèrement convexe et subvertical à sa partie inférieure, chez les deux sexes.

TROGLODITES, Schœnherr.
France.

♀ *Tibias intermédiaires* simples, mutiques. *Dernier arceau ventral* assez prolongé, arrondi à son bord apical.

Obs. Cette espèce, dont nous ne connaissons pas le ♂, ressemble beaucoup au *Br. granarius*. Il est plus petit de moitié et proportionnellement plus étroit.

BRACHIALIS, Schœnherr.
France.

♂ *Tibias intermédiaires* faiblement comprimés, légèrement arqués en dehors, faiblement cintrés en dedans avant le sommet, où ils offrent une lame ou saillie longitudinale, courte, large, échancrée au bout ou comme terminée par deux dents solides, divergentes, assez rapprochées. *Le dernier arceau ventral* sensiblement sinué au milieu de son bord apical. *Pygidium* convexe, vertical dans sa moitié inférieure.

♀ *Tibias intermédiaires* simples, mutiques. *Dernier arceau ventral* peu prolongé, largement arrondi à son bord apical.

Pygidium légèrement convexe, subvertical dans son tiers inférieur.

Obs. Quelquefois les antennes sont entièrement testacées, avec le milieu un peu plus sombre.

TRISTIS, Schœnherr.
France méridionale.

♂ *Tibias intermédiaires* très faiblement arqués en dehors, très légèrement sinués en dedans après leur milieu, sensiblement élargis vers le sommet où ils offrent deux dents assez écartées : la première horizontale, courte, solide, située vers les 4/5ᵉ de la tranche interne : la deuxième spiniforme, dirigée en bas, située à l'angle apical. *Dernier arceau ventral* sensiblement sinué au milieu de son bord apical. *Pygidium* convexe, vertical dans son tiers inférieur.

♀ *Tibias intermédiaires* simples, mutiques. *Dernier arceau ventral* assez prolongé, obtusément arrondi à son bord apical. *Pygidium* faiblement convexe, subvertical à son tiers inférieur.

TRISTICULUS, Schœnherr.
France méridionale.

♂ *Tibias intermédiaires* très faiblement arqués en dehors, très légèrement sinués après leur milieu en dedans, faiblement élargis vers le sommet où ils sont munis de deux dents peu rapprochées : la supérieure très courte, horizontale, située vers les 5/6ᵉ de la tranche interne : l'inférieure plus longue, spiniforme, dirigée en bas, située à l'angle apical. *Dernier arceau ventral* légèrement sinué au milieu de son bord apical. *Pygidium* assez convexe, vertical dans son tiers inférieur.

♀ *Tibias intermédiaires* simples, mutiques. *Dernier arceau ventral* subbissinué ou largement arrondi au milieu de son bord apical. *Pygidium* faiblement convexe, subvertical dans son tiers inférieur.

OBS. Quelques catalogues réunissent les *Br. tristis* et *tristiculus*. Nous croyons qu'ils doivent constituer deux espèces distinctes. Bien que la ponctuation soit la même, le *tristiculus* est ordinairement plus petit, proportionnellement plus court et plus obtus en arrière ; ses élytres sont plus convexes, un peu plus arrondies sur les côtés ; le prothorax est plus profondément bissinué à la base, avec ses angles postérieurs moins aigus. Les tibias intermédiaires, au lieu d'être entièrement testacés, sont constamment noirs, avec le sommet ferrugineux ; ils sont aussi moins allongés, moins grêles, moins brusquement élargis vers l'extrémité, avec leurs dents terminales un peu plus courtes.

SERTATUS, Illiger, Schœnherr.

France.

♂ *Tibias antérieurs* fortement élargis en massue, arqués en dehors, convexes en dessus, concaves en dessous, subsinués au milieu de leur tranche interne, obliquement coupés au sommet de leur tranche externe. *Tibias intermédiaires* légèrement arqués en dehors, munis en dessous de deux dents très écartées : la supérieure horizontale, forte, en forme de lame transversale, située vers le tiers inférieur de la tranche interne : l'inférieure grêle, spiniforme, dirigée en bas, située un peu avant l'angle apical. L'espace compris entre ces deux dents est fortement creusé. *Dernier arceau ventral* subsinué au milieu de son bord apical. *Pygidium* convexe, vertical dans son tiers inférieur.

♀ *Tibias antérieurs* simples, non élargis. *Tibias intermédiaires* simples, mutiques. *Dernier arceau ventral* faiblement subsinué ou largement arrondi au milieu de son bord apical. *Pygidium* légèrement convexe, subvertical dans son tiers inférieur.

Obs. C'est avec raison que quelques catalogues réunissent à cette espèce le *Br. signaticornis*, Schœnherr, qui n'en diffère que par le dernier article de ses antennes qui est testacé. Elles sont mêmes quelquefois entièrement de cette dernière couleur.

PALLIDICORNIS, Schœnherr.

France.

♂ *Tibias antérieurs* assez élargis, concaves en dessous, sensiblement arqués en dehors. *Tibias intermédiaires* assez grêles, légèrement arqués en dehors, faiblement élargis vers le tiers supérieur de leur tranche interne, puis sensiblement sinués après leur milieu, et munis à l'angle apical d'une espèce d'éperon subhorizontal, assez prolongé, tronqué et subéchancré au bout. *Dernier arceau ventral* faiblement subsinué ou largement arrondi au milieu de son bord apical. *Pygidium* légèrement convexe, vertical dans son tiers inférieur.

♀ *Tibias antérieurs* non élargis. *Tibias intermédiaires* simples, mutiques. *Dernier arceau ventral* obtusément arrondi. *Pygidium* faiblement convexe, subvertical dans son tiers inférieur.

ULICIS, Nobis.

Provence.

Brevitèr ovatus, subdepressus, niger, pube ferrugineâ griseâque, plagisque nudis variegatus; elytris guttis 4 abbidis distinctioribus, notatis. Antennarum basi, pedibus anticis prœter basin, tarsisque intermediis testaceis. Pectoris ventrisque lateribus albido maculatis.

Long. 0,003 — 0,004 (1¹ 1/2); larg. 0,002 — 0,0024 (1¹.).

♂ *Tibias antérieurs* faiblement élargis, légèrement concaves en dessous seulement vers l'extrémité, à peine arqués en dehors. *Tibias intermédiaires* très faiblement arqués en dehors, légèrement sinués en dedans avant leur sommet, où ils sont munis d'une espèce d'éperon solide, assez prolongé, obliquement dirigé, obliquement tronqué et subéchancré au bout. Le 4ᵉ *article des antennes* transversal, noir, étroitement testacé à la base.

♀ *Tibias antérieurs* assez grêles, non élargis. *Tibias intermédiaires* simples, mutiques. Le 4ᵉ *article des antennes* obconique, entièrement testacé.

Corps court, ovale, subdéprimé, noir, varié d'une pubescence grise et ferrugineuse, avec quelques places nues.

Tête assez large, un peu rétrécie en devant; noire, couverte, surtout sur les côtés, d'une pubescence grisâtre, couchée; marquée de points enfoncés assez forts, épars, dans l'intervalle desquels se remarque une ponctuation fine et ruguleuse. *Front* convexe, séparé du chaperon par une suture en forme de chevron très ouvert en avant; il offre, à un certain jour, une carène longitudinale lisse, très obsolète, située entre les yeux. *Chaperon* presque carré, à base anguleuse, noir, rugueusement et assez fortement ponctué. *Labre* transversal, brillant, noir, avec quelques points obsolètes sur les côtés. *Mandibules* ferrugineuses au sommet. *Palpes* d'un noir de poix. *Yeux* très grands, saillants, noirs, bilobés.

Antennes à peine plus longues que la tête et le prothorax réunis; fortement comprimées; dilatées à partir du 4ᵉ (♂) ou du 5ᵉ (♀) article. Le 2ᵉ obconique, à peine plus long que large : le 3ᵉ obconique, plus long que le précédent : le 4ᵉ en carré transversal (♂) ou obconique (♀) : les 5ᵉ à 10ᵉ fortement transversaux, graduellement un peu plus courts en approchant du sommet: le dernier transversal, obliquement tronqué au bout, subacuminé intérieurement, un peu plus étroits que les précédents. Elles sont pubescentes, noires, avec les 3 (♂) ou 4 (♀) premiers articles testacés.

Prothorax transversal, près d'une fois plus large que long,

guère plus étroit en avant qu'en arrière; profondément
bissinué à la base; tronqué au sommet; les angles antérieurs
largement arrondis, les postérieurs aigus, sensiblement
prolongés en arrière; les côtés légèrement sinués après la
dent: celle-ci peu saillante. Il est noir, assez convexe en
avant, couvert de gros points plus ou moins serrés, dont les
intervalles sont finement rugueux; varié de poils couchés
d'un ferrugineux grisâtre, plus serrés sur les côtés et surtout
sur le lobe médian où ils forment une espèce de tache an-
téscutellaire. Celui-ci est peu saillant, large, faiblement
sinué au milieu de son bord apical.

Ecusson transversal, comme bilobé au sommet, rugueusement ponctué, densement couvert de poils ferrugineux ou
grisâtres.

Elytres deux fois et demie plus longues que le prothorax,
un peu plus larges que lui à leur base; s'élargissant un peu
derrière les épaules; faiblement arrondies sur les côtés;
simultanément échancrées au milieu de la base; individuellement et obtusément arrondies au sommet; finement striées:
les stries obsolètement ponctuées et n'atteignant point l'extrémité: les extérieures flexueuses en leur milieu: les internes
plus droites et plus profondes à leur base: les intervalles
obsolètement et finement rugueux, comme écailleux; elles
sont subdéprimées, noires, variées d'une pubescence couchée,
serrée, grisâtre ou bien ferrugineuse, un peu plus condensée
à la suture depuis l'écusson jusqu'un peu avant le sommet;
avec quatre points blanchâtres plus apparents et disposés
en quadrille : deux avant le milieu, deux vers les deux tiers;
de plus, quatre taches noires, plus grandes, irrégulières,
dénudées ou couvertes d'un court duvet brunâtre : la 1ᵉ allongée, située vers le tiers antérieur du 3ᵉ intervalle : la 2ᵉ
également allongée, située vers les deux tiers du même
intervalle : la 3ᵉ grande, didyme, située vers le milieu des

côtés: la 4ᵉ grande, irrégulière, située au sommet. Dans les individus bien frais, le 3ᵉ intervalle paraît brun, interrompu de blanchâtre. Le calus huméral est peu saillant, arrondi, dénudé, assez brillant. Les intervalles laissent apercevoir, à travers le duvet, des séries de points assez gros, plus ou moins visibles.

Pygidium scutiforme, assez convexe, vertical dans son tiers inférieur; marqué d'une ponctuation éparse, grossière, dont les intervalles sont obsolètement rugueux; couvert d'une pubescence d'un gris ferrugineux, condensée à la base en trois taches cendrées, et à son milieu en une ligne longitudinale de même couleur.

Pieds assez courts, finement ponctués, pubescents : les antérieurs testacés, avec la base des cuisses noire; les intermédiaires noirs, avec le sommet des tibias ferrugineux et les tarses testacés: les postérieurs antièrement noirs, avec le 3ᵉ article des tarses seul testacé: le sommet du dernier article des quatre tarses antérieurs est plus ou moins rembruni. *Cuisses postérieures* épaisses, latéralement comprimées, cintrées et rugueusement ponctuées en dedans, munies en dessous, avant leur sommet, d'une dent assez forte.

Dessous du corps convexe, légèrement pubescent, finement ponctué, d'un noir assez brillant, avec les côtés des quatre premiers arceaux du ventre, des hanches postérieures et l'angle postéro-externe de l'épisternum du métathorax, notés d'une tache de poils blanchâtres.

Patrie : Avignon. Mai, Juin. Sur l'ajonc d'Europe *(Ulex europœus,* Linné.)

Obs. Cette espèce ressemble au *Br. pallidicornis,* dont il diffère par une taille plus grande, par la couleur des antennes et par celle des pieds intermédiaires, par ses tibias antérieurs moins épais et moins concaves en dessous, et par ses cuisses postérieures dont l'arête inférieure est moins tranchante et dont la surface interne est seulement rugueusement ponctuée, au lieu d'être distinctement granuleuse.

VICIÆ, Olivier (*Nigripes,* Schœnherr).

France.

♂ *Tibias intermédiaires* légèrement arqués en dehors, faiblement dilatés en dedans vers le tiers supérieur, puis sinués avant le sommet, où ils sont munis de deux dents divergentes, peu rapprochées : la supérieure assez solide, horizontale : l'inférieure spiniforme, obliquement dirigée, située à l'angle apical. *Dernier arceau ventral* faiblement subsinué au milieu de son bord apical. *Pygidium* assez convexe, subvertical dans son tiers inférieur.

♀ *Tibias intermédiaires* simples, mutiques. *Dernier arceau ventral* faiblement prolongé, arrondi à son bord apical. *Pygidium* oblique, légèrement convexe.

Obs. Nous rapportons, sans aucun doute, au *Br. nigripes,* Schœnherr, le *Br. viciæ,* Olivier (tom. IV, nº 79, pag. 12, pl. 2, fig. 11), auquel nous restituons de droit sa première dénomination.

GRISEOMACULATUS, Schœnherr.

France.

♂ *Tibias intermédiaires* assez grêles, très légèrement arqués en dehors, faiblement élargis en dedans vers leur milieu, puis sinués avant leur sommet, où ils offrent une saillie supportant deux petites dents rapprochées à leur base : la supérieure presque horizontale : l'inférieure oblique. *Dernier arceau ventral* assez sensiblement sinué au milieu de son bord apical.

♀ *Tibias intermédiaires* simples, mutiques. *Dernier arceau ventral* subsinué à son bord apical.

Obs. Chez les deux sexes, le pygidium est assez convexe et vertical dans sa partie inférieure.

Cette espèce a des rapports avec les petits exemplaires du *Br. nubilus,* avec lequel quelques catalogues la réunissent; mais il n'est pas douteux pour nous qu'elle doive constituer une espèce distincte. Outre sa taille constamment moindre, elle est proportionnellement plus courte et plus arrondie sur les côtés. Les élytres, ordinairement dénuées de taches ou fascies blanchâtres, sont le plus souvent presque uniformément grisâtres, avec des mouchetures un peu plus claires, peu prononcées. Les tibias intermédiaires des ♂ sont beaucoup plus grêles.

LOTI, Paykull, Schœnherr.

France.

♂ *Tibias intermédiaires* faiblement élargis en dedans vers leur milieu, puis légèrement sinués avant le sommet, où ils sont munis de deux dents rapprochées, supportées par une espèce de saillie ou lame assez prolongée qui leur sert de base commune. *Dernier arceau ventral* faiblement subsinué au milieu de son bord apical. *Pygidium* convexe, vertical.

♀ *Tibias intermédiaires* simples, mutiques. *Dernier arceau ventral* largement arrondi à son bord apical. *Pygidium* légèrement convexe, subvertical.

Obs. Nous plaçons cette espèce parmi celles à prothorax denté, bien que souvent la dent soit effacée; mais on en aperçoit toujours un vestige plus ou moins apparent.

TESSELLATUS, Nobis.

Languedoc.

Ovatus, subdepressus, niger, densè griseo-tomentosus, maculis magis denudatis, obsoletis, variegatus. Prothorace levitèr transverso, dente laterali solido. Antennarum basi, pedibus anticis præter basin, tibiarum intermediarum apice tarsisque intermediis testaceis. Pygidio scutiformi, lateribus impresso.

Long. 0,003 (1 ¹. 1/4); larg. 0,0015 (2/3 — 3/4 ¹.)

♀ *Tibias intermédiaires* simples, mutiques. *Dernier arceau ventral* assez prolongé, largement arrondi à son bord apical. *Pygidium* convexe, oblique, subvertical seulement dans son quart inférieur.

Corps ovale, subdéprimé, couvert d'une pubescence couchée et grisâtre; noir, varié de taches un peu plus obscures, plus dénudées mais peu apparentes.

Tête assez large, presque triangulaire; densement ponctuée, noire, nue sur le col, garnie d'une pubescence grisâtre assez serrée sur le *front*: celui-ci longitudinalement subcaréné, séparé de l'épistome par une suture échancrée en devant: ce dernier presque carré, à base arquée; obsolètement ponctué, d'un noir brillant. *Labre* ferrugineux. *Palpes* couleur de poix. *Yeux* très grands; saillants; noirs; profondément bilobés.

Antennes de la longueur de la moitié du corps; graduellement et sensiblement élargies et comprimées à partir du 5e article : le 2e un peu plus long que large : les 3e et 4e suballongés, obconiques, subégaux : le 5e assez dilaté, guère plus long que large: les 6e et 7e légèrement: les 8e, 9e et 10e plus fortement transversaux : le dernier ovalaire, acuminé. Elles sont finement pubescentes, noires, avec les quatre premiers articles testacés, et le 5e d'un ferrugineux obscur.

Prothorax un peu plus large que long, tronqué au sommet; profondément bissinué à la base; largement arrondi aux angles antérieurs: les postérieurs très aigus, un peu prolongés en arrière; assez convexe en avant; noir; couvert d'une pubescence grisâtre, serrée et couchée, un peu plus fournie sur les côtés, sur le lobe médian et aux angles postérieurs, et qui laisse apercevoir une ponctuation assez dense et assez forte. Le *lobe médian* large, peu prolongé, tronqué en arrière. La *dent* des côtés est très large et placée vers le tiers antérieur; les côtés après elle sont sensiblement obliques.

Ecusson faiblement transversal; bilobé; noir; couvert d'une pubescence grisâtre, serrée.

Elytres à peine plus longues que le prothorax à leur base; deux fois plus longues que lui; simultanément échancrées au milieu de la base; faiblement élargies derrière les épaules jusque vers le milieu, après lequel elles se rétrécissent un peu ; largement et individuellement arrondies au sommet et aux angles postéro-externes : l'angle sutural obtus, légèrement arrondi. Elles sont noires, couvertes d'une pubescence grisâtre, serrée et couchée, avec quelques places plus obscures, plus dénudées, dont trois principales : la 1ᵉ assez grande, située sur le disque un peu après la base: la 2ᵉ après le milieu, près des côtés: la 3ₑ un peu avant le sommet. Elles sont finement striées: les stries à peine ponctuées: les intervalles transversalement et finement ruguleux, comme écailleux. Le *calus huméral* est peu saillant, dénudé.

Pygidium en forme d'écusson; rugueusement ponctué; couvert d'une pubescence grisâtre, serrée; oblique, convexe à sa partie inférieure, avec une impression assez forte de chaque côté.

Dessous du corps finement ponctué; couvert d'une pubescence grisâtre, assez courte, plus serrée sur les côtés de la poitrine.

Pieds finement ponctués; légèrement pubescents: les *antérieurs* testacés, avec la base des cuisses noire: les *intermédiaires* noirs, avec les genoux et les tibias d'un ferrugineux plus ou moins obscur, le sommet de ceux-ci et les tarses testacés: les *postérieurs* noirs, avec le 3ᵉ article des tarses testacé.

Patrie : Montpellier.

Obs. Cette espèce, dont nous ne connaissons que la ♀, a le prothorax beaucoup moins transversal que toutes celles du même groupe. La dent, dont il est muni sur les côtés, empêche de la rapprocher des *Br. murinus* et *miser*, avec lesquels elle a des rapports de ressemblance.

h. *Côtés du prothorax mutiques.*

† *Cuisses postérieures dentées.*

* *Tibias intermédiaires dentés au sommet dans les ♂. Antennes simples dans les deux sexes.*

LATICOLLIS, Schœnherr.
France.

♂ *Tibias antérieurs* comprimés, sensiblement élargis jusqu'après le milieu, où ils se rétrécissent un peu ; obliquement coupés au sommet; arqués en dehors, échancrés en dedans et concaves en dessous. *Tibias intermédiaires* faiblement arqués en dehors; à peine élargis en dedans vers le tiers supérieur, puis légèrement sinués avant le sommet, où ils offrent un appendice ou éperon prolongé, obliquement tronqué au sommet : le dessous des mêmes tibias longitudinalement sillonné avant leur extrémité. *Dernier arceau ventral* légèrement sinué au milieu de son bord apical. *Pygidium* convexe, vertical dans son tiers inférieur.

♀ *Tibias antérieurs* non élargis. *Tibias intermédiaires* simples, mutiques. *Dernier arceau ventral* faiblement subbissinué ou obtusément arrondi à son bord apical. *Pygidium* assez convexe, subvertical dans son tiers inférieur.

** *Tibias intermédiaires mutiques dans les deux sexes.*

o. *Antennes semblables dans les deux sexes, atteignant à peine la moitié de la longueur du corps.*

LIVIDIMANUS, Schœnherr.
France.

♂ *Dernier arceau ventral* profondément sinué au milieu de son bord apical. *Pygidium* très convexe, vertical dans sa moitié inférieure.

♀ *Dernier arceau ventral* assez prolongé, largement arrondi à son bord apical. *Pygidium* assez convexe et subvertical dans son tiers inférieur.

Obs. Les variétés méridionales sont presque uniformément cendrées, et ont surtout les antennes presque entièrement testacées.

oo. *Antennes aussi longues que le corps, fortement en scie chez les ♂.*

HISTRIO, Schœnherr.
France méridionale.

♂ *Antennes* fortement dilatées intérieurement à partir du 3° article, en dents de scie à partir du 4° : le 2° très court, fortement transversal : le 3° grand, angulairement dilaté, pas plus long que large : les 4° à 10° plus longs que larges, graduellement plus allongés et un peu plus étroits en approchant du sommet : le dernier très allongé obliquement coupé au bout : les 1er, 2° et 3° d'un testacé ferrugineux. Les 2°, 3° et 4° *arceaux du ventre* fortement refoulés dans leur milieu : le *dernier* profondément échancré ou sinué au milieu de son bord apical, pour recevoir le *pygidium* qui se recourbe en dessous : celui-ci très convexe, vertical.

♀ *Antennes* grêles, légèrement en scie intérieurement à partir du 4° article : le 2° court, obconique, transversal, un peu moins long que large : le 3° allongé, obconique, deux fois plus long que le précédent, non dilaté : les 4° à 10° allongés graduellement un peu plus épais en approchant du sommet : le dernier très allongé, acuminé : les 2° et 3° seuls, d'un testacé ferrugineux. Les 2°, 3° et 4° *arceaux du ventre* à peine refoulés dans leur milieu : le *dernier* faiblement sinué à son bord apical. *Pygidium* très convexe; vertical; dénudé et longitudinalement lisse sur son milieu.

Obs. Quelquefois le dessous du 4° article des antennes est

un peu ferrugineux chez les ♂, on voit aussi une teinte obscure au dessus du premier.

Cette espèce vit particulièrement sur la valériane rouge (*Centranthus ruber*, GAERTNER.)

JOCOSUS, Schœnherr.
France méridionale.

♂ *Antennes* très fortement dilatées intérieurement à partir du 3ᵉ article, en dents de scie très aiguës à partir du 4ᵉ : le 2ᵉ très court, transversal : le 3ᵉ grand, subtriangulaire : les 4ᵉ à 10ᵉ fortement en scie, subpectinés : le dernier très allongé, fusiforme : le 2ᵉ d'un testacé ferrugineux. Les 2ᵉ, 3ᵉ et 4ᵉ *arceaux du ventre* refoulés dans leur milieu : le *dernier* profondément échancré ou sinué au milieu de son bord apical, jusqu'à sa base, pour recevoir le *pygidium* qui se recourbe en dessous : celui-ci très convexe; vertical.

♀ *Antennes* grêles; légèrement en scie intérieurement à partir du 5ᵉ article : le 2ᵉ subglobuleux, transversal, à peine aussi long que large : le 3ᵉ allongé, obconique, deux fois plus long que le précédent : le 4ᵉ allongé, non en scie, obconique : les 5ᵉ à 10ᵉ allongés, graduellement un peu plus épais en approchant du sommet : le dernier très allongé, fusiforme, acuminé : les 2ᵉ et 3ᵉ et base du 4ᵉ d'un testacé ferrugineux. Les 2ᵉ, 3ᵉ et 4ᵉ *arceaux du ventre* à peine resserrés dans leur milieu : le *dernier* subsinué à son bord apical. *Pygidium* convexe; vertical; subdénudé sur son milieu.

OBS. Le *Br. discipennis*, SCHŒNHERR, n'est peut-être qu'une variété du *Br. jocosus*, à disque des élytres ferrugineux.

Quelques catalogues rassemblent en une seule et même espèce les *Br. longicornis*, GERMAR, *histrio*, SCHŒNHERR, et *jocosus*, SCHŒNHERR. Quant à nous, elles nous paraissent des espèces distinctes. Outre sa taille plus grande, outre les bandes blanches des élytres toujours moins distinctes, outre la forme du dernier article de ses antennes, le *Br. jocosus* se distingue suffisamment du *Br. histrio* par les caractères sexuels sus-indiqués. Quant au *Br. longicornis*, Germar, que nous n'avons point encore rencontré en France, il diffère du *Br. histrio* par la bande postérieure des élytres toujours interrompue et réduite à deux taches isolées; la linéole qu'on voit sur leur disque, près de la suture, est toujours plus courte et plus oblique; les antennes des ♂ sont plus fortement en scie, avec les 1ᵉʳ et 2ᵉ seuls d'un testacé ferrugineux, le 1ᵉʳ légèrement rembruni en dessus; la ♀ a les 1ᵉʳ, 2ᵉ, 3ᵉ et 4ᵉ articles des antennes testacés, avec les 5ᵉ et 6ᵉ plus ou moins ferrugineux à la base et en dessous. Enfin le *Br. longicornis* se distingue du *Br. jocosus* par sa forme plus arrondie sur les côtés, par ses antennes moins fortement en scie dans les ♂, à 1ᵉʳ article toujours plus ou moins ferrugineux ou testacé, et par ses élytres dont les taches sont mieux marquées et autrement disposées.

†† *Cuisses postérieures mutiques. — Antennes et tibias intermédiaires semblables dans les deux sexes.*

CISTI, Paykull, Schœnherr.
France.

♂ *Dernier arceau ventral* subsinué au milieu de son bord apical. *Pygidium* convexe; subvertical dans son tiers inférieur.

♀ *Dernier arceau ventral* assez prolongé; largement arrondi à son bord apical. *Pygidium* oblique; faiblement convexe à sa partie inférieure.

SEMINARIUS, Schœnherr.
France méridionale.

♂ *Dernier arceau ventral* profondément et subangulairement échancré au milieu de son bord apical. *Pygidium* convexe, subvertical.

♀ *Dernier arceau ventral* légèrement sinué au milieu de son bord apical. *Pygidium* légèrement convexe; subvertical à sa partie inférieure.

Obs. Suivant quelques catalogues, le *Br. seminarius*, Linné, serait identique avec son *Br. granarius*. Quant à l'espèce décrite par Schœnherr parmi celles à prothorax et cuisses postérieures mutiques, elle nous paraît cadrer exactement avec la nôtre et constituer une espèce distincte. Elle a bien quelque ressemblance avec les petits exemplaires des *Br. granarius* et *nubilus*, ou aussi avec le *Br. griseomaculatus*; mais elle se distingue de ces trois espèces par son prothorax et ses cuisses postérieures mutiques, et par ses tibias intermédiaires simples dans les deux sexes.

ALNI, Schœnherr.
Paris.

Obs. Nous ne connaissons pas cette espèce, indiquée de France par Schœnherr.

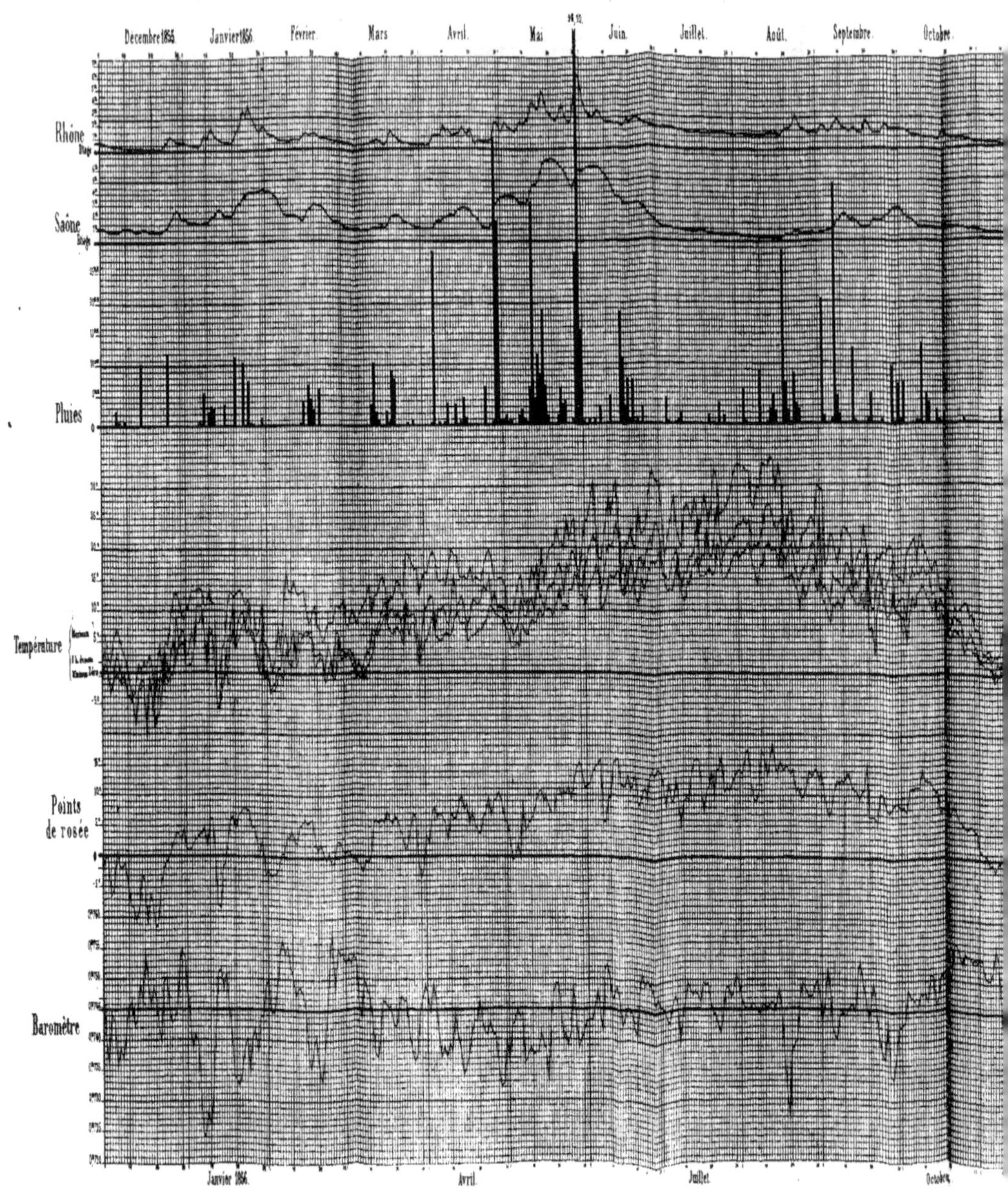
Décembre 1855.
Janvier 1856.
Février.
Mars
Avril.
Mai
Juin.
Juillet.
Août.
Septembre.
Octobre.
Rhône
Saône
Pluies
Température
Points
de rosée
Baromètre
Janvier 1856.
Avril.
Juillet.
Octobre.

COURBES DE L'ANNÉE MÉTÉOROLOGIQUE 1856 - 1857.

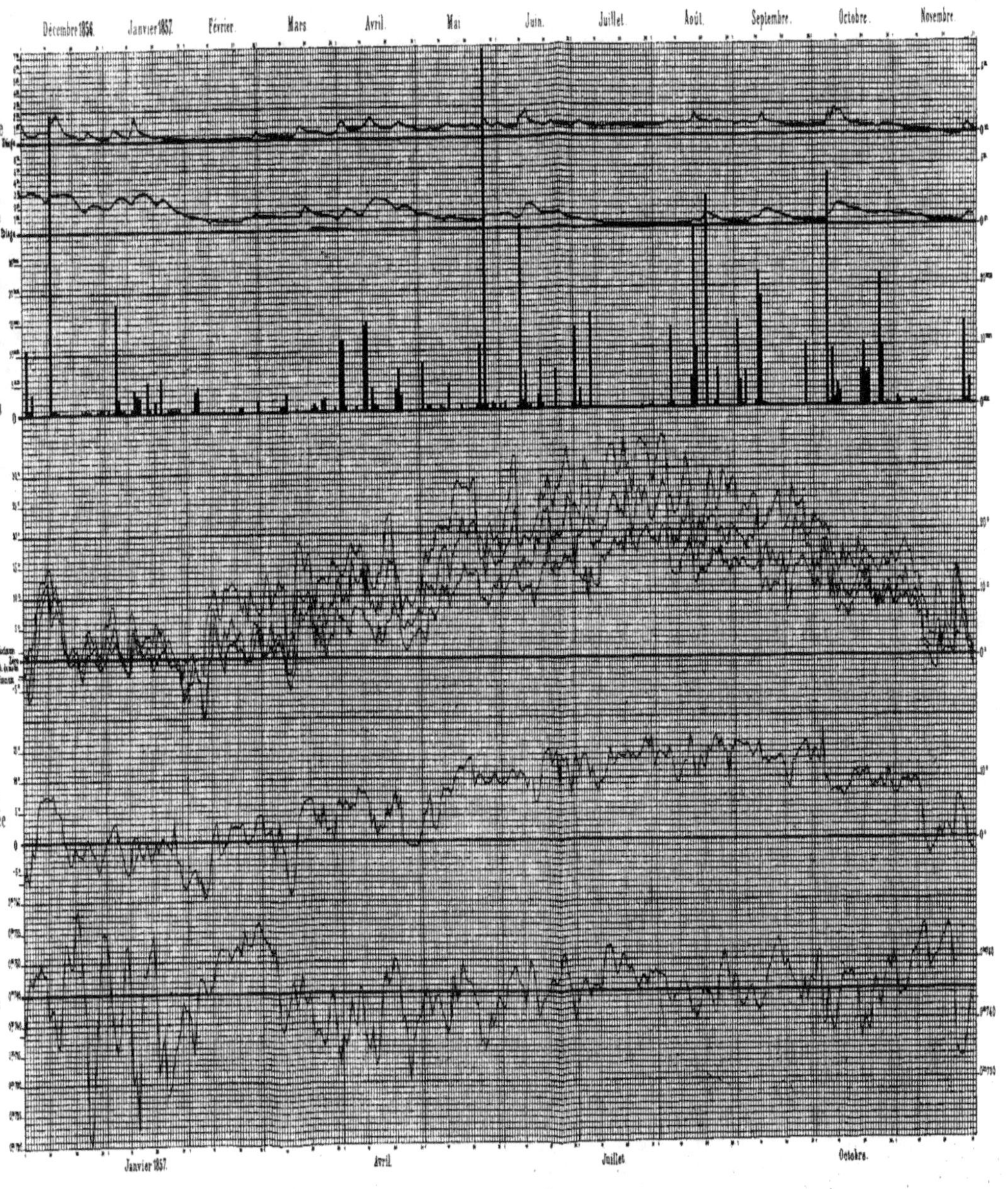

OBSERVATIONS MÉTÉOROLOGIQUES

FAITES A 9 HEURES DU MATIN,

A L'OBSERVATOIRE DE LYON

du 1ᵉʳ décembre 1855 au 1ᵉʳ décembre 1857,

Par M. Aimé DRIAN,

Sous la direction de M. FRENET, Professeur à la Faculté des Sciences
et Directeur de l'Observatoire.

EXPLICATIONS.

La lettre p signifie : pluie inappréciable au pluviomètre.

De même n signifie : quantité de neige inappréciable au pluviomètre.

Les nombres relatifs aux hauteurs des pluies, ainsi que ceux qui se rapportent à l'évaporation, représentent des millimètres.

La température du point de rosée a été obtenue au moyen de l'hygromètre condenseur de Regnault, modifié par M. Drian.

Le ? indique qu'on n'a pu reconnaître la direction ou la force du vent.

⊷ marque un calme réel.

Dans la colonne « *Etat du ciel* » on fait usage des abréviations suivantes : *Cum.*, pour *Cumulus; Cir.*, pour *Cirrus; Str.*, pour *Stratus; CumStr.*, pour *Cumulo-Stratus; CirStr.*, pour *Cirro-Stratus; CirCumStr.*, pour *Cirro-Cumulo-Stratus; Halo s.*, pour *Halo solaire; Halo l.* pour *Halo lunaire; hor.* pour *horizon; écl.*, pour *éclaircie; Gel. bl.*, pour *Gelée blanche; Brl.*, pour *Brouillard*, etc.

Enfin le nombre qui suit le mot *Brouillard* ou son abréviation, indique la plus grande distance en mètres à laquelle les objets s'apercevaient, et par suite l'intensité du brouillard.

DÉCEMBRE 1855.

Dates.	Température.			Baromètre brut.	Therm. du barom.	Baromètre à zéro.	Pluie.	Point de rosée.	Evaporat.
	Minim.	Maxim.	à 9 h. m.						
	o	o	o	mil.	o	mil.		o	mil.
1	-0,5	6,0	1,7	747,5	3,7	747,0	»	-2,0	gelé.
2	1,5	6,0	3,7	740,6	6,2	739,9	»	0,0	0,0
3	0,7	3,0	0,7	736,2	6,8	735,4	»	-0,5	2,5
4	-3,3	1,0	-3,3	744,5	4,1	744,0	»	-6,7	gelé.
5	-2,0	5,0	-1,3	743,4	3,2	743,0	»	-5,2	id.
6	0,0	7,0	2,9	735,4	3,2	735,0	2,40	1,0	dégelé
7	-1,0	6,0	1,8	739,3	3,5	738,9	n	-1,5	0,0
8	-2,0	4,0	-1,3	737,4	3,6	737,0	0,15	-2,0	gelé.
9	-1,3	2,5	-0,3	741,4	4,3	740,9	1,00	-1,2	id.
10	-4,0	0,0	-4,0	745,7	3,3	745,3	»	-5,0	id.
11	-4,0	-2,0	-3,8	746,9	2,0	746,7	»	-8,0	id.
12	-5,0	-4,0	-5,0	742,0	0,5	742,0	»	-8,2	id.
13	-9,5	-3,0	-8,5	743,6	-0,5	743,7	»	-10,5	id.
14	-3,0	1,5	-2,8	749,6	1,4	749,4	»	-7,8	id.
15	-2,5	0,0	-1,5	745,9	0,7	745,8	10,10	-3,0	id.
16	-2,0	1,8	-1,5	755,1	2,6	754,8	»	-4,1	id.
17	-10,5	0,8	-10,2	748,9	-1,5	749,1	»	-11,0	id.
18	-2,0	5,0	-0,6	745,3	1,0	745,2	»	-6,0	id.
19	-5,8	1,0	-5,7	748,9	1,0	748,8	»	-7,2	id.
20	-9,0	-5,0	-8,4	746,9	0,9	746,8	»	-11,5	id.
21	-7,5	0,0	-6,5	741,8	-1,0	741,9	»	-11,0	id.
22	-6,0	5,0	-0,4	739,7	-0,7	739,8	»	-5,0	id.
23	-2,0	-1,0	-2,4	750,3	4,5	749,7	»	-2,4	id.
24	0,0	5,0	3,6	750,9	4,1	750,4	»	-1,0	id.
25	-1,5	4,5	-0,3	745,1	8,9	744,0	12,00	-0,5	id.
26	-0,5	8,0	1,5	743,6	6,9	742,8	»	1,0	id.
27	0,0	12,0	5,7	744,4	9,1	743,3	»	2,5	dégel.
28	9,0	15,0	1,07	746,0	8,5	745,0	»	4,0	0,0
29	4,7	12,0	4,7	752,9	8,7	751,8	»	3,5	1,0
50	4,5	10,0	6,5	756,4	11,8	755,0	»	2,5	0,9
51	5,0	8,5	7,0	754,5	10,3	753,2	»	4,8	0,2
Moyennes	-1,7	3,6	-0,8			745,0	25,75	-3,5	4,6

DÉCEMBRE 1855.

Dates.	Vent supérieur.	Force.	Vent inférieur.	Force.	ÉTAT DU CIEL.
1	N O	assez fort	N O	assez fort	Ciel assez pur, légers CirCum.
2	N E	modéré	N O	modéré	Cirro-cumuli.
3	N	assez fort	N	assez fort	Débris de cumulo-stratus.
4	N	fort	N	fort	CumStr. au N se résolv. en Cum. au zénith.
5	?	?	E	faible	Stratus uniforme.
6	?	?	O	faible	Brouillard (200), faible pluie.
7	N	modéré	S	faible	CumStr. pommelé au zénith, neige 1 cent.
8	N	modéré	—	»	CirCumStr. à gr. écl., Neige.
9	N	modéré	N	faible	Cirro-cumulo-stratus.
10	N E	assez fort	N E	assez fort	Ciel assez pur.
11	N	faible	N	faible	Cumulo-stratus.
12	N	modéré	N	modéré	Cumulo-stratus.
13	N	modéré	N	modéré	Ciel assez pur.
14	N	assez fort	N	assez fort.	Cumuli agglomérés.
15	?	?	?	?	Stratus faibl. neig., neige 11 c.
16	N E	modéré	N E	modéré	Ciel assez pur, Brl. (500).
17	?	?	N	modéré	Brouillard (200).
18	?	?	—	»	Brouillard (200).
19	N E	modéré	N E	modéré	Stratus uniforme.
20	N	assez fort	N	assez fort	Stratus uniforme.
21	S	assez fort	E	faible	Cirro-cumulo-stratus.
22	?	?	E	très faible	Brouillard (600).
23	?	?	—	»	Brouillard (50) tout le jour.
24	O	faible	E	faible	Cumulo-stratus.
25	?	?	—	»	Brouillard (50).
26	?	?	—	»	Brouillard (300).
27	S O	assez fort	N	modéré	Petits cumuli.
28	S	fort	E	modéré	CirCumStr. sup., pet. Cum. inf.
29	?	?	E	modéré	Cirri immobiles.
30	S	faible	E	faible	Cumulo-stratus.
31	N	faible	N	faible	Cumulo-stratus.

JANVIER 1856.

Dates.	Température.			Baromètre brut.	Therm. du barom.	Baromètre à zéro.	Pluie.	Point de rosée.	Evaporat.
	Minim.	Maxim.	à 9 h. m.						
	°	°	°	mil.	°	mil.		°	mil.
1	1,0	9,5	2,6	748,9	8,7	747,8	»	1,5	0,5
2	1,2	11,0	3,7	743,1	8,6	742,1	»	1,2	0,4
3	1,5	13,0	6,7	739,7	8,8	738,6	»	1,5	0,8
4	4,0	13,0	4,0	742,1	8,4	741,1	»	2,7	0,2
5	8,0	13,2	10,6	740,8	9,6	739,6	»	3,0	1,0
6	8,0	13,5	11,1	733,2	12,4	731,7	p	3,7	1,0
7	9,5	13,2	10,7	725,7	11,4	724,4	p	3,8	1,7
8	6,2	11,0	6,4	725,6	10,4	724,4	5,50	5,0	0,9
9	0,5	11,0	1,5	729,5	9,5	728,4	»	1,5	0,0
10	6,0	13,5	7,7	726,7	9,1	725,6	2,20	6,2	0,3
11	6,8	11,0	6,8	733,1	9,6	732,0	3,10	6,0	0,5
12	1,5	11,0	1,5	743,5	7,5	742,5	2,80	0,8	0,0
13	-5,5	-1,0	-5,0	751,8	6,0	751,4	»	-8,0	gelé.
14	-6,1	-1,0	-6,1	752,1	6,0	751,5	»	-8,7	id.
15	-3,0	4,0	+0,3	748,6	4,1	748,1	»	-2,0	id.
16	-0,3	5,0	-0,3	751,4	4,0	750,9	3,60	-0,7	id.
17	0,0	10,0	4,8	745,4	3,8	744,9	»	2,8	dégel.
18	4,8	13,2	6,9	742,9	5,0	742,3	»	6,2	0,0
19	7,0	12,5	11,3	735,2	8,4	734,2	»	6,5	0,5
20	4,2	12,5	4,6	735,0	12,6	733,5	11,10	4,5	0,2
21	5,0	13,0	7,4	733,8	10,2	732,6	»	6,8	0,0
22	7,0	13,5	9,6	735,9	10,2	734,7	»	7,2	0,0
23	8,5	12,0	9,7	739,8	10,4	738,6	10,50	8,0	0,1
24	6,6	11,0	7,6	741,6	10,1	740,4	»	7,6	0,1
25	7,5	12,0	11,0	735,8	10,4	734,6	7,70	7,5	2,0
26	6,2	10,0	7,0	741,6	10,0	740,4	0,40	4,8	0,0
27	5,0	9,8	6,3	743,0	10,0	741,8	0,25	5,0	0,5
28	2,5	6,0	3,2	739,1	9,1	738,0	»	2,0	0,9
29	0,0	7,0	1,9	744,7	7,7	743,8	»	0,5	0,7
30	5,0	11,0	7,5	735,0	7,4	734,1	4,50	3,2	0,5
31	-1,0	5,0	0,0	749,9	7,5	749,0	»	-3,0	gelé.
Moyennes	3,4	10,0	5,2			738,5	48,65	2,8	12,8

JANVIER 1856.

Dates.	Vent supérieur.	Force.	Vent inférieur.	Force.	ÉTAT DU CIEL.
1	?	?	—	»	Ciel pur, Brouillard (300).
2	S	faible	E	faible	CumStr. s'éclairciss. en pommelures.
3	?	?	N E	modéré	Stratus uniforme.
4	O N O	faible	E	modéré	Cirri dirigés ONO-ESE en trois bandes.
5	O	très faible	S	fort	Cirri pommelés dirig. SO-NE.
6	S	très faible	E	faible	Cumulo-stratus épais.
7	S	modéré	S	modéré	Str. uniforme tr. faibl. pluv., Tonn., Gr.
8	S	faible	S	faible	Ciel assez pur, légers cirri.
9	?	?	—	»	Brouillard (50).
10	?	?	E	faible	Stratus uniforme.
11	?	?	E	faible	Brouillard (300).
12	N	assez fort	N	assez fort.	CumStr. faiblem. pluvieux.
13	N	fort	N	fort	Ciel pur.
14	S	modéré	N O	assez fort	Cirro-cumuli.
15	?	?	E	faible	Brouillard (600).
16	?	?	N O	assez fort	Ciel pur, Brouillard (800).
17	?	?	E	faible	Brouillard (300).
18	S	faible	E	faible	Au zénith CirCumSt. tr. éclaircis, dir. N-S., Cum. inf., CumStr. à l'horizon.
19	S O	faible	S O	ass. faible	Cumulo-stratus.
20	O	faible	E	faible	Cirri épars.
21	?	?	?	?	Ciel assez pur, Brouill. (500).
22	N	faible	S	modéré	Cumulo-stratus.
23	N O	modéré	S	modéré	CumStr., éclaircie au zénith.
24	O	faible	O	faible	Cumulo-stratus.
25	O	assez fort	O	assez fort	Cumulo-stratus.
26	N	modéré	N	modéré	CumStr. avec éclaircies.
27	N O	faible	S	faible	Ciel assez pur.
28	N	modéré	N	modéré	Stratus uniforme.
29	O	faible	O	faible	Cirro-cumuli, Brouill. (300).
30	O	modéré	O	faible	Cumulo-stratus épais.
31	N	modéré	N	assez fort	Cirro-cumuli.

FÉVRIER 1856.

Dates.	Température.			Baromètre brut.	Therm. du barom.	Baromètre à zéro.	Pluie.	Point de rosée.	Evaporat.
	Minim.	Maxim.	à 9 h. m.						
	o	o	o	mil.	o	mil.		o	mil.
1	0,0	4,5	0,7	751,6	11,9	750,2	»	-2,0	gelé.
2	-3,2	2,0	-3,0	745,5	7,0	744,7	»	-3,2	id.
3	-5,0	0,0	-2,0	746,6	1,5	744,8	»	-3,0	id.
4	-2,5	2,5	-1,8	749,2	7,6	748,3	»	-2,8	id.
5	-0,5	7,5	0,7	754,2	5,7	753,5	»	-1,8	id.
6	0,0	3,5	0,7	757,4	5,0	756,8	»	0,7	dégel.
7	1,0	10,0	4,7	754,6	4,7	754,0	»	0,5	0,0
8	4,0	16,5	6,6	756,3	5,5	755,6	»	5,5	0,0
9	2,0	13,5	2,9	753,1	7,0	752,3	»	2,9	0,5
10	1,2	13,0	4,7	751,9	8,8	750,8	»	4,7	0,5
11	5,0	15,0	7,0	748,6	10,0	747,4	»	2,5	0,5
12	1,5	13,0	2,2	749,9	10,0	748,7	»	2,2	0,4
13	3,0	12,8	6,8	749,1	10,7	748,8	»	5,1	0,5
14	5,8	13,0	6,8	749,1	10,4	747,8	»	5,5	0,3
15	6,4	13,2	6,4	746,5	10,6	745,2	4,00	6,4	0,2
16	6,0	10,0	6,9	739,1	12,1	737,7	0,50	5,5	0,0
17	6,7	8,0	6,7	736,7	11,5	735,3	6,80	6,0	1,2
18	5,8	9,0	6,7	740,4	12,3	738,9	4,20	6,2	0,1
19	1,0	11,0	2,9	742,3	12,8	740,8	2,80	2,9	0,7
20	1,5	8,0	3,0	756,7	11,0	755,4	»	1,5	0,0
21	2,9	7,2	5,6	754,0	9,2	752,9	6,00	2,3	0,0
22	2,0	5,0	2,6	738,9	8,0	758,0	»	0,5	0,1
23	-1,5	6,0	0,0	745,2	6,2	744,5	»	-3,0	gelé.
24	0,0	8,0	4,6	753,8	7,4	752,9	»	1,0	dégel.
25	2,0	8,3	5,0	759,1	8,3	758,1	»	-1,3	0,0
26	-1,3	8,0	-0,8	748,9	7,8	748,0	»	-0,8	0,8
27	0,0	11,0	6,6	756.2	8,4	755,2	»	2,5	0,3
28	5,8	10,8	6,7	755,1	9,5	753,9	»	2,5	1,5
29	2,0	10,7	5,5	755,4	9,7	754,2	»	4,8	1,4
Moyennes	1,9	9,0	3,4			747,4	24,30	1,7	8,8

FÉVRIER 1856.

Dates.	Vent supérieur.	Force.	Vent inférieur.	Force.	ÉTAT DU CIEL.
1	N	assez fort	N	assez fort	CumStr. avec éclaircies.
2	N	assez fort	N	assez fort	Ciel pur, gelée blanche.
3	E	faible	E	faible	Cumulo-stratus peu épais.
4	?	?	?	?	Str. uniforme, Brl. (800).
5	?	?	—	»	Brouillard (150).
6	?	?	E	faible	Brl. (200), fort dépôt de rosée.
7	0	très faible	0	très faible	Cumulo-stratus.
8	?	?	E	faible	Légers cirri, brouillard (600).
9	?	?	E	modéré	Ciel assez pur, Brl. (100).
10	?	?	E	faible	Brl. (400), dépôt de rosée.
11	S S O	très faible	S S O	faible	Gr. cirri alig. du SSO au NNE.
12	S	modéré	E	modéré	Ciel assez pur, Brl. (800).
13	S	faible	S	faible	Stratus presque uniforme.
14	0	modéré	E	faible	Cirri, débris de CumStr.
15	N	modéré	N	modéré	Stratus faiblement pluvieux.
16	S	modéré	E	faible	Cumulo-stratus.
17	?	?	N	modéré	Stratus faiblement pluvieux.
18	S	faible	S	faible	Cumulo-stratus.
19	?	?	E	faible	Stratus uniforme.
20	?	?	0	faible	Stratus uniforme, Brl. (800).
21	N	faible	N	faible	CumStr. avec éclaircies au N.
22	N N 0	fort	N N 0	assez fort	Cumulo-stratus.
23	N	assez fort	N	assez fort	Cumulo-stratus.
24	N	assez fort	N	assez fort	Ciel assez pur, cirri.
25	?	?	N E	faible	Ciel pur.
26	?	?	—	»	Brouillard (30).
27	N	assez fort	N	assez fort	Cumulo-stratus.
28	N	assez fort	N	assez fort	Ciel pur, petits cumuli.
29	N	faible	N	faible	Ciel pur.

MARS 1856.

Dates.	Température.			Baromètre brut.	Therm. du barom.	Baromètre à zéro.	Pluie.	Point de rosée.	Evaporat.
	Minim.	Maxim.	à 9 h. m.						
	o	o	o	mil.	o	mil.		o	mil.
1	3,0	12,0	4,0	753,9	9,9	752,7	»	0,5	0,3
2	2,6	8,0	2,6	755,5	15,9	753,6	»	1,0	1,8
3	3,2	7,7	4,0	753,9	11,1	752,6	»	0,7	0,9
4	1,5	9,8	3,2	756,1	15,9	754,2	»	-0,5	1,0
5	1,0	10,0	2,3	753,3	5,6	752,6	»	-0,2	1,1
6	-1,0	8,1	-0,4	747,2	10,6	745,9	»	-1,0	gelé.
7	0,0	9,0	2,4	744,9	9,5	743,8	»	-1,2	0,0
8	-1,2	10,2	-0,3	751,5	8,9	750,4	»	-2,5	gelé.
9	0,0	11,0	1,5	749,5	8,3	748,5	»	-0,5	dégel.
10	1,0	12,0	3,7	748,5	9,5	747,4	»	1,1	0,0
11	1,8	14,2	3,4	744,7	10,5	743,4	»	0,5	0,8
12	3,0	9,0	7,2	739,3	11,0	738,2	3,70	5,8	0,1
13	6,3	12,5	6,7	738,5	10,3	737,3	10,10	6,0	0,6
14	6,0	12,8	7,4	742,7	10,4	741,5	2,10	5,5	0,8
15	7,6	14,6	8,7	747,8	10,9	746,5	1,00	6,2	0,7
16	8,5	15,5	10,7	748,0	12,9	746,4	»	5,5	1,0
17	9,8	14,0	11,6	747,0	13,7	745,4	»	7,5	0,7
18	7,6	10,4	8,6	747,1	12,0	745,7	2,40	6,2	1,1
19	6,8	12,5	10,4	744,1	12,0	742,7	p	5,5	0,2
20	6,5	12,0	9,9	743,7	11,1	742,4	9,00	6,7	1,0
21	7,5	14,5	8,7	746,5	10,6	745,2	7,70	6,2	1,5
22	7,0	15,0	10,1	749,2	14,9	747,4	»	4,5	2,5
23	6,1	13,2	8,0	748,2	12,1	746,7	»	3,5	3,0
24	4,5	12,0	5,4	747,9	11,7	746,5	»	1,2	1,3
25	10,8	19,2	12,1	743,2	15,3	741,4	»	2,4	0,9
26	6,0	19,0	9,0	740,6	14,1	738,9	0,25	4,6	1,8
27	8,0	18,1	9,6	738,4	14,3	736,7	»	7,0	1,2
28	8,2	16,8	9,7	739,4	14,1	737,7	1,00	6,5	0,8
29	4,5	16,0	7,5	745,2	10,3	744,0	»	0,0	1,6
30	1,0	12,5	2,5	748,4	11,1	747,1	»	-3,5	1,8
31	3,2	15,0	6,0	750,9	12,8	749,4	»	-1,5	1,0
Moyennes	4,5	12,7	6,3			745,6	47,35	2,7	29,5

MARS 1856.

Dates.	Vent supérieur.	Force.	Vent inférieur.	Force.	ÉTAT DU CIEL.
1	N	fort	N	assez fort	Cumuli partiell. agglomérés.
2	N	assez fort	N	assez fort	Cumulo-stratus.
3	?	?	N	modéré	Stratus uniforme.
4	N	modéré	N	modéré	Ciel pur, petit cumulus.
5	N	faible	E	faible	Ciel pur.
6	N	assez fort	N	assez fort	Str. unif. av. une long. rayure cl. dir. N-S.
7	N O	modéré	N O	modéré	Grands cumuli.
8	?	?	N	modéré	Ciel pur.
9	?	?	N	faible	Ciel pur.
10	?	?	N	faible	Ciel pur.
11	S	faible	N	faible	Cirri dirigés E-O.
12	?	?	N	très faible	Stratus faiblement pluvieux.
13	S	modéré	E	faible	CumStr. modérément pluv.
14	?	?	N	faible	Stratus uniforme.
15	S	modéré	N	faible	CumStr. avec éclaircies.
16	S O	très faible	S O	mod. raf. fort.	Cumulo-stratus.
17	O	modéré	E	modéré	CirCumStr. ébour. avec écl. Pluie le soir.
18	S	assez fort	S E	modéré	Cumulo-stratus.
19	O	faible	S	fort. raf.	CumStr. avec éclaircies.
20	N O	faible	N O	faible	Cumulo-stratus.
21	N N O	faible	N	faible	Cumulo-stratus.
22	N	modéré	N	modéré	Ciel ass. pur, quelq. pet. Cum.
23	N O	assez fort	N O	assez fort	Ciel assez pur.
24	?	?	E	faible	Ciel pur.
25	—	»	S	modéré	CirrStr. av. écl. du côté du N.
26	S	très faible	S	très faible	Cirro-Cumulo-stratus.
27	?	?	E	faible	Stratus uniforme.
28	?	?	E	faible	Stratus uniforme.
29	N	modéré	N	modéré	Ciel pur.
30	?	?	E	faible	Ciel pur.
31	?	?	E	faible	Ciel pur.

AVRIL 1856.

Dates.	Température			Baromètre brut.	Therm. du barom.	Baromètre à zéro.	Pluie.	Point de rosée.	Evaporat.
	Minim.	Maxim.	à 9 h. m.						
	°	°	°	mil.	°	mil.		°	mil.
1	5,0	16,1	10,4	749,5	14,0	747,8	»	3,5	0,9
2	6,0	16,5	11,0	746,0	14,9	744,8	»	2,1	1,3
5	7,8	18,8	12,5	751,5	15,0	749,7	»	7,0	0,8
4	8,5	19,5	11,9	748,2	15,4	746,5	0,50	8,0	1,2
5	6,2	18,8	6,6	742,9	14,1	741,2	28,80	6,5	1,8
6	5,5	15,0	10,4	758,9	14,1	757,2	»	7,0	0,6
7	5,2	14,8	9,8	740,5	13,0	739,0	0,50	6,5	1,0
8	6,0	15,2	11,0	759,2	13,5	737,6	»	5,3	1,5
9	6,8	14,2	8,5	741,0	12,7	739,5	0,60	2,5	1,5
10	6,0	16,8	7,6	740,2	13,1	758,6	3,40	7,0	1,5
11	6,5	20,0	10,7	746,7	13,9	745,0	»	6,5	0,9
12	8,5	19,0	16,0	743,2	15,7	741,5	»	6,5	1,6
15	10,5	19,1	10,5	740,7	15,9	738,8	3,20	8,5	4,1
14	8,5	15,6	11,7	756,0	15,5	734,2	8,80	10,0	0,0
15	8,0	15,4	12,4	757,5	15,0	735,5	p	7,5	1,4
16	8,2	15,5	9,7	759,5	14,4	737,6	4,10	8,8	2,5
17	5,0	15,0	7,7	745,1	13,7	741,5	1,10	5,5	1,7
18	6,0	17,0	9,5	744,9	14,0	743,2	»	7,6	4,1
19	6,2	14,5	12,0	744,8	14,7	743,0	»	5,4	2,5
20	6,6	15,6	11,6	748,7	16,5	746,8	»	5,9	2,2
21	7,2	15,0	11,0	744,9	14,9	743,1	»	5,6	2,2
22	7,0	14,8	11,9	742,8	15,2	741,0	»	6,5	1,8
23	8,2	17,0	15,9	742,8	16,1	740,9	»	7,2	0,9
24	8,8	18,8	13,1	745,1	16,9	743,1	6,10	10,0	1,0
25	11,0	19,8	15,6	742,9	17,5	740,8	»	6,8	0,8
26	10,8	18,2	11,0	742,7	18,0	740,5	»	9,0	1,0
27	9,5	15,0	15,0	737,8	17,2	755,8	p	9,7	1,8
28	9,5	15,0	10,8	755,9	16,0	752,0	47,00	10,5	0,9
29	9,0	15,5	10,7	754,6	15,5	752,8	33,30	8,5	0,3
50	9,0	14,9	10,7	741,6	15,0	759,8	0,50	6,0	0,3
Moyennes	7,6	16,5	11,1			740,6	138,10	6,7	45,7

AVRIL 1856.

Dates.	Vent supérieur.	Force.	Vent inférieur.	Force.	ÉTAT DU CIEL.
1	?	?	S	modéré	Ciel pur.
2	?	?	S	modéré	Ciel pur, Rafales du Sud qui soulèvent la poussière dans la journée.
3	N O	très faible	S	modéré	Cirro-cumulo-stratus.
4	O	modéré	S	modéré	CumStr. faiblem. pluvieux.
5	N O	faible	N O	faible	CumStr. faiblem. pluvieux.
6	S O	faible	S O	modéré	Cumulo-stratus, Tonnerre.
7	N O	modéré	O	modéré	Grands cumuli.
8	S	faible	S	assez fort	Ciel assez pur, Cumuli à l'Est.
9	S	faible	N	faible	Brise N modérée, Cirri N-S supér., Cum. rares infér.
10	O	modéré	S O	modéré	CumStr. tr. faiblem. pluv.
11	?	?	O	faible	Légers cirri alignés O-E.
12	O	faible	S	fortes raf.	Cumulo-stratus.
13	S	modéré	S	modéré	Stratus faiblement pluvieux.
14	S O	faible	S	raf. ass. fortes.	Cumulo-stratus.
15	—	»	—	»	Cumulo-stratus immobile.
16	N O	faible	O N O	modéré	Stratus faiblement pluvieux.
17	N	faible	N	faible	Stratus.
18	E	faible	E	faible	CumStr. léger et pommelé.
19	N O	très faible	N N E	faible	Cirri à l'Est, Cumuli.
20	N E	assez fort	N E	assez fort	Ciel assez pur, légers cirri dirigés SO-NE.
21	S S E	modéré	E	faible	Ciel assez pur, Cirri.
22	—	»	N E	modéré	Cirri immobiles.
23	S	faible	N	faible	Cirro-cumuli.
24	?	?	S E	faible	Ciel assez pur, Brl. (800).
25	O	faible	S	modéré	Cirro-stratus.
26	S O	faible	S O	faible	Léger cumulo-stratus.
27	S	assez fort	S	assez fort	CumStr. pluvieux modérém.
28	S E	assez fort	S E ·	assez fort	CumStr. faiblem. pluvieux.
29	N O	modéré	N O	modéré	CumStr., quelques gouttes de pluie.
30	S O	faible	N O	modéré	Cirro-stratus pommelé SO-NE, grandes éclaircies au NO et au SE du Cirrus.

MAI 1856.

Dates.	Température.			Baromètre brut.	Therm. du barom.	Baromètre à zéro.	Pluie.	Point de rosée.	Evaporat.
	Minim.	Maxim.	à 9 h. m.						
	°	°	°	mil.	°	mil.		°	mil.
1	7,8	14,5	10,2	738,9	14,9	737,1	p	5,7	1,0
2	6,9	10,2	8,0	744,1	13,8	742,4	1,70	3,5	0,8
3	4,5	9,5	8,0	744,4	13,2	742,8	p	-0,5	1,0
4	4,0	10,1	5,6	746,4	11,9	745,0	0,50	0,0	1,8
5	5,0	12,0	7,0	745,2	12,7	743,7	»	2,0	1,2
6	4,5	14,2	8,0	746,2	12,5	744,7	»	-0,3	0,8
7	8,0	15,8	12,0	737,4	12,9	735,9	1,80	8,8	1,0
8	7,0	11,8	9,0	739,0	13,3	737,4	2,60	4,0	1,3
9	6,1	11,0	9,3	740,4	12,2	738,9	p	5,5	1,2
10	7,5	12,0	11,0	739,0	12,5	737,5	0,50	6,1	0,4
11	8,8	16,9	12,2	739,7	13,5	738,1	6,10	6,9	0,6
12	8,3	14,8	9,3	739,7	13,4	738,1	36,50	8,8	0,6
13	9,0	17,5	13,9	743,1	13,6	741,5	4,20	10,2	0,6
14	10,5	13,0	12,7	741,4	14,3	739,7	11,70	11,0	1,1
15	9,2	20,0	11,6	740,1	13,9	738,4	8,10	9,1	0,4
16	9,8	14,0	9,8	734,6	14,4	732,9	19,00	9,8	1,5
17	10,2	17,2	13,1	745,1	14,7	743,3	6,50	8,0	0,0
18	10,5	19,6	14,2	749,3	15,6	747,3	1,50	7,0	0,5
19	9,4	20,2	13,7	751,4	16,4	749,4	»	7,0	2,0
20	10,8	20,6	15,0	751,0	17,0	749,0	»	10,5	1,3
21	11,8	23,0	17,0	747,6	18,5	745,4	»	11,2	2,7
22	13,6	20,8	17,5	742,4	19,0	740,1	1,50	9,7	1,7
23	11,0	21,0	15,0	743,3	18,0	741,1	6,00	10,7	2,1
24	11,0	19,5	12,4	744,0	17,7	738,9	3,20	10,0	0,5
25	10,5	24,5	17,7	743,0	18,2	740,8	4,00	11,6	1,0
26	13,2	21,6	15,7	751,3	19,1	749,0	»	9,0	3,9
27	13,3	22,8	19,5	747,2	20,3	744,7	»	11,6	2,3
28	15,8	24,5	18,8	741,0	20,1	738,6	p	14,2	1,8
29	14,8	17,0	16,0	742,6	20,0	740,2	28,10	15,5	2,9
30	12,5	16,0	14,5	743,4	19,0	741,1	96,10	14,5	0,2
31	12,5	20,0	13,6	745,0	17,8	742,9	15,50	11,4	0,4
Moyennes	9,6	16,9	12,6			741,5	255,50	8,2	38,6

MAI 1856.

Dates.	Vent supérieur.	Force.	Vent inférieur.	Force.	ÉTAT DU CIEL.
1	0	modéré	0	modéré	Cumulo-stratus.
2	N N 0	modéré	N N 0	modéré	Cumulo-stratus.
3	N	modéré	N	modéré	Grands cumuli.
4	N	modéré	N	assez fort.	Grands cumuli agglomérés.
5	N	modéré	N	modéré	Grands cumuli.
6	N 0	faible	N E	faible	Cirri alig. NO-SE comme brossés.
7	0	assez fort	S 0	faible	CumStr. très faibl. pluvieux.
8	0 N 0	modéré	0 N 0	modéré	Cumulo-stratus.
9	N	assez fort	N	assez fort	Cumulo-stratus.
10	N	très faible	N	modéré	Cumulo-stratus.
11	S	assez fort	S	modéré	Cum. nombr., débris de CumStr.
12	0	modéré	0	modéré	Cumulo-stratus.
13	0	modéré	N E	modéré	Brise N E modérée, CirCum. supér. 0, gros Cumuli inférieurs NE.
14	S	assez fort	S	faible	CumStr. faiblem. pluvieux.
15	S 0	modéré	E	faible	Cumulo-stratus.
16	N 0	modéré	N 0	faible	Cumulo-stratus.
17	N	faible	N	faible	CumStr. avec éclaircies.
18	0	faible	0	assez fort	CumStr. à gr. éclaircies.
19	0	très faible	0	très faible	CumStr. av. écl. dir. 0-E vers l'0 seulem.
20	N	faible	E	faible	Ciel ass. pur, quelq. pet. Cum.
21	0	faible	—	»	Cirro-cumulo-stratus.
22	S	très faible	S 0	modéré	S mod. brise, Cirri épais et ébour. sup. S, grands Cum. agglomérés inf. SO.
23	S	faible	E	faible	Cirri fouettés du SO au NE, Cumuli inf., le tout poussé par le sud.
24	0 N 0	modéré	0 N 0	modéré	CumStr. faiblement pluvieux.
25	0	modéré	0	modéré	Cumuli agglomérés.
26	N	faible	E	faible	Ciel assez pur, quelq. Cum.
27	0	faible	—	»	Cumulo-stratus.
28	S S 0	assez fort	S S 0	assez fort	CumStr. très faibl. pluvieux.
29	S	assez fort	S	faible	CumStr. très pluvieux.
30	E	faible	E	faible	CumStr. faiblement pluvieux.
31	0	modéré	0	modéré	CumStr. faiblement pluvieux.

JUIN 1856.

Dates.	Température.			Baromètre brut.	Therm. du barom.	Baromètre à zéro.	Pluie.	Point de rosée.	Evaporat.
	Minim.	Maxim.	à 9 h. m.						
	°	°	°	mil.	°	mil.		°	mil.
1	11,3	24,0	17,0	745,4	18,4	743,2	p	11,6	0,5
2	13,7	24,8	18,5	745,2	19,1	742,9	»	12,0	1,0
3	14,8	27,0	20,7	747,4	20,8	744,9	p	13,5	2,0
4	15,5	30,5	22,0	750,9	21,7	748,3	»	14,8	2,4
5	17,5	23,5	20,8	747,6	22,6	744,9	1,00	15,0	3,7
6	15,0	18,3	17,5	743,8	21,3	741,2	20,50	16,0	1,6
7	10,0	18,0	12,7	753,7	18,1	751,5	3,00	5,6	1,8
8	11,0	21,0	15,5	754,7	18,9	752,4	»	5,8	3,3
9	12,5	24,5	18,2	752,6	19,9	750,2	»	9,5	3,4
10	15,5	28,0	20,7	749,4	21,2	746,8	»	9,5	2,4
11	15,5	25,0	20,0	750,4	22,5	747,7	4,70	15,0	4,0
12	15,1	28,5	20,9	751,9	23,2	749,1	»	16,1	2,0
13	16,0	30,8	24,0	749,7	24,3	746,8	»	16,0	2,7
14	16,3	23,6	21,0	745,3	25,0	742,3	»	12,0	3,4
15	13,0	16,0	13,0	746,2	22,0	743,6	18,60	11,5	1,9
16	12,6	18,5	13,7	748,0	21,0	745,3	10,90	11,7	0,1
17	15,0	21,0	17,3	747,0	20,3	744,5	2,90	13,7	0,2
18	13,5	20,5	14,4	747,0	20,0	744,6	7,50	10,8	1,8
19	15,0	23,0	18,7	744,6	20,0	742,2	0,25	12,2	1,4
20	15,0	20,5	15,7	743,4	19,9	741,0	7,10	13,5	2,1
21	12,0	20,0	14,8	750,6	18,9	748,3	0,25	8,5	2,2
22	11,0	26,8	18,2	754,3	21,1	751,7	p	9,0	2,5
23	15,5	22,2	18,6	751,7	20,9	749,2	»	10,6	2,8
24	13,5	22,5	16,5	753,0	21,2	750,4	2,60	11,7	1,8
25	14,6	23,5	18,5	752,6	21,6	750,0	»	10,0	4,5
26	16,5	26,5	20,0	752,1	22,5	749,4	»	13,2	3,5
27	17,5	30,5	21,8	750,9	23,6	748,0	»	14,7	3,5
28	18,0	32,6	20,0	749,4	24,2	746,5	»	13,5	2,7
29	17,5	31,0	24,0	751,1	26,0	748,0	»	14,4	4,8
30	18,5	30,5	23,5	749,3	26,1	746,1	»	14,5	5,0
Moyennes	14,5	24,5	18,6			746,7	79,60	12,1	74,9

JUIN 1856.

Dates.	Vent supérieur.	Force.	Vent inférieur.	Force.	ÉTAT DU CIEL.
1	S	faible	S	faible	Ciel pur.
2	S	modéré	E	faible	Ciel pur.
3	S	faible	E	faible	Cirro-cumulo-stratus.
4	S O	faible	S O	faible	Cirro-stratus, Halo solaire.
5	S O	modéré	S O	modéré	CumStr. tr. faibl. pluvieux.
6	S O	modéré	S O	modéré	CumStr. faiblem. pluvieux.
7	N	assez fort	N	assez fort	Immenses cumuli.
8	N	modéré	N	modéré	Ciel pur.
9	N	modéré	E	faible	Ciel pur, léger Brouillard.
10	S	très faible	S	assez fort	Cir. un peu ébouriffé, passant par le zén.
11	S O	très faible	N	modéré	Brise N mod. Cirri supér. dir. SO-NE-SO, Files de Cum. agglomérés, infér. N.
12	S O	faible	E	faible	Ciel ass. pur, Cum. à l'horiz. N.
13	N	faible	S	faible	Ciel pur, léger cirrus.
14	S O	faible	E	faible	Cumulo-stratus.
15	S	assez fort	N O	assez fort	CumStr. modér. pluvieux.
16	N	modéré	N	assez fort	CumStr., Tonnerre et grêle.
17	S S E	faible	S E E	faible	Cumulo-stratus.
18	N O	modéré	N O	modéré	CumStr. avec éclaircies.
19	S O	faible	E	faible	Cirri épais, pomm. align. N-S.
20	S O	assez fort	S O	modéré	Cumulo-stratus.
21	S O	assez fort	N O	faible	Cir. sup., Cum. inf. align. N-S.
22	N O	faible	N	modéré	Brise N mod., Cir. pom. sup. dir. N-S, Cum. rares infér.
23	N O	faible	N	modéré	CumStr. avec éclaircies.
24	N	assez fort	N	ass. fort, interm.	Longues files de Cum. dir. N-S.
25	N	modéré	N	modéré	Cumuli à l'horizon O.
26	N	assez fort	N	assez fort	Cumuli peu nombreux.
27	?	?	N	faible	Ciel pur.
28	?	?	S	faible	Ciel pur.
29	N	faible	E	modéré	Ciel pur, Cum. à l'horizon O.
30	—	,	E	faible	Ciel pur, petit Cum. se dissolv. et immob.

JUILLET 1856.

Dates.	Température.			Baromètre brut.	Therm. du barom.	Baromètre à zéro.	Pluie.	Point de rosée.	Evaporat.
	Minim.	Maxim.	à 9 h. m.						
	o	o	o	mil.	o	mil.		o	mil.
1	19,5	30,8	22,0	748,1	25,5	745,8	»	13,8	5,6
2	16,5	25,6	18,4	747,9	25,0	744,9	»	11,2	5,1
3	15,5	18,5	16,0	746,5	25,5	743,4	»	8,0	4,3
4	13,0	20,6	15,0	745,9	22,5	743,2	4,40	12,5	4,5
5	13,5	23,0	15,0	748,8	22,0	746,1	0,25	9,0	1,3
6	13,3	25,3	18,0	750,6	25,0	747,6	»	9,6	3,9
7	15,2	28,5	18,6	748,6	22,9	745,8	»	13,0	2,7
8	18,3	23,0	19,7	741,9	23,0	739,2	0,25	8,5	3,1
9	14,0	20,8	16,5	746,0	21,4	743,5	p	4,8	4,6
10	12,5	20,2	13,7	748,6	20,5	746,1	1,60	8,5	2,4
11	11,6	25,6	15,9	752,1	20,1	749,7	»	9,5	3,3
12	14,5	27,0	16,0	751,1	20,9	748,6	»	9,2	3,1
13	14,5	25,6	18,7	750,2	22,6	747,5	»	13,0	3,7
14	17,0	24,2	18,8	751,1	22,6	748,4	»	15,5	1,9
15	17,2	28,0	20,0	750,3	23,0	747,5	»	16,0	2,0
16	18,7	25,3	24,0	749,3	24,9	746,3	»	15,8	3,2
17	15,5	22,3	16,9	752,4	22,9	749,6	»	10,2	3,9
18	15,5	25,5	19,0	751,9	22,5	749,2	»	7,0	4,6
19	15,6	28,6	18,5	752,1	23,0	749,5	»	10,2	4,4
20	16,0	26,2	23,0	749,6	24,5	746,6	»	11,5	4,1
21	16,8	23,5	18,7	747,6	24,9	744,6	1,50	14,0	3,8
22	15,5	27,3	18,8	747,2	23,9	744,5	»	9,5	4,0
23	16,4	32,5	22,0	745,9	24,0	742,0	»	14,0	3,2
24	20,5	34,3	26,7	744,6	26,2	741,5	»	14,2	4,0
25	18,5	25,3	22,6	748,0	26,1	744,8	3,70	16,2	1,5
26	15,2	25,4	18,5	751,5	23,5	748,7	»	10,5	2,0
27	15,0	26,0	19,6	751,9	23,2	749,1	1,80	11,3	3,9
28	16,0	27,0	20,7	750,0	24,5	747,0	»	10,8	4,0
29	17,2	28,5	21,7	751,5	24,9	748,5	»	12,0	4,6
30	18,5	30,6	20,7	753,5	24,5	750,5	»	13,0	4,3
31	18,5	32,5	22,8	752,9	26,5	749,7	»	14,0	5,7
Moyennes	16,0	25,9	19,2			746,4	13,60	11,5	108,7

JUILLET 1856.

Dates.	Vent supérieur.	Force.	Vent inférieur.	Force.	ÉTAT DU CIEL.
1	N	modéré	N	modéré	Quelques cumuli.
2	?	?	N E	modéré	Ciel assez pur.
3	N O	très faible	N E	faible	Cirri pomm. ass. forts, dir. SO-NE.
4	S O	faible	S O	faible	CumStr. Vers 6 h. soir pluie et tonnerre.
5	N E	faible	N E	modéré	Cirri alignés NE-SO.
6	N	faible	N	faible	Cumuli.
7	O	modéré	E	faible	Légers cirri pomm , clairs.
8	O	très faible	O	modéré	Cumulo-stratus.
9	S S O	modéré	S S O	faible	Cumulo-stratus.
10	N	modéré	N	modéré	CumStr. à grandes éclairc.
11	?	?	E	faible	Ciel assez pur.
12	?	?	S O	modéré	Ciel très pur.
13	N	faible	N	faible	Cumulo-stratus.
14	N	très faible	E	faible	Cumulo-stratus.
15	N	modéré	N	modéré	Zénith pur, files de Cum. aggl. à l'E et à l'O.
16	O N O	faible	O N O	modéré	CirStr. supér. quelques cumuli inférieurs.
17	⸺	»	N O	assez fort	Cumulo-stratus immobile.
18	?	?	N	assez fort	Ciel pur.
19	?	?	E	très faible	Ciel assez pur.
20	N	faible	N	faible	Cirri ébouriffés au N, petits cumuli inférieurs.
21	N	modéré	N	modéré	CumStr. pluvieux la nuit.
22	?	?	N	assez fort	Ciel pur.
23	?	?	S	très faible	Ciel pur.
24	S	faible	S	faible	Cir. gross. avec hachures SO-NE, tonnerre de 7 à 11 h. soir, éclairs S et N.
25	O	très faible	E	faible	CumStr. partiels, gr. éclairc.
26	?	?	N O	assez fort	Cir. dir. E-O hachés de SE à NO. Le soir éclairs à l'E.
27	N	modéré	N	modéré	Ciel pur, Cum. à l'horizon.
28	?	?	⸺	»	Ciel pur, brise calme.
29	N	faible	N	faible	Ciel pur.
30	?	?	N	faible	Ciel pur.
31	?	?	E	faible	Ciel ass. pur, très légers cirri.

AOUT 1856.

Dates.	Température.			Baromètre brut.	Therm. du barom.	Baromètre à zéro.	Pluie.	Point de rosée.	Evaporat.
	Minim.	Maxim.	à 9 h. m.						
	o	o	o	mil.	o	mil.		o	mil.
1	18,7	33,5	23,7	750,5	26,7	747,3	»	14,2	3,8
2	19,2	33,0	23,6	748,6	26,3	745,4	»	13,7	5,7
3	19,2	32,9	24,6	748,3	27,3	745,0	6,00	16,6	4,1
4	20,0	32,3	23,7	748,3	28,0	745,1	0,50	17,6	3,5
5	21,0	31,9	24,5	749,5	27,2	746,2	»	12,3	6,4
6	17,5	27,3	19,3	748,7	25,7	745,6	»	9,5	6,5
7	16,5	26,0	20,7	747,8	25,0	744,8	»	9,0	5,3
8	14,2	29,8	20,1	747,3	24,0	744,4	»	10,5	4,8
9	17,7	29,5	21,0	749,1	25,3	746,0	9,00	17,3	1,7
10	17,7	33,5	23,0	748,5	25,6	745,4	»	16,7	2,1
11	20,0	33,3	26,2	748,5	27,1	745,2	»	13,0	3,8
12	21,2	32,9	27,0	749,7	28,0	746,3	0,25	15,5	3,1
13	19,5	34,8	26,6	749,2	28,5	745,8	2,60	18,6	3,5
14	20,0	34,0	24,2	749,0	26,2	745,8	4,90	15,0	3,0
15	19,5	28,9	22,7	751,7	26,5	748,5	2,10	13,7	3,5
16	17,1	33,5	23,7	747,3	25,9	744,4	»	15,8	5,2
17	21,2	30,8	24,7	740,9	26,8	737,7	»	14,0	3,7
18	15,3	25,5	19,7	733,7	24,4	730,8	28,90	15,0	2,8
19	15,1	20,0	17,4	729,2	23,0	726,5	7,00	14,5	1,5
20	15,3	25,2	20,0	740,9	23,2	738,1	2,15	13,7	1,3
21	15,9	26,0	20,5	742,1	23,2	739,3	0,25	14,3	1,5
22	14,2	21,1	17,7	742,5	22,0	739,9	8,50	10,6	2,8
23	13,2	19,1	15,8	749,6	21,0	747,1	5,50	11,4	2,3
24	10,6	19,8	14,7	752,2	20,2	749,8	2,50	9,5	1,5
25	14,2	22,2	16,7	751,0	20,0	748,6	»	10,1	2,1
26	12,5	22,5	17,0	750,2	21,6	747,6	»	11,7	3,0
27	13,0	22,9	17,0	749,8	21,5	747,2	»	14,0	1,6
28	15,6	24,6	19,3	750,4	22,5	747,7	»	13,4	2,5
29	17,7	24,8	21,0	752,2	23,2	749,4	»	13,7	2,3
30	15,9	25,5	20,0	752,4	23,1	749,8	»	14,5	2,6
31	12,9	29,8	16,5	748,8	22,1	746,1	»	12,2	3,0
Moyennes	16,8	27,2	21,0			744,4	78,15	13,6	95,5

AOUT 1856.

Dates.	Vent supérieur.	Force.	Vent inférieur.	Force.	ÉTAT DU CIEL.
1	?	?	E	faible	Ciel pur, léger brouillard.
2	?	?	E	faible	Deux gr. Cum. à l'E. Ecl. le s. à l'O et à l'E.
3	E	faible	S	faible	Cirri partiels pomm. Tonnerre à 3 h. matin à 10 et 11 h. du soir.
4	N	faible	E	faible	Petits cumuli peu nombreux.
5	N	assez fort	N	assez fort	Ciel pur.
6	?	?	N E	assez fort	Ciel pur.
7	?	?	N E	modéré	Ciel pur.
8	?	?	E	faible	Cirri légers.
9	N O	modéré	E	faible	CumStr. se dissolv. et s'éclairc.
10	S	modéré	E	très faible	Ciel pur.
11	S	assez fort	S	assez fort	Ciel pur.
12	S O	faible	E	faible	Cumulo-stratus.
13	S	faible	S	modéré	Ciel ass. pur, légers CirCum. Tonn. le s.
14	S O	modéré	S	modéré	Débris de Cum. ou pommelur.
15	?	?	N E	modéré	Ciel ass. pur, légers cirri à l'E.
16	?	?	—	»	Ciel pur, brise calme.
17	S	modéré	S	modéré	CumStr. av. quelq. écl. Eclairs et tonnerre la nuit.
18	S O	faible	E	très faible	CumStr. avec quelq. écl. Tonn. vers midi.
19	S O	assez fort	S O	assez fort	Cumulo-stratus.
20	O	modéré	S O	modéré	Cirri ébouriffés.
21	S O	modéré	E	faible	CumStr. av. gr. écl. Tonnerre à 5 h. soir.
22	O	modéré	O	assez fort	CumStr. sup. à gr. écl. Cumuli infér.
23	N N O	modéré	N N O	assez fort	CumStr. avec lég. éclaircies.
24	N O	modéré	N O	assez fort	Cirri dirigés NO-SE.
25	N O	très faible	N	modéré	Cirro-stratus.
26	N O	faible	N O	très faible	CumStr. avec éclaircies.
27	O	modéré	E	faible	Reste de CumStr. à l'hor. N.
28	N	très faible	N	faible	Cumulo-stratus.
29	N	faible	E	faible	Cumulo-stratus.
30	N	faible	N	faible	Ciel assez pur.
31	?	?	E	faible	Ciel pur, léger brouillard.

SEPTEMBRE 1856.

Dates.	Température.			Baromètre brul.	Therm. du barom.	Baromètre à téro.	Pluie.	Point de rosée.	Evaporat.
	Minim.	Maxim.	à 9 h. m.						
	o	o	o	mil.	o	mil.		o	mil.
1	16,0	29,5	24,8	746,5	25,5	743,4	»	14,0	2,5
2	11,8	29,5	13,7	749,9	24,0	747,0	20,50	10,7	3,5
3	11,2	17,2	13,8	754,7	21,5	752,1	1,30	8,0	1,8
4	9,6	18,5	12,4	750,0	19,9	747,6	»	6,7	2,2
5	8,3	22,3	11,2	745,1	19,0	742,8	»	8,0	2,0
6	11,2	21,4	16,0	743,0	20,6	740,5	p	10,6	1,0
7	10,6	19,2	14,8	742,5	19,3	740,2	39,30	12,5	0,5
8	11,8	17,4	14,7	746,1	19,0	743,8	4,50	12,0	0,6
9	10,6	20,1	14,3	746,8	18,2	744,6	1,60	12,5	0,2
10	11,0	22,9	13,7	746,3	19,1	744,0	»	12,2	1,1
11	12,9	23,0	17,8	747,2	22,5	744,5	»	13,7	1,0
12	13,9	22,4	17,3	748,1	21,4	745,5	»	13,5	2,0
13	12,7	21,7	15,4	748,9	22,0	746,2	»	11,7	2,5
14	11,8	14,8	13,0	747,2	20,1	744,8	12,20	10,9	2,8
15	11,2	17,6	15,0	753,0	19,0	750,7	0,50	10,7	0,3
16	11,0	18,8	13,7	755,5	18,2	753,5	»	9,5	1,8
17	12,8	19,8	17,3	752,5	23,3	749,7	»	10,2	0,7
18	10,0	23,6	16,8	750,1	21,0	747,6	»	11,1	0,9
19	15,1	19,8	19,6	745,8	20,2	743,4	»	15,5	0,6
20	7,1	13,0	12,1	749,2	21,5	746,6	p	6,7	0,7
21	7,8	13,6	10,3	751,7	17,9	749,3	5,00	6,7	0,2
22	3,6	16,7	10,5	747,9	17,0	745,8	»	6,7	0,9
23	9,8	18,7	14,7	742,8	15,5	741,0	»	5,5	0,7
24	12,8	18,0	16,7	740,0	17,1	738,0	»	10,2	1,1
25	13,0	19,5	13,7	759,0	17,0	757,0	p	10,2	2,2
26	9,4	18,9	13,7	745,9	17,5	743,8	»	8,0	1,6
27	9,5	20,5	15,5	736,3	17,4	734,2	»	7,6	1,4
28	13,3	19,8	17,8	736,0	20,2	733,6	9,70	8,4	1,5
29	10,6	16,4	10,7	740,3	17,8	738,2	0,50	9,0	1,1
30	9,9	13,6	11,4	744,4	16,8	742,4	6,60	8,9	2,3
Moyennes	11,0	19,6	14,7			744,1	102,00	10,1	41,7

SEPTEMBRE 1856.

Dates.	Vent supérieur.	Force.	Vent inférieur.	Force.	ÉTAT DU CIEL.
1	S	modéré	S	assez fort	Cum. en col. dir. N-S. Tonn. et pluie le s.
2	S O	modéré	S O	assez fort	CumStr. faiblem. pluvieux.
3	N	modéré	N	assez fort	CumStr. se résolv. en Cum.
4	N	assez fort	N	assez fort	Ciel pur, quelq. pet. cumuli.
5	S	modéré	E	modéré	Portions de cumulo-stratus.
6	S O	faible	—	»	CumStr. faiblement pluvieux.
7	S	modéré	S	modéré	CumStr., Tonn. et pluie le s.
8	N O	assez fort	S	faible	Cumulo-stratus.
9	?	?	—	»	Ciel pur, léger Brouillard.
10	S E	faible	E	faible	Cirri dir. SE-NO. Brl. (800).
11	N	faible	N	faible	CumStr. se dissolv. au zénith.
12	N E	modéré	N E	faible	Pommelures dirigées NO-SE.
13	O	faible	E	très faible	Cirri pom. Tonn. après midi.
14	N O	fort	N O	fort	CumStr. tr. faibl. pluvieux.
15	N	fort	N	fort	CumStr. à petites éclaircies.
16	N N O	assez fort	N N O	assez fort	CumStr. avec nombr. éclairc.
17	N	fort	N	fort	Cirro-cumuli.
18	?	?	S O	faible	Cirri dirigés O-E.
19	O S O	modéré	S	modéré	Cumuli.
20	N	assez fort	N	assez fort	Cumuli.
21	N	assez fort	N	assez fort	Cumuli.
22	N	modéré	N	modéré	Légers cirri à l'est.
23	O S O	modéré	S O	faible	Stratus sup., cumuli infér.
24	S O	assez fort	S O	assez fort	CumStr. av. écl. Viol. raf. du S la nuit pass.
25	S O	faible	E	faible	Stratus avec trouée à l'O.
26	S	faible	E	faible	Ciel assez pur, CirCum. à l'E.
27	S	assez fort	S	assez fort	CumStr. sup., cumuli échevelé infér.
28	S	fort	S	fort	Grands cumuli allongés.
29	S	assez fort	E	faible	CumStr. faiblem. pluvieux.
30	?	?	—	»	Ciel assez pur, Brl. (800).

OCTOBRE 1856.

Dates.	Température			Baromètre brut.	Therm. du barom.	Baromètre à zéro.	Pluie.	Point de rosée.	Evaporat.
	Minim.	Maxim.	à 9 h. m.						
	°	°	°	mil.	°	mil.		°	mil.
1	9,3	15,5	12,0	744,5	16,5	742,5	p	8,0	0,6
2	9,4	14,4	12,0	744,9	15,6	743,0	6,90	8,7	0,2
3	5,9	18,6	8,7	750,6	14,9	748,8	»	7,5	0,9
4	9,5	20,5	14,6	749,4	16,5	747,4	»	11,0	0,1
5	12,6	21,0	16,7	749,5	19,2	747,2	»	11,5	0,9
6	10,6	21,6	15,5	748,0	18,8	746,7	»	11,5	1,0
7	13,0	17,2	1,63	747,9	18,6	745,7	0,25	11,5	1,0
8	13,2	22,4	15,5	750,3	18,4	748,1	0,60	11,5	0,7
9	14,0	20,8	16,8	750,0	19,2	747,7	13,10	14,5	1,0
10	13,8	19,8	17,0	750,6	19,5	748,2	»	12,8	0,5
11	12,0	18,6	15,6	748,9	19,0	746,6	5,00	12,5	0,1
12	11,9	17,6	16,5	753,3	18,7	751,0	3,90	12,5	2,8
13	10,4	16,0	12,8	752,7	17,2	750,6	»	11,6	1,6
14	11,7	18,0	13,0	748,1	17,0	746,0	»	10,7	0,7
15	8,8	16,9	10,5	748,9	16,4	746,9	2,10	10,5	0,6
16	8,8	13,6	11,6	752,6	15,9	750,6	p	7,0	0,8
17	10,0	13,6	11,5	752,6	15,5	750,7	0,25	8,0	0,4
18	8,4	12,4	10,7	753,4	15,1	751,6	»	7,7	1,2
19	9,5	12,5	11,5	750,4	15,8	748,5	»	8,2	0,7
20	5,9	15,6	6,9	751,1	14,4	749,4	»	6,5	0,6
21	5,9	14,5	7,7	753,6	14,3	751,9	»	7,6	0,4
22	7,2	10,8	9,4	757,9	13,1	756,3	»	8,2	0,3
23	7,0	10,1	8,8	757,2	12,3	755,7	»	7,5	0,1
24	6,4	9,9	8,5	756,1	12,0	754,6	»	6,1	0,1
25	5,9	10,8	8,6	754,0	11,1	752,7	»	5,8	0,1
26	3,5	11,5	5,6	756,1	12,9	754,5	p	5,4	0,5
27	4,3	11,2	4,7	755,6	12,2	754,1	»	4,7	0,0
28	4,2	9,2	6,7	755,6	11,2	754,2	»	5,0	0,5
29	3,9	9,5	5,9	754,7	11,1	753,4	»	5,2	0,3
30	5,5	7,4	4,7	755,5	10,3	754,0	»	4,6	0,2
31	3,5	7,4	4,4	754,5	9,6	753,3	»	4,4	0,5
Moyennes	8,5	14,8	11,0			750,1	52,40	8,6	20,4

OCTOBRE 1856.

Dates.	Vent supérieur.	Force.	Vent inférieur.	Force.	ÉTAT DU CIEL.
1	?	?	O	modéré	Stratus faiblement pluvieux.
2	S	faible	S	faible	CumStr. peu pluvieux.
3	?	?	E	faible	Ciel pur, brouillard (600).
4	SO	faible	E	faible	Légers cirri, léger Brl.
5	SO	faible	SO	faible	CumStr. léger avec éclairc.
6	O	faible	S	faible	CirCum., léger brouillard.
7	SSO	faible	E	faible	CumStr. faiblem. pluvieux.
8	SSO	modéré	E	faible	Cumuli pommelés.
9	SSO	faible	SSO	modéré	Cumulo-stratus.
10	SSO	modéré	SSO	modéré	Cumulo-stratus.
11	S	faible	E	modéré	Cumulo-stratus.
12	S	très faible	E	faible	CumStr. s'éclaircissant.
13	NNO	modéré	—	»	CumStr., brouillard (800).
14	S	fort	S	modéré	Cumulo-stratus.
15	—	»	—	»	Brouillard (600).
16	SO	faible	SO	modéré	Cumulo-stratus.
17	N	fort	N	fort	Grands cumuli nombreux.
18	NO	modéré	NO	faible	Cumulo-stratus.
19	O	modéré	NE	faible	Cumulo-stratus.
20	?	?	—	»	Brouillard (50).
21	?	?	E	faible	Brouillard (100).
22	?	?	S	faible	Brouillard (100).
23	?	?	S	faible	Brouillard (100).
24	?	?	E	faible	Brouillard (50).
25	S	faible	E	faible	Léger CumStr. à gr. éclairc.
26	?	?	—	»	Brouillard (100).
27	?	?	—	»	Brouillard (100).
28	S	modéré	S	modéré	CumStr. avec éclaircies.
29	?	?	E	modéré	Brouillard (600).
30	?	?	—	»	Brouillard (100).
31	?	?	—	»	Brouillard (100).

NOVEMBRE 1856.

Dates.	Température.			Baromètre brut.	Therm. du barom.	Baromètre à zéro.	Pluie.	Point de rosée.	Evaporat.
	Minim.	Maxim.	à 9 h. m.						
	°	°	°	mil.	°	mil.		°	mil.
1	1,8	7,5	2,7	755,4	9,5	754,2	»	1,6	0,5
2	1,8	5,7	2,2	754,8	9,8	753,6	»	1,0	0,0
3	1,3	3,5	2,2	752,0	8,0	751,0	»	1,0	0,7
4	1,4	3,7	2,7	751,8	8,7	750,8	»	0,2	0,6
5	1,2	3,9	2,7	751,3	6,0	750,6	»	-1,0	0,7
6	0,6	2,1	1,7	753,5	9,2	752,4	»	-0,5	0,9
7	-1,2	3,0	-0,7	756,7	7,0	755,8	»	-2,0	0,1
8	-0,6	2,7	2,0	754,5	6,3	753,7	»	-0,5	0,5
9	0,0	3,5	1,0	748,4	11,5	747,0	2,90ⁿ	-0,5	1,4
10	0,5	6,8	2,0	742,5	7,3	741,6	»	0,5	0,1
11	1,8	6,2	4,9	732,0	7,0	731,2	»	2,1	0,0
12	0,0	5,0	2,0	736,4	6,0	735,7	»	-1,0	0,0
13	1,1	3,1	2,6	739,9	7,3	739,0	6,50	0,3	0,7
14	0,5	5,0	2,0	747,8	8,0	746,8	2,50ⁿ	0,1	1,9
15	1,2	4,0	1,5	749,3	6,2	748,6	p	0,0	0,0
16	-1,2	1,9	1,5	751,1	9,2	750,0	0,50ⁿ	-0,8	0,5
17	-1,2	0,0	-0,7	754,3	7,0	753,5	n	-1,5	gelé.
18	-1,6	0,7	-1,5	750,3	5,0	749,7	»	-2,0	id.
19	-3,0	0,0	-2,5	750,4	5,5	750,0	»	-4,5	id.
20	-2,4	5,0	-0,5	750,2	3,0	749,8	»	-3,0	id.
21	0,0	6,3	6,0	747,7	3,5	747,3	13,50	2,7	dégel.
22	1,7	3,5	2,2	752,8	3,6	752,4	»	-0,5	0,0
23	-0,2	3,0	2,2	753,7	7,0	752,9	p	1,5	0,0
24	3,0	9,8	5,4	749,8	7,4	748,9	3,00	3,8	0,4
25	5,8	8,7	8,2	744,5	7,0	743,7	2,00	3,0	0,0
26	1,6	6,2	2,7	747,5	6,3	746,7	0,50	0,0	0,0
27	2,4	11,0	6,0	741,9	6,2	741,2	1,65	4,5	0,9
28	5,5	9,3	4,6	743,8	7,0	743,0	»	4,0	0,1
29	4,6	8,7	7,1	737,0	7,5	736,1	»	3,8	0,1
30	1,2	1,7	1,5	738,6	11,9	737,2	3,00	-3,0	gelé.
Moyennes	0,9	4,6	2,5			747,1	36,35	0,3	10,1

NOVEMBRE 1856.

Dates.	Vent supérieur.	Force.	Vent inférieur.	Force.	ÉTAT DU CIEL.
1	?	?	N E	modéré	Stratus uniforme.
2	O N O	modéré	O N O	modéré	Cumulo-stratus.
5	O N O	modéré	O N O	modéré	Str. avec longue éclaircie dir. ONO-ESE.
4	N	modéré	N	modéré	Cumulo-stratus.
5	N	assez fort	N	assez fort	Cumulo-stratus.
6	N	modéré	N	modéré	Cumulo-stratus, Brl. (800).
7	N	faible	N	faible	CumStr. léger avec nombr. éclaircies.
8	N	modéré	E	modéré	Stratus.
9	?	?	—	»	Brouillard (500), 1re neige.
10	?	?	E	modéré	Brouillard (400).
11	S	faible	E	faible	Cumulo-stratus.
12	N O	très faible	—	»	Brouillard (400)
15	N O	assez fort	N O	modéré	Brl. léger, CumStr., neige à midi.
14	O S O	faible	O S O	faible	CumStr., léger brouillard.
15	N	modéré	N O	assez fort	Ciel pur, Brouillard (800).
16	?	?	E	faible	Brl. (800), neige le matin.
17	?	?	E	modéré	Brouillard (800).
18	?	?	E	modéré	Brouillard (400).
19	N E	modéré	N E	modéré	Cumulo-stratus.
20	?	?	E	faible	Brouillard (500).
21	N E	modéré	N E	modéré	Cumulo-stratus.
22	N	faible	N E	faible	CumStr., Nord clair et pur.
25	?	?	E	faible	Brouillard (100).
24	?	?	?	?	Brl. (100), gelée blanche.
25	?	?	—	»	Brl. (50), gelée blanche.
26	?	?	E	faible	Brl. (600), gelée blanche.
27	N O	modéré	E	faible	CumStr., Brouillard (300).
28	?	?	E	faible	Brouillard (150).
29	O	très faible	O	très faible	CumStr. Le jour, vent sud assez fort.
30	N	modéré	N	modéré	CumStr. avec éclaircies.

DÉCEMBRE 1856.

Dates.	Température.			Baromètre brut.	Therm. du barom.	Baromètre à zéro.	Pluie.	Point de rosée.	Evaporat.
	Minim.	Maxim.	à 9 h. m.						
	°	°	°	mil.	°	mil.		°	mil.
1	-2,8	1,6	-2,4	739,3	5,6	738,6	»	-6,5	gelé.
2	-2,2	0,1	-2,0	743,9	4,2	743,4	11,00	-4,0	id.
3	-6,9	2,4	-6,6	748,5	3,8	748,0	n	-7,0	id.
4	-6,0	2,0	1,2	746,8	3,1	746,4	3,40	-1,0	dégel.
5	-0,6	8,7	0,7	749,3	4,3	748,8	»	-2,4	gelé.
6	1,2	12,5	8,4	748,9	6,0	748,2	»	4,0	dégel.
7	7,1	12,6	9,7	752,0	15,0	750,2	»	7,0	0,0
8	9,4	15,0	10,8	750,0	11,9	748,6	»	7,0	0,5
9	10,6	12,5	11,9	750,0	12,9	748,4	»	7,5	0,6
10	12,0	14,9	12,6	742,6	13,2	741,0	»	7,5	1,9
11	6,2	14,7	7,5	743,7	12,0	742,3	49,50	7,0	3,2
12	7,1	10,8	10,5	743,7	11,4	742,3	1,00	8,0	0,9
13	8,5	12,0	10,0	738,6	11,0	737,3	0,95	5,0	1,0
14	6,9	9,5	8,9	738,2	17,5	736,1	0,50	5,0	1,7
15	6,5	10,2	7,0	746,2	11,3	744,8	»	4,0	0,0
16	2,0	5,0	2,2	754,1	9,2	753,0	»	0,0	1,0
17	0,8	1,2	1,0	754,0	7,9	753,0	»	-1,0	1,0
18	-1,0	0,5	-0,4	750,0	6,2	749,3	»	-4,0	gelé.
19	-1,0	2,5	0,0	749,9	5,0	749,3	»	-3,8	id.
20	-0,3	1,5	1,2	757,9	5,2	757,3	»	-0,5	id.
21	0,0	1,3	1,2	760,3	6,8	759,3	»	-2,0	0,0
22	-2,0	-0,6	-2,0	754,0	5,2	753,4	»	-2,5	gelé.
23	-5,5	1,3	-1,7	747,3	4,2	746,8	n	-2,8	id.
24	-1,2	3,7	1,2	741,5	4,0	741,0	n	-0,5	id.
25	1,2	5,0	4,6	723,7	8,2	722,7	0,50	0,5	0,0
26	0,0	4,7	1,0	721,2	7,5	720,3	0,25	-1,0	0,0
27	0,0	2,5	1,5	730,1	9,5	729,0	»	-2,0	0,1
28	-0,2	3,7	2,0	738,5	12,0	737,1	»	-2,8	0,1
29	-1,2	0,6	-1,0	746,1	6,0	745,4	0,30	-5,5	gelé.
30	-2,4	0,0	0,0	755,3	4,6	754,7	n	-3,5	id.
31	-1,2	4,7	0,5	755,0	3,9	754,5	0,70	-2,2	id.
Moyennes	1,5	5,7	3,2			744,9	68,60	0,2	12,0

DÉCEMBRE 1856.

Dates.	Vent supérieur.	Force.	Vent inférieur.	Force.	ÉTAT DU CIEL.
1	N	fort	N	fort	Cumulo-stratus.
2	?	?	—	»	Stratus neigeux.
3	?	?	—	»	Brl. (500), 10 cent. neige.
4	N O	fort	N O	fort	Grands cumuli.
5	?	?	E	modéré	Brouillard (500).
6	?	?	S	modéré	Ciel pur, léger Brl., rosée abondante en dehors des vitres et sur les escaliers.
7	—	»	S	modéré	Ciel ass. pur, Cir. NE immob., rosée abond.
8	S	fort	S	fort	Cirri NS ébouriffés, tr. fortes raf. de S.
9	?	?	S	très fort	Cirri immob. dirigés NE-SO un peu ébour. tr. fortes raf. de sud la nuit passée.
10	S	assez fort	S	très fort	CumStr. violentes raf. la nuit passée.
11	S	modéré	S	modéré	Str. modérément pluvieux.
12	O	modéré	O	modéré	Cumulo-stratus.
13	S	modéré	O	faible	Légers cir. supér., portions de CumStr. à l'horizon.
14	N O	faible	N O	faible	Cumulo-stratus.
15	N	modéré	N	modéré	Deux couches de CumStr. av. ass. gr. écl.
16	N	assez fort	N	assez fort.	Ciel assez pur, gr. cumulus.
17	N O	modéré	N O	modéré	Cumulo-stratus.
18	N	général	N	général	Cumulo-stratus.
19	N	modéré	N	modéré	CumStr. av. écl. Brl. (100).
20	N	modéré	N	modéré	Stratus, léger brouillard.
21	?	?	S	faible	Stratus uniforme.
22	?	?	NE	modéré	Brouillard (200).
23	?	?	S	faible	Stratus uniforme.
24	?	?	E	modéré	Brl. (200), dans la journ. vent S gén.
25	S O	fort	S O	modéré	Cumulo-stratus.
26	O	faible	E	modéré	Grands cumuli.
27	O	faible	O	faible	CumStr. avec éclaircies.
28	O	modéré	O	modéré	CumStr. presque uniforme.
29	N	faible	N	fort	Cirri linéaires pol. NNE-SSO.
30	?	?	N O	modéré	Str., neige dans la journée.
31	?	?	E	faible	Brouillard (300).

JANVIER 1857.

Dates.	Température.			Baromètre brut.	Therm. du barom.	Baromètre à zéro.	Pluie.	Point de rosée.	Évaporat.
	Minim.	Maxim.	à 9 h. m.						
	°	°	°	mil.	°	mil.		°	mil.
1	0,0	6,1	4,3	755,0	5,0	754,4	»	0,5	0,0
2	2,4	5,6	3,0	750,0	6,0	749,3	p	0,2	0,2
3	1,2	8,7	2,5	745,6	5,5	745,0	»	2,0	0,0
4	2,4	8,7	5,4	739,3	8,0	738,3	0,25	5,0	0,3
5	2,9	5,6	4,7	736,4	9,0	735,3	18,10	2,8	0,8
6	0,5	1,5	0,7	740,0	7,2	739,1	2,50	0,0	0,8
7	0,0	1,0	0,7	745,7	5,8	745,0	p	-1,5	0,0
8	-1,5	-0,6	-1,2	752,6	4,5	752,0	n	-4,0	gelé.
9	-2,5	-1,0	-2,0	753,2	3,2	752,8	»	-5,5	id.
10	-2,8	5,8	-2,5	746,7	2,5	746,4	»	-5,3	id.
11	0,0	7,9	4,7	730,7	6,9	729,9	$0,25^n$	0,0	dégel.
12	4,7	6,4	4,7	752,7	5,7	752,0	3,90	1,0	0,0
13	1,2	4,0	3,0	723,3	5,4	722,7	5,00	0,5	1,9
14	2,0	2,5	2,0	739,7	5,0	739,1	2,50	-1,5	1,3
15	0,0	2,0	0,9	748,8	4,3	748,3	»	-3,0	gelé.
16	0,0	3,6	0,3	748,2	4,5	747,7	»	-1,5	id.
17	0,0	3,7	2,0	751,2	4,2	750,7	5,50	0,0	0,0
18	0,2	3,8	1,5	756,3	11,8	754,9	p	-3,5	gelé.
19	-2,2	2,5	-1,5	755,6	7,0	754,8	»	-2,8	id.
20	-1,2	6,0	0,6	747,1	5,1	746,5	2,00	0,2	id.
21	0,2	5,0	5,0	752,0	5,3	751,4	»	-2,0	0,0
22	1,2	4,1	3,6	736,3	5,0	735,7	5,80	0,6	0,2
23	1,6	5,0	2,1	738,8	5,0	738,2	»	0,5	0,9
24	0,6	1,9	1,6	728,7	5,0	728,1	»	-0,5	0,4
25	-0,8	5,7	-0,8	729,4	9,0	728,3	$0,25^n$	-0,8	0,0
26	-1,2	1,9	-0,3	731,8	6,7	731,0	n	-1,8	0,3
27	-1,0	0,6	0,0	736,1	6,0	735,4	n	3,5	gelé.
28	-1,5	-0,2	-1,0	737,4	4,3	736,9	n	-3,5	id.
29	-2,4	0,0	-1,0	740,0	3,3	739,6	$0,25^n$	-3,5	id.
30	-4,5	-3,7	-4,4	744,1	2,2	743,8	»	-7,0	id.
31	-7,3	-0,2	-6,3	742,3	2,0	742,1	»	-8,0	id.
Moyennes	-0,3	3,4	1,0			741,1	45,00	-1,3	6,8

JANVIER 1857.

Dates.	Vent supérieur.	Force.	Vent inférieur.	Force.	ÉTAT DU CIEL.
1	N	assez fort	N	assez fort	CumStr., s'éclairc. au zénith.
2	?	?	E	faible	Brouillard (150).
3	?	?	—	»	Brouillard (50).
4	O	faible	E	faible	CumStr. pommelé, à éclairc. Brl. (600), beau jour.
5	O	faible	E	faible	Cumulo-stratus.
6	N O	assez fort	N O	assez fort	Stratus faiblement neigeux.
7	N	fort	N	assez fort	Cumulo-stratus.
8	N O	assez fort	N O	assez fort	Cumulo-stratus.
9	N	fort	N	fort	Cumulo-stratus.
10	?	?	SE	modéré	Stratus, Brouillard (800).
11	O	modéré	S	modéré	CumStr., Neige, Brl. (800).
12	O	modéré	O	modéré	CumStr. avec éclaircie à l'O.
13	S	modéré	S	faible	CumStr. Brouillard (80).
14	N	assez fort	N	assez fort	Cumulo-stratus.
15	N	assez fort	N	assez fort	CumStr.à l'hor., ciel ass. pur.
16	N E	?	N E	modéré	Brouillard (500).
17	?	?	N	assez fort	Stratus uniforme.
18	N	modéré	N	fort	Cir. E-O au nord, belle journée.
19	?	?	N E	modéré	Brouillard (300).
20	?	?	N E	faible	Brouillard (300).
21	?	?	E	faible	Brouillard (500),
22	N	modéré	N E	faible	Cumulo-stratus.
23	O	faible	E	faible	Cumulo-stratus.
24	?	?	E	faible	Brl. (500), neige faible.
25	?	?	E	faible	Brl. (50), neige faible.
26	N	assez fort	N	assez fort	Cumulo-stratus.
27	N	modéré	N	assez fort	Stratus, Brouillard (800).
28	N	assez fort	N	assez fort	Stratus, Brouillard (600).
29	O	modéré	O	faible	CumStr.Brl. léger, 1 c. neige.
30	N	?	N	modéré	Ciel pur.
31	?	?	E	faible	Ciel pur, Brouillard (500).

FÉVRIER 1857.

Dates.	Température.			Baromètre brut.	Therm. du barom.	Baromètre à zéro.	Pluie.	Point de rosée.	Evaporat.
	Minim.	Maxim.	à 9 h. m.						
	°	°	°	mil.	°	mil.		°	mil.
1	-6,2	-0,5	-4,6	743,0	5,0	742,4	»	-7,0	gelé.
2	-4,3	0,0	-4,0	740,9	3,9	740,4	»	-6,0	id.
3	-3,9	1,0	-0,3	735,1	2,8	734,8	0,20	-5,0	id.
4	-1,3	-0,2	-1,0	741,7	2,5	741,4	3,50ᵐ	-4,8	id.
5	-5,5	0,0	-3,2	747,5	2,0	747,3	4,15	-7,2	id.
6	-4,0	0,0	-4,0	747,6	1,5	747,4	»	-6,4	id.
7	-10,2	-3,0	-9,5	746,6	2,3	746,3	»	-9,8	id.
8	-8,9	5,0	-8,3	745,0	2,5	744,7	»	-9,0	id.
9	-1,5	7,9	0,6	745,7	4,5	745,2	»	-7,0	id.
10	0,5	9,5	7,9	747,3	6,2	746,6	»	0,0	dégel.
11	5,9	11,2	7,9	750,0	7,0	749,2	»	1,5	id.
12	3,5	9,9	5,9	751,8	8,7	750,8	»	3,2	0,0
13	1,2	6,8	2,9	753,3	7,9	752,3	»	-2,4	0,9
14	-0,6	6,5	1,2	753,3	9,9	752,1	»	-2,0	0,8
15	-2,6	11,2	5,0	753,0	9,2	751,9	0,25	-0,5	gelé.
16	1,2	11,2	2,9	753,0	9,4	751,9	»	-0,2	0,0
17	2,5	11,2	5,2	751,5	9,5	750,4	»	2,8	0,2
18	4,9	12,4	6,9	752,7	9,3	751,6	»	2,0	0,4
19	3,0	11,8	4,4	753,7	9,9	752,5	»	2,5	0,6
20	1,3	10,9	2,8	753,5	10,0	752,3	»	2,0	0,8
21	4,8	9,5	4,5	755,2	9,6	734,0	p	2,5	0,0
22	1,2	7,4	3,5	756,7	12,0	755,2	p	3,2	0,4
23	-1,2	9,9	0,0	754,3	9,9	753,1	»	0,0	0,1
24	-0,3	6,2	-0,3	754,5	12,5	752,8	»	-0,3	0,9
25	-0,6	12,4	1,0	754,0	10,0	752,8	»	0,7	0,1
26	1,2	8,7	5,8	757,0	9,8	755,8	»	1,0	0,5
27	3,8	8,9	5,4	757,3	9,0	756,2	27,50	4,0	0,1
28	5,0	7,4	5,2	757,7	9,1	756,6	2,00	4,0	0,1
Moyennes	-0,5	6,9	1,6			749,5	37,80	1,4	5,9

FÉVRIER 1857.

Dates.	Vent supérieur.	Force.	Vent inférieur.	Force.	ÉTAT DU CIEL.
1	N	faible	N	faible	Cirri irréguliers, Brl. (500).
2	?	?	N E	faible	Cirri E-O, Brouillard (800).
3	O S O	faible	S	modéré	CumStr., Brouillard (600).
4	NE	modéré	NE	modéré	Ciel pur, Neige 4 centim.
5	N	assez fort	N	assez fort	Ciel assez pur.
6	N N E	modéré	N N E	assez fort	CumStr. avec éclaircies.
7	?	?	N E	modéré	Brouillard (500).
8	?	?	E	faible	Brouillard (200).
9	N	?	N	modéré	Ciel pur.
10	S	faible	S	fort	Portions de Cum-Str., rafales de sud la nuit passée.
11	O	faible	S O	très fort	Cirri épais ébouriffés, rafales de SO la nuit passée.
12	N	faible	N	faible	CumStr. avec éclaircies.
13	N	modéré	N	modéré	Ciel pur.
14	?	?	E	faible	Ciel pur, Brouilllard (800).
15	?	?	N E	faible	Ciel assez pur.
16	?	?	E	modéré	Légers cirri épars.
17	S	faible	S	faible	Cirri polaires N-S pommelés.
18	S	faible	S	faible	CumStr. avec éclaircies.
19	?	?	E	faible	Ciel assez pur, belle journée chaude.
20	S	faible	E	modéré	Débris de cumulo-stratus.
21	S	faible	E	faible	Cumulo-stratus.
22	?	?	E	faible	Brouillard (600).
23	?	?	?	?	Brl. (100), à midi, ciel pur, calme.
24	?	?	—	»	Brl. (200), belle journée.
25	?	?	E	faible	Brl.(200), l'ap.-midi, ciel pur.
26	?	?	E	faible	Stratus, Brl. (600).
27	?	?	S E	modéré	Stratus faiblem. pluvieux.
28	N	modéré	N E	modéré	Cumulo-stratus.

MARS 1857.

Dates.	Température.			Baromètre brut.	Therm. du barom.	Baromètre à zéro.	Pluie.	Point de rosée.	Evaporat.
	Minim.	Maxim.	à 9 h. m.						
	o	o	o	mil.	o	mil.		o	mil.
1	1,2	7,2	4,8	755,4	8,9	754,3	»	4,2	0,5
2	0,0	9,0	0,2	754,7	7,9	753,7	»	0,8	0,8
3	0,2	13,6	1,1	754,0	8,1	753,0	»	1,1	0,3
4	1,2	12,4	3,5	753,0	9,0	751,9	»	1,2	0,5
5	2,4	7,4	6,1	752,1	9,7	750,9	»	1,5	0,3
6	0,0	9,9	2,0	753,3	9,3	752,2	»	-3,0	1,2
7	2,1	10,8	3,5	748,5	10,0	747,3	»	0,0	1,0
8	2,8	12,6	4,1	740,8	11,0	739,5	»	3,0	1,0
9	1,4	11,4	3,4	739,6	10,6	738,3	p	-1,0	1,2
10	-0,5	11,8	0,8	741,7	8,5	740,7	0,95	-2,3	gelé.
11	-3,5	-0,5	-2,5	742,8	7,6	741,9	3,00	-7,5	id.
12	-5,5	2,2	-3,0	746,4	6,4	745,6	»	-9,0	id.
13	-3,5	3,8	-2,0	747,8	6,5	747,0	»	-8,0	id.
14	-2,4	11,0	3,2	743,6	10,0	742,4	»	-3,6	dégel.
15	2,5	18,5	10,9	745,2	11,0	743,9	0,50	3,5	0,0
16	7,8	18,7	11,0	750,0	13,2	748,4	»	4,5	1,0
17	5,9	17,3	9,0	746,5	12,9	744,8	»	6,1	1,1
18	7,1	13,6	9,3	744,1	13,5	742,5	»	6,6	1,2
19	7,6	16,5	10,6	746,2	13,1	744,6	»	6,7	0,7
20	8,8	16,9	10,2	744,6	13,5	743,0	»	7,0	1,5
21	4,7	11,0	7,0	739,4	13,6	737,8	0,25	6,0	1,0
22	1,5	7,3	3,0	740,7	13,7	738,8	1,10	2,5	0,8
23	3,5	12,4	5,9	740,5	12,4	739,0	p	4,5	0,0
24	1,5	12,5	7,2	759,0	12,8	757,5	»	2,0	1,5
25	5,9	13,0	8,9	737,6	13,5	736,0	2,00	6,5	0,5
26	0,0	12,5	4,7	739,7	11,3	738,4	2,20	1,7	0,7
27	2,4	11,7	6,9	744,7	10,9	743,4	»	1,8	1,3
28	4,1	14,3	9,0	746,9	11,6	745,5	»	2,0	1,5
29	3,5	16,7	8,3	743,3	15,3	741,5	»	0,0	1,2
30	8,3	14,5	11,1	738,9	14,8	737,1	p	5,8	1,9
31	6,7	14,9	13,0	754,6	14,2	732,9	0,25	7,0	0,5
Moyennes	3,1	11,8	5,5			744,1	10,55	1,7	23,0

MARS 1857.

Dates.	Vent supérieur.	Force.	Vent inférieur.	Force.	ÉTAT DU CIEL.
1	?	?	E	faible	Brouillard (200).
2	?	?	N E	faible	Brl. (50). Dans la journée, ciel pur.
3	?	?	—	»	Brl. (50). Dans le bas de la ville à 2 h. s. vent N assez fort.
4	?	?	E	faible	Ciel pur.
5	N	assez fort	N	assez fort	CumStr. bien éclairci au N.
6	N	modéré	N	modéré	CumStr. pomm. à éclairc., beau jour.
7	S O	faible	S O	faible	Légers cirri dirigés SO-NE.
8	S O	faible	S O	faible	Cir. ép., devenant un CumStr. vers 2 h. s.
9	N	modéré	N	assez fort	Cum. grands et nombr. 2 gib.
10	N O	assez fort	N O	assez fort	Str. neig. modér., giboulée.
11	N	fort	N	fort	Ciel pur, rafales de N.
12	N	fort	N	fort	Ciel pur.
13	N	modéré	E	modéré	Lég. cir. linéaires NNO-SSE.
14	?	?	S	modéré	Str., Brl. (800), pluie légère, rafales du sud le soir.
15	O	modéré	S	assez fort	Légers cirri, rosée.
16	N	faible	N	modéré	CumStr. avec éclaircies.
17	?	?	E	faible	Stratus, belle journée.
18	S	faible	S	faible	Cumulo-stratus.
19	S	faible	S	faible	Léger cumulo-stratus.
20	S E	très faible	N E	faible	Cirri épars pommelés.
21	S	modéré	E	faible	Str. très faiblement pluvieux.
22	N E	faible	N E	faible	Stratus.
23	?	?	N E	modéré	Brouillard (600).
24	S O	modéré	N	modéré	Cumulo-stratus.
25	?	?	E	faible	Brouillard (600).
26	?	?	E	faible	Brouillard (600).
27	N	assez fort	N	modéré	Cumuli.
28	?	?	N E	assez fort	Ciel pur.
29	?	?	E	faible	Ciel ass. pur, Cir. linéaires SE-NO.
30	O S O	faible	O S O	modéré	Cumulo-stratus.
31	O	faible	O	modéré	Cumulo-stratus avec grandes déchirures ou éclaircies.

AVRIL 1857.

Dates.	Température.			Baromètre brut.	Therm. du barom.	Baromètre à zéro.	Pluie.	Point de rosée.	Evaporat.
	Minin.	Maxim.	à 9 h. m.						
	o	o	o	mil.	o	mil.	mil.	o	mil.
1	7,1	13,0	10,0	759,6	13,0	758,1	11,50	5,2	1,0
2	6,1	13,6	9,1	757,4	12,5	755,9	12,00	6,8	0,1
3	6,1	14,9	10,5	741,2	12,9	759,7	p	6,2	0,9
4	3,5	17,6	8,0	746,0	15,3	744,4	»	5,0	1,3
5	7,1	18,6	13,9	742,2	16,6	740,2	»	6,1	1,1
6	8,3	17,1	12,9	741,4	13,5	759,6	»	5,5	2,5
7	8,0	16,4	11,9	747,4	13,2	745,6	p	9,1	0,3
8	7,9	18,3	12,5	747,5	15,1	745,7	»	7,5	2,3
9	8,3	17,4	14,4	740,9	16,1	759,0	»	8,0	1,4
10	5,9	10,5	9,4	758,4	15,2	756,6	14,20	7,5	0,0
11	6,0	16,1	12,7	737,2	14,1	735,5	14,90	6,5	0,9
12	5,3	12,6	8,0	741,5	14,6	759,8	»	2,2	1,7
13	4,1	11,2	9,4	734,4	13,2	732,8	3,70	4,2	1,4
14	2,4	11,4	7,0	735,6	11,6	754,2	1,10	0,5	1,6
15	5,7	13,5	9,0	742,1	11,3	740,8	p	2,6	1,1
16	2,7	13,7	7,5	747,9	12,0	746,5	»	1,8	1,3
17	2,9	16,7	11,0	750,2	12,7	748,7	»	2,6	1,5
18	5,9	21,7	11,9	747,6	14,3	745,9	»	5,7	1,5
19	5,9	22,9	15,8	749,8	19,2	747,5	»	3,5	1,7
20	7,1	23,2	15,0	752,6	17,5	750,5	»	6,5	1,8
21	9,7	15,6	15,9	752,2	18,4	750,0	»	8,0	2,4
22	7,3	13,6	9,8	749,6	16,4	747,6	3,60	5,0	1,7
23	6,5	11,9	10,0	742,2	15,6	740,3	6,60	7,0	1,7
24	3,0	7,4	5,0	742,6	13,4	741,0	2,70	0,0	2,8
25	1,8	9,5	4,5	758,6	13,1	737,0	»	0,0	1,1
26	1,2	9,9	6,0	731,8	16,1	729,9	»	-0,5	2,0
27	2,2	8,7	5,3	758,1	13,0	736,6	»	-1,0	2,1
28	3,5	8,4	5,7	740,8	13,2	759,2	»	-0,6	2,1
29	3,6	9,9	6,3	742,1	11,6	740,7	»	-1,0	2,1
30	4,7	11,8	7,9	742,5	11,5	741,1	»	0,0	2,1
Moyennes	5,3	14,2	9,9			741,0	70,60	4,0	44,5

AVRIL 1857.

Dates.	Vent supérieur.	Force.	Vent inférieur.	Force.	ÉTAT DU CIEL.
1	NO	modéré	NO	assez fort	Immenses cumuli.
2	O	faible	O	faible	Cumulo-stratus.
3	N	faible	S	faible	Cumulo-stratus.
4	?	?	E	faible	Ciel pur, à 7 h. s. Halo lunaire blanc.
5	O	modéré	S	assez fort	Cirri pommelés linéaires dirigés O-E. Rafales de sud.
6	?	?	S	fort	Str. uniforme. Rafales de sud.
7	E	faible	E	faible	CumStr. avec éclaircies.
8	N	modéré	N	modéré	Grands cumuli.
9	SO	modéré	SO	assez fort	CumStr., le soir violentes rafales du sud.
10	S	faible	S	faible	Str. faibl. pluv. Raf. de sud.
11	S	assez fort	S	modéré	CumStr. avec éclaircie au zén.
12	S	modéré	N	modéré	Brise N modérée. Cirri supér. épais et ébouriffés. Cum. infér. à l'E. et à l'O.
13	SO	faible	SO	modéré	CumStr. faiblem. pluvieux.
14	SO	assez fort	SO	assez fort	CumStr. avec éclaircies.
15	SO	modéré	SO	assez fort	Cirri ébouriffés.
16	S	faible	E	modéré	Cirri floconneux.
17	?	?	N	modéré	Ciel ass. pur, léger cirrus au NE.
18	S	modéré	—	»	Ciel pur, Brl. (800), beau jour.
19	?	?	?	?	Ciel pur, calme, belle journée.
20	?	?	E	faible	Ciel très pur.
21	NNO	modéré	NNO	assez fort	Cumulo-stratus.
22	N	assez fort	N	assez fort	Grands cumuli.
23	ONO	assez fort	ONO	modéré	Cumulo-stratus.
24	N	assez fort	N	assez fort	Grands cumuli agglomérés.
25	N	assez fort	N	assez fort	Gr. Cum., gelée bl. dans les bas fonds.
26	NE	assez fort	NE	assez fort	Cirri supérieurs alignés O-E, Cum. infér., Halo solaire.
27	N	assez fort	N	assez fort	Cumulo-stratus.
28	N	fort	N	fort	Cumulo-stratus.
29	NE	assez fort	NE	assez fort	Cumulo-stratus.
30	SSE	faible	N	assez fort	CumStr. sup. avec éclaircies, légers Cum. très infér.

MAI 1857.

Dates.	Température.			Baromètre brut.	Therm. du barom.	Baromètre à zéro.	Pluie.	Point de rosée.	Évaporat.
	Minim.	Maxim.	à 9 h. m.						
	o	o	o	mil.	o	mil.		o	mil.
1	4,9	10,0	7,0	745,7	11,0	744,4	»	2,0	1,0
2	3,6	13,6	7,5	746,8	10,4	745,5	8,00	4,0	1,5
3	2,6	17,3	11,9	745,9	11,6	744,5	»	5,1	1,5
4	7,7	14,9	10,9	742,4	11,6	741,0	p	7,8	1,8
5	8,3	17,4	11,8	744,7	13,2	743,1	p	2,8	2,0
6	6,5	17,4	9,9	746,0	14,1	744,3	»	1,6	3,0
7	7,0	20,7	10,8	745,8	15,5	744,0	»	2,5	2,2
8	8,5	21,3	15,4	743,9	16,8	741,9	»	6,1	1,9
9	11,8	20,5	16,9	742,5	17,5	740,4	p	8,6	2,0
10	10,6	21,0	18,0	740,4	19,0	738,1	0,50	8,0	1,1
11	11,8	20,8	16,9	741,4	17,7	739,3	»	8,5	1,9
12	8,3	20,1	12,3	749,4	16,9	747,3	4,50	7,4	1,5
13	10,0	23,3	15,3	748,6	17,2	746,5	»	9,0	1,6
14	10,5	26,7	17,3	745,5	18,8	743,2	»	10,5	2,0
15	11,8	28,5	18,4	748,7	20,4	746,2	»	11,5	2,2
16	12,0	27,9	18,8	752,5	20,0	750,1	»	11,8	1,9
17	13,2	27,3	22,5	750,5	22,6	747,6	p	11,7	2,1
18	15,3	27,2	20,3	749,4	23,0	746,6	»	12,5	3,6
19	15,0	27,4	19,0	749,4	22,9	746,6	»	13,2	3,5
20	13,6	26,5	21,2	748,4	24,0	745,5	»	13,4	3,2
21	13,2	28,5	21,5	746,2	23,0	743,4	»	8,8	2,8
22	14,0	28,5	21,5	744,9	23,8	742,0	»	10,0	2,5
23	13,8	18,5	18,5	739,2	23,0	736,5	p	10,6	3,5
24	10,6	19,5	15,6	739,8	20,3	737,4	10,50	10,6	0,5
25	9,5	18,6	16,0	737,6	20,0	735,2	p	9,4	1,5
26	9,4	13,6	12,6	739,6	18,0	737,5	59,20	9,4	0,2
27	8,3	21,1	16,0	743,8	18,0	741,6	p	9,2	1,9
28	9,4	21,8	17,7	744,4	19,1	739,1	»	9,6	2,2
29	11,5	18,3	15,8	743,4	19,0	741,1	1,20	11,0	1,1
30	11,3	19,1	14,5	746,3	18,2	744,1	0,80	10,1	0,3
31	12,0	19,6	15,2	745,7	18,3	743,5	»	9,2	2,1
Moyennes	10,1	21,3	15,7			742,8	85,40	8,6	59,9

MAI 1857.

Dates.	Vent supérieur.	Force.	Vent inférieur.	Force.	ÉTAT DU CIEL.
1	?	?	S O	modéré	CumStr. très légèr. pluvieux.
2	S O	faible	S O	faible	Cumulo-stratus.
3	N	faible	S	faible	Ciel pur, lég. Brl. à l'horizon.
4	S	faible	N	faible	CumStr. faibl. pluvieux.
5	N	faible	N	assez fort.	Cirri pommelé, point du vent très clair (N).
6	—	»	N	modéré	Légers cirri immobiles.
7	—	»	E	faible	Cumuli immobiles.
8	—	»	S	faible	Légers cirri immobiles.
9	S	faible	S	faible	CumStr. rafales de S le jour.
10	O	très faible	S O	assez fort	Cirri sup., cumuli inférieurs.
11	S S O	modéré	S S O	assez fort	CumStr. avec gr. écl. à l'O.
12	N O	modéré	N E	modéré	Cumulo-stratus.
13	N	très faible	E	assez fort	Cumuli rares.
14	?	?	E	faible	Ciel pur.
15	S	?	E	faible	Ciel pur, belle et chaude journée.
16	?	?	E	faible	Ciel pur, à 2 h. 1/2 s., Ton. vers Ternay.
17	N	faible	N	faible	Cirri ébouriffés.
18	?	?	E	faible	Ciel pur.
19	?	?	E	faible	Ciel pur.
20	?	?	E	faible	Ciel pur.
21	S	fort	S	fort	Ciel pur, raf. viol. de S à SO.
22	S O	faible	S O	faible	Cirri légers.
23	S	faible	S	modéré	CumStr. faibl. pluvieux.
24	N	modéré	N	faible	Cumulo-stratus.
25	S	assez fort	S	modéré	CumStr. éb. à gr. éclaircies.
26	N	faible	N	modéré	Cumulo-stratus.
27	?	?	E	faible	Ciel pur, léger brouillard.
28	S	faible	S	assez fort	Cirri.
29	?	?	S	faible	Stratus faiblement pluvieux.
30	N N O	modéré	N N O	modéré	Cumulo-stratus.
31	N	modéré	N	modéré	CumStr. à gr. éclaircies.

JUIN 1857.

Dates.	Température.			Baromètre brut.	Therm. du barom.	Baromètre à zéro.	Pluie.	Point de rosée.	Evaporat.
	Minim.	Maxim.	à 9 h. m.						
	o	o	o	mil.	o	mil.		o	mil.
1	13,5	17,4	15,2	744,5	17,9	742,4	p	9,4	2,0
2	9,2	18,8	15,6	744,9	18,5	742,7	»	9,0	2,7
3	10,7	23,4	17,2	749,0	20,1	746,8	1,40	9,3	3,1
4	11,8	24,2	17,9	749,8	20,0	747,4	»	10,5	2,9
5	13,6	27,4	19,0	750,9	20,9	748,4	»	11,5	3,1
6	14,2	32,2	22,0	751,7	22,1	749,0	»	10,8	2,9
7	15,3	32,1	24,0	749,6	23,3	746,8	»	9,8	3,4
8	12,0	18,2	15,0	749,0	24,0	746,1	0,50	11,2	3,2
9	10,6	17,6	14,3	748,2	21,1	745,7	30,60	10,5	1,2
10	10,6	19,2	16,2	744,4	20,7	741,9	1,50	10,6	1,8
11	11,5	19,5	14,8	748,5	19,7	746,1	6,30	8,3	1,3
12	11,2	18,6	15,5	752,3	19,5	750,0	p	10,0	3,0
13	11,8	18,8	14,4	750,9	19,0	748,6	1,00	10,0	2,0
14	8,3	20,1	15,5	747,6	19,6	745,2	»	6,2	3,6
15	10,6	21,7	19,5	742,9	20,6	740,4	»	6,1	2,9
16	11,2	22,9	17,8	744,1	20,6	741,6	2,50	8,1	1,2
17	13,1	26,8	20,2	746,2	21,2	743,7	8,10	12,4	0,9
18	15,0	25,1	25,6	746,5	23,5	743,7	p	14,1	1,5
19	14,5	26,0	22,9	747,5	23,2	744,7	»	14,7	1,8
20	18,9	29,6	24,0	748,3	24,8	745,3	»	15,0	2,1
21	15,3	26,1	19,5	750,3	23,7	747,4	»	12,0	1,9
22	15,0	22,9	18,2	749,0	23,7	746,1	»	13,5	1,2
23	15,6	27,3	19,5	749,1	23,6	746,2	6,50	14,7	3,7
24	14,2	26,5	19,5	750,0	23,2	747,2	»	8,8	4,5
25	14,0	28,0	18,9	753,4	23,1	750,6	»	13,7	3,0
26	15,3	29,1	20,2	754,3	23,5	751,4	»	12,8	3,6
27	16,5	31,6	22,0	751,6	24,5	748,7	»	13,5	4,1
28	15,3	33,5	26,0	749,4	26,0	746,3	»	11,3	4,3
29	16,4	27,9	24,8	747,1	25,9	744,0	»	7,5	5,0
30	14,5	23,6	18,2	742,5	24,0	739,6	0,50	12,0	5,2
Moyennes	15,2	24,5	19,0			745,8	59,20	10,9	81,1

JUIN 1857.

Dates.	Vent supérieur.	Force.	Vent inférieur.	Force.	ÉTAT DU CIEL.
1	N	assez fort	N	assez fort	CumStr. avec quelq. éclairc.
2	N N E	modéré	N N E	modéré	Cirri légers N-S, CirCum. à l'E.
3	N	modéré	N	modéré	Grands cumuli nombreux.
4	?	?	E	faible	Cirri légers SO-NE.
5	?	?	E	faible	Ciel très pur.
6	?	?	E	faible	Tr. lég. Cir. SO-NE. Belle et chaude journ.
7	N	faible	S	assez fort	Cirri N-S un peu ébouriffés.
8	S	faible	S	faible	CumStr. faiblem. pluvieux.
9	—	»	N O	modéré	Cumulo-stratus immobiles.
10	N O	faible	S	modéré	CumStr. sup. avec écl., Cum. inf. à l'O. A 2 h. soir orage, tonnerre par SO.
11	N	assez fort	N	assez fort	Grands cumuli.
12	N O	faible	N O	assez fort	Cumulo-stratus.
13	N	assez fort	N	assez fort	Ciel pur, cumuli à l'horizon.
14	N	assez fort	N	assez fort	Ciel pur, léger cirrus N-S.
15	N N O	faible	S O	assez fort	CirCum. Rafales de SO.
16	S O	faible	S O	modéré	CumStr. avec éclaircies.
17	S E	très faible	S E	très faible	Cirro-cumulus.
18	E	assez fort	S S O	modéré	Cum. sup., CumStr. infér. à grandes éclaircies.
19	S	très faible	S	faible	Cirri épais ébouriffés.
20	S	faible	S	modéré	Débris de cumulo-stratus.
21	S S O	faible	S S O	faible	CumStr. naissant au zénith.
22	N	assez fort	N	faible	CirStr. sup. avec éclaircies, grands cumuli inférieurs.
23	N	assez fort	N	modéré	Grands cumuli.
24	?	?	E	faible	Ciel pur.
25	O	modéré	N	modéré	Ciel pur, cumuli à l'horizon.
26	?	?	N E	modéré	Ciel pur.
27	?	?	E	faible	Ciel pur, léger brouillard.
28	?	?	S	faible	Ciel pur.
29	S O	faible	S O	assez fort	Cirri éb. en sillons perp. au SO.
30	S S O	faible	S S O	faible	CumStr. avec légères éclairc.

JUILLET 1857.

Dates.	Température.			Baromètre brut.	Therm. du barom.	Baromètre à zéro.	Pluie.	Point de rosée.	Evaporat.
	Minim.	Maxim.	à 9 h. m.						
	o	o	o	mil.	o	mil.		o	mil.
1	12,9	24,8	14,0	744,9	22,5	742,2	13,50	14,0	4,2
2	13,0	23,6	19,5	747,0	22,5	744,3	0,25	10,3	2,6
3	13,0	22,3	19,0	748,3	21,9	745,7	3,20	13,0	0,4
4	11,8	29,3	20,5	749,7	21,9	747,1	»	14,0	2,8
5	14,4	32,0	25,5	748,2	23,9	745,3	»	13,5	3,0
6	18,9	29,8	24,0	746,5	24,5	743,5	»	9,7	3,2
7	14,4	22,5	18,7	748,6	22,6	745,9	15,80	12,0	2,8
8	11,8	21,1	17,0	748,3	22,1	745,6	»	9,6	4,1
9	11,6	22,4	18,6	748,6	21,5	746,0	»	7,8	5,9
10	11,6	24,8	18,0	747,1	21,7	744,5	»	9,0	4,0
11	16,4	26,1	19,1	750,9	22,9	748,4	»	9,6	3,3
12	15,3	27,3	21,0	754,9	23,3	752,1	»	10,2	4,8
13	16,6	30,2	20,7	755,3	24,5	752,3	»	12,0	5,0
14	16,5	33,5	23,2	755,5	25,2	752,4	»	15,0	4,1
15	17,7	33,9	25,0	753,6	26,0	750,4	»	12,2	4,0
16	18,9	33,8	26,1	750,9	27,7	747,6	»	12,2	4,2
17	17,9	29,5	25,1	751,5	27,5	748,2	»	14,0	4,5
18	17,7	29,0	22,5	753,5	26,0	750,3	»	13,5	3,9
19	18,5	31,2	23,5	753,1	26,7	750,9	»	13,5	4,0
20	16,5	33,2	21,9	752,4	26,5	749,2	»	13,7	4,6
21	20,1	30,0	28,0	751,6	28,2	748,2	»	14,5	3,5
22	20,1	31,0	23,5	752,2	27,4	748,9	»	13,0	4,0
23	18,3	24,8	19,3	750,5	26,1	747,3	»	14,0	5,0
24	17,5	30,0	21,8	749,0	26,4	745,8	»	12,5	4,6
25	16,5	33,5	26,0	748,8	25,7	745,7	»	13,5	4,3
26	18,9	34,5	27,0	750,7	28,0	747,3	»	13,6	4,7
27	19,5	34,5	24,3	750,8	28,0	747,4	0,25	15,6	4,4
28	20,3	33,5	27,0	749,1	29,0	745,6	»	16,7	3,6
29	20,8	33,5	25,0	751,7	28,1	748,3	»	14,5	4,7
30	18,9	30,0	22,2	750,9	27,6	747,6	0,25	17,1	3,8
31	18,5	27,5	21,5	751,9	27,4	748,6	p	11,5	3,1
Moyennes	16,6	29,1	22,1			747,5	33,35	12,8	121,1

JUILLET 1857.

Dates.	Vent supérieur.	Force.	Vent inférieur.	Force.	ÉTAT DU CIEL.
1	?	?	—	»	Brouillard (100), calme.
2	SO	faible	SO	faible	CumStr. part. à gr. éclaircies.
3	NNO	assez fort	NNO	modéré	Gros cumuli entassés.
4	O	très faible	E	faible	Cir. épais pom. se dissipant.
5	?	?	S	assez fort	Ciel pur.
6	SO	faible	SO	faible	Cirri irréguliers. De 7 h. 1/2 à 8 h. s., grain orag., ton.
7	NO	modéré	NO	assez fort	Cumuli moyens.
8	NO	modéré	NO	modéré	Cir.E-0 av. hach.N-S.Cum.inf.peu nomb.
9	NO	modéré	NO	modéré	Grand Cumulus.
10	O	faible	NE	faible	Cirri dirigés E-O.
11	NO	faible	NO	faible	Cumulo-stratus.
12	N	fort	N	modéré	Ciel pur, Cumuli à l'ouest.
13	NO	faible	NO	faible	Ciel pur.
14	?	?	S	faible	Ciel pur, lég. Brl., belle journée.
15	?	?	S	faible	Ciel pur.
16	S	fort	S	assez fort	Ciel pur.
17	N	assez fort	E	faible	Légers cirri E-O.
18	N	modéré	N	modéré	Légers cirri, journée chaude.
19	?	?	E	assez fort	Ciel pur.
20	?	?	S	faible	Ciel pur.
21	?	?	S	modéré	Cir. immob. ébourif., tonner. à 4 h. s. Halo solaire à 9 h. m.
22	?	?	N	faible	Ciel pur.
23	N	faible	N	modéré	Cum. à gr. éclairc. à l'ouest.
24	N	assez fort	N	modéré	Ciel pur.
25	?	?	S	faible	Ciel pur.
26	?	?	N	faible	Ciel pur à 7 h. s., Ton., pl., vent.
27	?	?	E	faible	Ciel pur.
28	O	faible	S	faible	Cir. pom. épais dev. CumStr.
29	?	?	N	faible	Ciel pur.
30	SO	faible	SO	faible	CumStr., Tonnerres à 9 h.
31	N	fort	N	fort	Ciel pur.

AOUT 1857.

Dates.	Température.			Baromètre brut.	Therm. du barom.	Baromètre à zéro.	Pluie.	Point de rosée.	Evaporat.
	Minim.	Maxim.	à 9 h. m.						
	°	°	°	mil.	°	mil.		°	mil.
1	18,7	30,6	23,0	751,1	27,0	747,8	»	13,0	4,4
2	17,7	32,5	24,5	751,2	28,0	747,8	»	14,4	4,9
3	20,1	35,3	26,6	751,0	28,0	747,6	»	14,0	4,2
4	21,0	35,3	28,0	750,8	29,7	747,2	»	13,5	4,8
5	21,2	34,1	26,6	747,6	29,8	744,0	»	13,2	4,9
6	17,1	25,0	20,3	746,2	26,1	743,1	0,50	15,0	4,4
7	13,8	25,7	20,0	745,9	24,5	743,0	13,50	13,0	2,0
8	13,2	22,5	17,5	747,0	23,0	744,2	p	10,6	3,6
9	13,0	22,8	18,9	746,8	22,6	744,1	»	9,1	3,7
10	13,2	23,5	18,0	748,9	22,3	746,2	»	8,5	3,5
11	15,8	26,0	22,0	748,8	23,4	746,0	»	11,7	4,5
12	16,5	29,5	20,8	749,0	23,8	746,1	»	12,5	3,4
13	17,0	32,0	23,0	747,5	25,0	744,5	»	12,6	4,0
14	18,9	25,9	26,1	744,5	27,2	741,2	»	17,0	3,5
15	16,5	25,1	17,4	744,3	23,0	741,5	5,10	14,0	2,9
16	12,3	17,4	15,0	742,5	21,9	739,9	30,00	10,1	1,7
17	11,8	18,8	14,9	743,5	21,1	741,0	10,00	10,0	2,0
18	13,2	21,9	17,8	746,4	20,0	743,7	»	13,5	1,6
19	14,2	19,8	18,0	748,2	21,6	745,6	»	12,0	2,1
20	13,0	22,5	17,0	747,0	21,4	744,4	»	11,0	2,5
21	14,2	24,2	21,2	747,7	23,0	745,0	35,00	13,1	3,1
22	14,4	29,8	22,0	746,7	24,0	743,8	»	14,0	3,5
23	17,1	28,5	22,0	744,0	23,2	741,2	»	15,8	2,2
24	16,5	23,6	22,0	743,7	23,7	740,9	p	17,0	0,3
25	16,1	23,3	19,4	750,7	23,0	747,9	6,50	14,6	5,7
26	17,7	26,2	20,5	752,2	23,0	749,3	»	16,5	2,2
27	14,4	29,8	20,0	754,4	23,6	751,5	»	14,5	2,3
28	15,4	28,4	18,0	751,9	23,8	749,0	»	14,5	2,6
29	14,2	25,0	17,5	748,3	23,3	745,5	»	9,8	3,6
30	13,6	27,3	21,0	747,0	24,0	744,1	»	14,5	3,0
31	15,3	28,5	20,8	750,3	23,5	747,5	»	14,7	2,1
Moyennes	15,7	26,5	20,6			745,0	100,80	13,2	97,2

AOUT 1857.

Dates.	Vent supérieur.	Force.	Vent inférieur.	Force.	ÉTAT DU CIEL.
1	N	fort	N	fort	Ciel pur.
2	?	?	E	très faible	Ciel très pur, écl. le s. à l'ouest.
3	S	très faible	S	très faible	Cirri irréguliers grossissant.
4	S	modéré	S	faible	Ciel pur, rafales mod. de S.
5	S S O	faible	S S O	faible	Cir. ébouriffés s'épaississant.
6	N N E	faible	S	assez fort	Cumulo-stratus.
7	S S O	faible	—	»	Cirri.
8	S	très faible	E	faible	Quelques cirro-cumuli.
9	S	faible	—	»	Ciel pur, écl. à l'E. à 10 h. s.
10	N N E	modéré	N N E	modéré	CirCumStr. à éclairc. et Cum. inf.
11	N N E	modéré	N N E	faible	Cirri pommelés.
12	N E	modéré	N E	modéré	Cirro-cumuli.
13	?	?	E	faible	Ciel assez pur, Brl. faible.
14	S	faible	S	faible	Cirro-cumuli.
15	N O	modéré	N O	modéré	Cumulo-stratus pluvieux.
16	N N O	modéré	N N O	modéré	CumStr. modérément pluv.
17	N E	faible	N E	faible	Cumulo-stratus.
18	N	assez fort	N	assez fort	CumStr. se dissolvant.
19	N	fort	N	fort	Cum. pomm. supér. presque immobiles. Cum. infér.
20	N	modéré	N	modéré	Cumuli.
21	S E	faible	E	faible	Débris de CumStr. à l'ouest.
22	?	?	S	faible	Ciel pur.
23	S	très faible	—	»	Cumulo-stratus.
24	S	modéré	E	faible	CumStr. à petites éclaircies.
25	N	faible	N	faible	Cumulo-stratus.
26	N	modéré	N	modéré	CumStr. se dissolv., Ciel pur au N.
27	?	?	E	faible	Ciel pur.
28	?	?	?	?	Ciel pur, légers cirri au nord.
29	O N O	modéré	O N O	modéré	Cirri.
30	S O	modéré	S O	modéré	Cum. et CirCum. align. SO-NE.
31	?	?	S	faible	Cirrus immobile à l'ouest et aligné SO-NE.

SEPTEMBRE 1857.

Dates.	Température			Baromètre brut.	Therm. du barom.	Baromètre à zéro.	Pluie.	Point de rosée.	Evaporat.
	Minim.	Maxim.	à 9 h.m.						
	°	°	°	mil.	°	mil.		°	mil.
1	15,5	27,8	20,0	749,8	24,5	746,8	»	16,0	1,8
2	14,2	22,3	19,6	746,1	23,4	743,3	14,50	15,5	1,2
3	15,5	22,3	19,0	744,8	23,0	742,0	4,50	15,4	1,5
4	15,5	24,2	18,7	745,2	22,1	742,5	0,25	15,0	2,1
5	14,2	25,6	17,1	746,5	22,0	743,9	5,60	15,5	2,0
6	14,1	22,8	19,1	748,0	22,1	745,3	»	15,0	2,5
7	13,9	24,8	19,0	748,5	22,8	745,7	»	13,2	2,3
8	13,5	25,8	18,3	745,7	22,2	743,0	»	13,5	2,7
9	14,2	25,1	22,2	744,5	24,5	741,6	0,50	14,5	2,1
10	15,3	20,1	19,0	744,5	23,1	741,7	22,10	16,1	2,0
11	10,6	20,0	14,1	745,1	20,1	742,7	18,50	12,2	1,5
12	11,8	20,5	16,3	746,7	20,3	744,3	0,50	13,0	1,6
13	12,4	22,5	18,0	750,9	20,5	748,4	0,25	12,4	1,3
14	10,2	23,4	14,1	751,5	20,2	749,1	»	12,7	2,5
15	10,6	22,3	16,7	753,4	21,0	750,8	»	13,0	2,0
16	11,8	24,2	15,5	754,9	21,2	752,3	»	12,6	2,5
17	11,2	24,9	14,0	756,4	21,5	753,8	»	13,0	2,3
18	12,5	26,3	16,1	755,1	22,5	752,4	»	13,5	2,1
19	14,6	20,1	16,2	751,2	22,1	748,5	»	12,5	2,8
20	14,6	19,8	13,0	751,5	21,0	749,0	»	11,3	2,9
21	7,1	21,1	12,9	751,8	21,9	749,2	»	8,9	3,0
22	8,8	22,3	14,8	750,2	23,8	747,5	»	8,1	2,7
23	12,4	27,3	17,2	748,8	20,0	746,4	»	12,7	2,9
24	14,2	24,3	22,0	749,1	28,0	745,7	»	12,5	2,7
25	14,2	23,6	20,0	747,0	26,0	743,9	»	14,0	2,7
26	15,2	23,8	20,2	745,3	23,1	742,5	»	14,5	2,6
27	15,9	24,8	21,0	750,1	25,1	747,1	»	15,5	1,8
28	14,7	19,2	17,3	745,1	22,2	742,4	10,60	16,1	0,9
29	13,6	18,6	17,5	749,6	21,0	747,1	»	12,6	1,0
30	13,0	19,8	16,8	749,0	21,0	746,5	»	12,7	0,8
Moyennes	13,1	22,9	17,5			746,2	78,30	13,4	62,8

SEPTEMBRE 1857.

Dates.	Vent supérieur.	Force.	Vent inférieur.	Force.	ÉTAT DU CIEL.
1	N O	faible	S	faible	Cum. pomm. orage grêle à 5 h. s. Tonn. pl.
2	?	?	S	faible	Str. avec éclaircies à l'E.
3	?	?	S	faible	Stratus.
4	S O	faible	S	modéré	Cumulo-stratus.
5	N O	faible	N O	faible	CumStr., quelq. éclaircies.
6	O	faible	O	faible	Cirri pomm. alignés SO-NE.
7	?	?	N	faible	Ciel pur.
8	?	?	E	faible	Cirri légers, le s. éclairs à l'O.
9	S	modéré	S	modéré	Grands cumuli déchiquetés.
10	S	faible	S	modéré	CumStr. av. écl., Tonn. le soir, orage S.
11	?	?	S	modéré	Stratus faiblement pluvieux.
12	S O	faible	S O	faible	CirCumStr. pomm. à gr. écl.
13	O	faible	O	faible	Cum. se dissolv. en pommel.
14	O	faible	—	»	CirCum. Brouillard (800).
15	N	assez fort	N	assez fort	Cumuli.
16	?	?	N	faible	Ciel pur.
17	?	?	E	très faible	Ciel pur, Brouillard (600).
18	?	?	E	faible	Ciel pur, Brouillard (800).
19	N	fort	N	fort	Cumuli.
20	N	faible	N	faible	Cirri légers.
21	N N E	modéré	N N E	modéré	Ciel pur, légers cirri.
22	?	?	N E	faible	Ciel pur.
23	N	modéré	N	modéré	Ciel pur.
24	S	modéré	S	modéré	Cumuli rares.
25	S S E	modéré	S S E	modéré	Quelques cirro-cumuli.
26	S	faible	S	très faible	Cirri et cumuli.
27	S	modéré	S	modéré	Stratus légers sup., Cum. inf.
28	?	?	S	faible	Stratus pluvieux.
29	N	assez fort	S E	faible	Cumulo-stratus.
30	S E	faible	—	»	Cumulo-stratus.

OCTOBRE 1857.

Dates.	Température.			Baromètre brut.	Therm. du barom.	Baromètre à zéro.	Pluie.	Point de rosée.	Évaporat.
	Minim.	Maxim.	à 9 h. m.						
	°	°	°	mil.	°	mil.		°	mil.
1	10,6	22,6	13,0	748,6	20,5	746,1	»	14,5	1,0
2	12,6	21,1	15,0	753,6	20,8	751,1	»	14,0	1,5
3	10,7	21,3	13,2	753,6	20,1	751,2	»	12,1	1,0
4	15,8	19,8	18,2	741,6	20,0	739,2	»	18,2	1,8
5	18,0	20,8	18,2	741,6	20,0	739,2	»	9,7	1,5
6	15,8	20,3	18,5	749,2	22,9	746,4	38,60	9,7	0,8
7	9,2	18,3	14,0	742,5	16,6	740,5	0,50	7,5	0,5
8	13,0	15,6	14,0	740,0	17,5	737,9	9,50	7,7	1,0
9	8,3	16,1	12,0	740,3	17,0	738,8	1,50	8,0	0,5
10	7,1	13,9	9,0	744,5	15,5	742,6	4,00	7,4	0,2
11	8,3	14,0	11,9	747,8	19,0	745,5	2,50	8,1	0,1
12	8,2	17,6	11,0	749,4	15,8	747,5	»	6,7	1,8
13	7,6	13,6	9,2	749,1	13,9	747,4	»	7,7	0,9
14	6,1	16,1	9,8	749,0	16,2	747,0	»	8,1	1,1
15	8,0	15,3	9,0	750,0	14,0	748,3	»	9,0	0,4
16	8,6	13,8	10,6	748,0	15,8	746,1	»	10,6	0,8
17	9,4	13,6	11,2	747,8	15,5	745,9	»	10,8	0,8
18	10,4	18,6	13,0	742,0	15,5	740,2	»	9,5	0,8
19	11,8	15,7	15,0	738,6	16,8	736,6	6,00	10,5	1,0
20	13,0	16,7	14,0	742,6	16,5	740,6	10,50	10,6	1,5
21	10,3	16,5	12,0	740,6	16,6	738,6	5,20	11,5	0,3
22	12,2	15,3	14,0	740,4	16,9	738,4	5,70	9,7	0,5
23	8,8	15,7	9,5	745,0	15,5	743,1	»	8,0	1,0
24	9,5	14,0	10,7	749,2	15,0	747,4	»	9,0	0,8
25	7,5	13,6	8,3	746,5	16,0	744,6	»	8,3	0,7
26	9,3	12,8	10,0	743,0	14,1	741,3	22,00	10,0	0,2
27	8,0	14,9	8,5	746,7	13,4	745,1	10,00	8,3	0,5
28	9,6	15,0	11,9	749,8	15,9	748,1	»	8,3	0,8
29	10,8	13,8	11,9	751,6	15,5	750,0	0,50	11,5	1,1
30	10,1	14,9	11,0	749,5	13,7	747,8	0,25	9,5	1,3
31	9,4	16,2	8,5	753,2	13,6	751,5	»	7,6	1,5
Moyennes	10,2	16,4	12,1			744,3	116,75	9,8	27,7

OCTOBRE 1857.

Dates.	Vent supérieur.	Force.	Vent inférieur.	Force.	ÉTAT DU CIEL.
1	?	?	—	»	Brouillard (200).
2	S O	faible	N N O	assez fort	Cirri dirigés SO-NE, Cum. inf.
3	?	?	—	»	Brouillard (600).
4	S	faible	S	faible	Ciel pur, Rafales de vent S.
5	S	assez fort	S	assez fort	Cumulo-stratus, Orage.
6	?	?	N	modéré	Cumuli immobiles.
7	S	assez fort	E	faible	Str. unif., Rafales de vent S.
8	S S O	faible	S S O	faible	CumStr. en colonnes dirigées SSO-NNE, Orage, grêle.
9	O	faible	—	»	SumStr. sup. avec éclaircies, Léger CumStr. infér.
10	N O	modéré	N O	modéré	Cumulo-stratus.
11	N	modéré	N	modéré	Cumulo-stratus.
12	N	fort	N	fort	Ciel ass. pur, files de pet. cum.
13	N	modéré	S	faible	CumStr. à rares éclaircies.
14	?	?	S E	faible	Brouillard (500).
15	?	?	—	»	Brouillard (200).
16	?	?	N O	modéré	Brouillard (300).
17	?	?	E	faible	Stratus uniforme.
18	S	faible	S	modéré	Ciel assez pur, Cirri.
19	S	modéré	S	faible	Cumulos-stratus.
20	S	modéré	S	faible	Ciel pur, CumStr. à l'horizon.
21	?	?	E	faible	Stratus faiblement pluvieux.
22	O	modéré	S	faible	Cirro-stratus.
23	S	faible	N	faible	Cirri épars.
24	?	?	E	faible	Stratus, Brouillard (800).
25	?	?	—	»	Brl. (200), Pluie tout le jour.
26	?	?	E	faible	Brouillard (200).
27	S	assez fort	—	»	Brouillard (400).
28	S O	faible	E	faible	Cumulos-stratus.
29	?	?	—	»	Brouillard (300).
30	N O	faible	N O	faible	Cumulo-stratus.
31	N	faible	N	faible	Brl. (800), légers Cum. floc.

NOVEMBRE 1857.

Dates.	Température.			Baromètre brut.	Therm. du barom.	Baromètre à zéro.	Pluie.	Point de rosée.	Evaporat.
	Minim.	Maxim.	à 9 h. m.						
	°	°	°	mil.	°	mil.		°	mil.
1	7,9	14,5	8,5	750,3	13,7	748,6	»	7,0	1,8
2	8,5	15,1	12,0	745,3	14,4	743,6	1,50	7,5	0,8
3	10,0	16,7	12,4	745,6	14,8	743,8	p	9,0	1,0
4	8,8	17,4	11,0	746,5	14,9	744,7	»	9,6	0,2
5	10,0	18,5	14,0	746,1	15,4	744,3	»	9,0	0,7
6	9,4	16,4	11,0	748,9	15,0	747,1	»	10,0	0,2
7	7,7	16,4	8,6	751,8	14,5	750,0	0,70	8,6	0,2
8	8,5	12,8	10,0	753,9	17,8	751,7	0,25	10,0	0,5
9	9,4	12,6	10,5	753,7	16,6	751,7	p	9,5	1,1
10	6,5	13,0	9,0	754,6	15,4	752,7	»	9,0	0,7
11	7,1	9,3	8,1	756,7	14,4	755,0	»	6,7	0,6
12	1,2	8,9	2,5	757,4	12,0	755,9	»	0,0	1,0
13	1,0	7,4	2,0	754,3	10,6	753,0	»	-1,0	0,5
14	0,2	3,7	1,5	749,3	9,3 ·	748,2	»	-3,0	0,9
15	-1,2	3,2	1,0	750,7	14,5	749,0	»	-2,0	gelé.
16	-2,1	3,0	0,9	751,0	7,1	750,1	»	-1,3	dégel.
17	-2,4	11,4	5,0	751,3	6,5	750,5	»	-0,5	0,0
18	3,5	10,7	5,8	752,5	7,0	751,7	»	1,5	0,6
19	-0,5	7,9	4,0	754,5	7,0	753,7	»	0,0	0,9
20	4,0	8,0	5,0	755,0	7,1	754,1	»	2,0	0,2
21	0,8	5,0	2,5	756,9	8,1	755,9	»	2,0	0,5
22	1,0	5,7	1,0	755,9	10,2	754,7	»	1,0	0,5
23	0,0	12,0	0,8	748,0	7,2	747,1	»	-0,5	0,2
24	13,8	14,4	13,8	737,0	9,7	735,8	»	6,8	0,7
25	10,6	12,0	13,0	735,3	10,9	734,0	»	7,0	0,8
26	5,9	10,2	7,5	734,8	10,0	733,6	14,00	5,2	0,5
27	3,5	7,4	6,0	735,0	9,1	753,9	p	5,5	0,7
28	1,5	2,5	2,0	739,5	8,0	738,5	4,50	-1,0	0,7
29	0,5	2,5	1,5	745,0	10,0	743,8	»	-1,5	0,6
50	-2,4	0,0	-1,0	743,2	6,4	742,4	»	-2,0	gelé.
Moyennes	4,3	9,9	6,3			747,5	21,25	5,7	16,5

NOVEMBRE 1857.

Dates.	Vent supérieur.	Force.	Vent inférieur.	Force.	ÉTAT DU CIEL.
1	S	assez fort	S	modéré	Cumulo-stratus.
2	S O	faible	S	faible	CumStr. faiblem. pluvieux.
3	?	?	E	faible	Ciel pur, léger brouillard.
4	?	?	E	faible	Stratus uniforme, Brl. (800).
5	S	faible	S	faible	Cirro-cumulo-stratus.
6	S	modéré	⚊	▸	Brouillard (200), CirCum.
7	?	?	?	?	Brl. (300), légers cirri O-E.
8	N	faible	E	faible	Cumulo-stratus.
9	?	?	E	faible	Cumulo-stratus.
10	?	?	⚊	»	Brouillard (100).
11	N	assez fort	N	modéré	Cumulo-stratus.
12	N N O	assez fort	N N O	assez fort	Légers cumuli.
13	N	fort	N	fort	Ciel pur.
14	?	?	N O	modéré	Ciel assez pur, petits cumuli.
15	?	?	S	faible	Brouillard (500).
16	?	?	E	faible	Brouillard (300).
17	S O	très faible	N	faible	Cumulo-stratus pommelé.
18	⚊	▸	O	modéré	CirCumStr. pom., Brl. (300).
19	?	?	E	faible	Ciel pur, Brouillard (600).
20	?	?	⚊	▸	Brouillard (200).
21	?	?	E	faible	Brouillard (300).
22	?	?	N	faible	Brouillard (300).
23	?	?	E	faible	Stratus, brouillard (600).
24	S	très fort	S	fort	CumStr., raf. de sud toute la nuit passée.
25	S	modéré	S	assez fort	CumStr., rafales du sud.
26	?	?	S	modéré	Brouillard (400).
27	N	modéré	N	modéré	CumStr. à grandes éclaircies.
28	N	assez fort	N O	modéré	Cumulo-stratus.
29	N	faible	N	faible	Cirro-cumuli.
30	?	?	E	faible	Brouillard (100).

COUP-D'ŒIL

SUR LES INSECTES

DE LA

FAMILLE DES CANTHARIDIENS

ACCOMPAGNÉ DE LA DESCRIPTION

DE DIVERSES ESPÈCES NOUVELLES OU PEU CONNUES

Par E. MULSANT & Cl. REY.

(Présenté à l'Académie des Sciences de Lyon dans la séance du 5 mars 1858).

————◆————

Lorsqu'on examine avec quelque attention la distribution générique des coléoptères de la Tribu des Vésicants, il est facile de reconnaître que la classification de ces insectes exige une nouvelle révision et des caractères plus précis.

En attendant qu'une plume plus savante et plus exercée élabore ce travail sur une plus grande échelle, qu'il nous soit permis d'offrir ici le résultat de nos observations sur ceux de ces coléoptères qui composent la famille des Cantharidiens, ou du moins sur les espèces connues de nous, qui habitent l'Europe ou quelques-unes des contrées voisines ou rapprochées de cette partie du monde.

Rappelons ici brièvement les caractères propres à faire connaître les Vésicants entre les autres Hétéromères.

Tête non prolongée en devant en forme de museau; habituellement inclinée; le plus souvent triangulaire; séparée du prothorax par une sorte de cou. *Antennes* insérées à découvert, ordinairement un peu avant le milieu du côté interne des yeux; quelquefois même un peu plus avant que ces organes; de formes variées. *Yeux* situés sur les côtés de la tête. *Palpes maxillaires* à dernier article non en forme de coutre ou de hache. *Prothorax* latéralement sans rebords; à côtés repliés en dessous; à base notablement plus étroite que celle des élytres : celles-ci plus ou moins flexibles. *Ventre* de six ou sept arceaux apparents. *Tarses* antérieurs et intermédiaires de cinq : les postérieurs de quatre articles. *Ongles* offrant chacun de leurs crochets longitudinalement divisé en deux branches, dont l'une plus forte, parfois dentée ou pectinée.

Parmi ces insectes, la troisième et dernière famille, ou celle des Cantharidiens, se reconnaît aux caractères suivants :

Elytres ne se recouvrant pas à la suture; aussi longuement ou presque aussi longuement prolongées que l'abdomen; n'embrassant pas les côtés de celui-ci. *Ailes* existantes. *Antennes* subfiliformes, soit grossissant progressivement à peine, soit graduellement plus minces vers l'extrémité; de onze articles : les 3ᵉ à 11ᵉ ordinairement plus longs que larges. *Ecusson* apparent. *Tarses* à articles entiers (1), n'offrant point de traces d'une courbe rentrante à leur côté interne; contigus ou à peu près à la suture.

Ces insectes peuvent être partagés en deux branches.

____

(1) Du moins chez les espèces connues de l'ancien continent. Les *Tetraonyx* forment une exception à cette règle.

Branches.

Elytres {

n'offrant point de traces d'une courbe rentrante à leur côté interne ; contiguës ou à peu près à la suture. Tête moins longue depuis l'extrémité des mandibules jusqu'à la partie postérieure de la base des antennes, que depuis ce point jusqu'au vertex. Labre transverse ; généralement échancré au milieu de son bord antérieur.   CANTHARIDIAIRES.

offrant à leur côté externe, entre la moitié et les trois quarts de la longueur de celui-ci, une sinuosité ou courbe rentrante plus ou moins sensible ; souvent débiscentes à la suture. Tête aussi longue depuis l'extrémité des mandibules jusqu'à la partie postérieure de la base des antennes, que depuis ce point jusqu'au vertex. Antennes sétacées, au moins chez les ♂.   ZONITAIRES.

PREMIÈRE BRANCHE.

—

LES CANTHARIDIAIRES.

CARACTÈRES. *Tête* moins longue depuis l'extrémité des mandibules jusqu'à la partie postérieure de la base des antennes, que depuis ce point jusqu'au vertex. *Labre* transverse ; généralement échancré au milieu de son bord antérieur. *Elytres* contiguës ou à peu près à la suture ; non en courbe rentrante à leur côté externe.

Ces insectes se divisent en deux rameaux.

Rameaux.

Ongles {

pectinés ou dentés à l'une des branches de chacun de leurs crochets. Yeux entiers.   ALOSIMATES.

ni pectinés, ni dentés. Yeux généralement échancrés.   CANTHARIDIATES.

PREMIER RAMEAU.

—

Les Alosimates.

CARACTÈRES. *Ongles* pectinés ou dentés à l'une des branches de chacun de leurs crochets. *Yeux* entiers. *Eperon externe* de leurs tibias postérieurs très épais, obliquement coupé à son extrémité.

Ces insectes peuvent être divisés ainsi :

Genres.

Antennes { _n'offrant pas les articles 4e à 10e cylindriques et serrés._

courtes; offrant les articles 4e à 10e cylindriques, serrés, beaucoup moins longs que larges. Prothorax à peine aussi long ou moins long que large. Cuisses postérieures plus grosses, arquées à leur bord antérieur. — **OENAS.**

Prothorax généralement plus long que large, offrant vers les trois septièmes sa plus grande largeur. Articles 6e à 10e des antennes moins longs que larges, dilatés et obtusément subdentés en dessous. — **LYDUS.**

Prothorax moins long que large, offrant vers les deux cinquièmes sa plus grande largeur. 4e à 10e articles des antennes plus longs que larges, ni dilatés, ni sensiblement subdentés en dessous. — **ALOSIMUS.**

Genre _OEnas_, ŒNAS ; Latreille (1).

(οἰνὰς, pampre).

CARACTÈRES. _Antennes_ courtes, souvent un peu moins longuement prolongées que les angles postérieurs du prothorax ; ordinairement de même grosseur ou graduellement un peu plus grosses vers l'extrémité, quelquefois progressivement plus minces vers celles-ci chez le ♂ ; à 1ᵉʳ article renflé : le 2ᵉ court et étroit : les 4ᵉ à 10ᵉ articles cylindriques, courts, serrés : le 11ᵉ rétréci vers l'extrémité. _Prothorax_ moins long ou à peine aussi long que large ; offrant ordinairement vers les deux cinquièmes de sa longueur sa plus grande largeur. _Cuisses postérieures_ les plus grosses, sensiblement arquées à leur tranche antérieure. _Tibias intermédiaires_ un peu arqués. _Corps_ allongé ; peu convexe.

____

(1) Hist. nat. des Crust. et des Ins. t. 10, an XII, p. 392. — _Id._ Gener. Crust. et Insect. t. 2, 1807, p. 218.

Les espèces suivantes ont le corps hérissé en dessus de poils fins, faiblement moins courts sur la tête et sur le prothorax que sur les élytres; mi-couchés sur celles-ci. Le prothorax faiblement et irrégulièrement arqué sur les côtés, offrant vers les deux cinquièmes de sa longueur sa plus grande largeur; tronqué ou faiblement arqué en arrière et rebordé à la base; ordinairement déprimé transversalement vers le quart ou un peu plus de sa longueur. Les élytres munies d'un rebord marginal et d'un sutural; offrant les traces de deux ou trois nervures longitudinales; ordinairement subarrondies à l'angle sutural. Les pieds allongés. Le 1er article des tarses antérieurs et intermédiaires sensiblement plus long que le suivant : le 1er des postérieurs à peu près aussi long que les deux suivants réunis.

1. Œ. afer; LINNÉ.

Pubescent; noir, avec le prothorax d'un flave orangé ou d'un roux testacé. Antennes grossissant à peine (♀), ou graduellement rétrécies (♂) vers leur extrémité. Tête rayée sur le vertex d'une ligne légère. Elytres graduellement élargies jusque vers les trois cinquièmes de leur longueur.

♂ Antennes prolongées environ jusqu'aux trois quarts des côtés du prothorax; à 1er article obconique, renflé, aussi long que les quatre suivants réunis : les 3e à 11e serrés : les 3e à 10e presque égaux, transverses : le 3e à peine égal au suivant : les 4e à 11e graduellement rétrécis de manière à constituer un cône très allongé: le 11e de moitié ou près d'une fois moins court que le 10e. Tarses antérieurs simples, non dilatés, à 1er article de moitié plus long que le suivant. 1er article des tarses intermédiaires comprimé, inférieurement dilaté, arqué à son bord inférieur. Dernier arceau ventral entaillé jusqu'à la moitié de sa longueur.

♀ Antennes prolongées jusqu'aux angles postérieurs du

prothorax ; à 1er article grossissant graduellement de la base à l'extrémité, aussi long que les deux suivants réunis : le 3e plus long que large, plus long que le suivant : celui-ci à peu près aussi long que large : les 5e à 10e transverses : les 3e à 11e grossissant graduellement un peu vers l'extrémité : le 11e rétréci en pointe dans sa seconde moitié, un peu échancré au bord externe. 1er article des tarses intermédiaires régulier. Dernier arceau ventral à peine échancré.

Meloe afer, Linn. Syst. Natur. t. 1, p. 680. 10. — Mueller (P. L. S.). — C. Linn. Natur. t. 5, 1e part. p. 383. 10. — Goeze, Entom. Beytr. t. 1, p. 699. 10.

Lytta afra, Fabr. Syst. entom. p. 260. 5. — *Id.* Spec. ins. t. 1, p. 330. 10. — *Id.* Mant. ins. t. 1, p. 216. 11. — *Id.* Entom. Syst. t. 1. 2, p. 87. 16. — *Id.* Syst. Eleuth. t. 2, p. 80. 24. — Gmel. C. Linn. Syst. nat. t. 1, p. 2015. 11.

Cantharis afra, Oliv. Encycl. méth. t. 5, p. 280. 16. (♀). — *Id.* Entom. t. 3, n° 46, p. 17. 19 (♀), pl. 1, fig. 4. a, b. (♀).

OEnas afer, Latr. Hist. nat. t. 10, p. 394. 2. — *Id.* Gener. t. 2, p. 219. 1. pl. 10, fig. 10. — *Id.* Nouv. Dict. d'Hist. nat. t. 23 (1818), p. 260. 1. — Oliv. Encycl. méth. t. 8 (1811), p. 455. 1. — Lamarck, Anim. S. Vert. t. 4, p. 433. 1. — Schœnh. Syn. ins. t. 3, p. 29. 1. — Guérin, Dict. class. d'Hist. nat. t. 12 (1827), p. 92. — J.-B. Fischer, Tentam. consp. Cantharid. p. 14. 1. — Brullé, Expéd. sc. de Morée p. 229. 411. — Cuvier, Règn. anim. édit. V. Masson, pl. 54, fig. 9, et 9, a, antenne. — *Id.* Edit. Guérin, p. 155, pl. 55, fig. 3. — Rosenhauer, Die Thiere Andalusiens, p. 232.

OEnas africana, Desmarest, Dict. des. sc. nat. t. 35 (1825), p. 435.

Ænas afer, de Casteln. Hist. nat. t. 2, p. 271. 3. — Lucas, Explor. sc. de l'Algérie, p. 392. 1021, pl. 33, fig. 10. Détails.

Long. 0,0112 à 0,0135 (5 à 6). Larg. 0,0033 (1/2).

Corps allongé ; hérissé en dessus de poils fins et obscurs ; ponctué sur la tête et un peu moins finement sur le prothorax, ruguleux sur les élytres. *Tête* noire, marquée de trois petites fossettes transversalement disposées sur le milieu du front. *Antennes* noires, conformées comme il a été dit. *Prothorax* d'un flave ou roux testacé, avec le rebord basilaire obscur. *Elytres* noires ; graduellement et sensiblement élargies jusque vers les trois cinquièmes ou deux tiers de leur longueur.

Dessous du corps et *pieds* noirs. 1ᵉʳ *article des tarses intermédiaires* de trois quarts plus grand que le suivant.

PATRIE : Le nord de l'Afrique, diverses parties méridionales de l'Europe, la Turquie asiatique.

2. Œ. crassicornis; ILLIGER.

Pubescent ; noir, avec le prothorax et les élytres d'un flave ou d'un roux testacé. Antennes de même grosseur (♂♀). Tête sans traces de ligne médiane. Prothorax marqué d'une fossette au devant de l'écusson.

♂ 1ᵉʳ article des tarses intermédiaires dilaté et ovale, oblong. Dernier arceau ventral fendu longitudinalement jusqu'à la moitié de sa longueur.

♀ 1ᵉʳ article des tarses intermédiaires sans dilatation. Dernier arceau ventral à peine entaillé.

ETAT NORMAL, noir. Prothorax et élytres d'un flave ou roux testacé.

Lytta crassicornis, ILLIG. Vierz. n. Insekt. *in* Archiv. v. Wiedemann, t. 1, 2ᵉ cahier (1800), p. 142. 35. — FABR. Syst. Eleuth. t. 2 (1801), p. 80. 25.

OEnas ruficollis, OLIV. Encycl. méth. t. 8 (1811), p. 453. 2. — LATR. Nouv. Dict. d'Hist. nat. t. 23 (1818), p. 260.

OEnas crassicornis, SCHŒNH. Syn. ins. t. 3, p. 29. 3. — J.-B. FISCHER, Tentam. Conspect. Cantharid. p. 14. 3. — LAMARCK, Anim. S. Vert. t. 4, p. 433. 2. — WALTL, *in* Isis. v. OKEN (1838), p. 466. 101. — BRULLÉ, Expéd. scient. de Morée, p. 229. 412. — DE CASTELN. Hist. nat. t. 2, p. 271. 1. — KÜSTER, Kaef· Europ. 5. 74.

Var. *A.* Corps entièrement noir.

Cantharis sericea, OLIV. Encycl. méth. t. 5, p. 250. 17? — *Id*. Entom. t. 3, nᵒ 46, p. 18. 20, pl. 1, fig. 8. (1)?

---

(1) Dans l'Encyclopédie, Olivier dit cet insecte de l'Amérique ; dans son Entomologie, il lui donne la Barbarie pour patrie.

OEnas luctuosus, LATR. Hist. nat. t. 10, p. 393. 1. — *Id.* Gen. t. 2, p. 220. — ILLIG. Mag. t. 3, p. 93, note et p. 171. 19. — SCHŒNH. Syn. ins. t. 3, p. 29. 2. — TAUSCHER, Enum. *in* Mém. de la Soc. I. des Natur. de Mosc. t. 3 (1812), p. 155. 4.

Long. 0,0078 à 0,0123 (3 1/2 à 5 1/2). Larg. 0,0022 à 0,0033 (1 à 1/2).

Corps allongé; hérissé en dessus de poils fins et obscurs; ponctué sur la tête et un peu moins finement sur le prothorax; ruguleux sur les élytres. *Tête* noire; sans traces de ligne médiane. *Antennes* noires; de même grosseur ou grossissant à peine vers l'extrémité (σ φ), à 1er article le plus long : le 3e un peu plus long que large : les 4e à 10e plus larges que longs. *Prothorax* d'un roux testacé ou d'un flave orangé; ordinairement marqué d'une fossette au devant de l'écusson. *Elytres* graduellement un peu élargies jusque vers les deux tiers de leur longueur; testacées; d'un flave ou d'un roux testacé. *Dessous du corps* et *pieds* noirs; garnis d'un duvet obscur ou cendré. 1er *article* des tarses antérieurs et intermédiaires sensiblement plus long que le suivant.

PATRIE : L'Autriche, la Hongrie, la Syrie, le nord de l'Afrique, les parties méridionales de l'Espagne et du Portugal.

OBS. La matière noire s'étend parfois de manière à envahir le prothorax et les élytres.

Genre *Lydus*, LYDE; (Megerle) (1).

(λυδὸς, Lydien).

CARACTÈRES. *Antennes* prolongées au plus jusqu'au quart de la longueur des élytres; grossissant graduellement vers l'extrémité; à 1er article renflé : le 2e court, étroit : le 3e généralement de moitié au moins plus long que le suivant : les

---

(1) (DEJEAN), Catal. (1821) p. 75. Ce genre est nommé *Lydas* (MEGERLE) dans le Catal. de Dahl, Coléopt. et Lépidopt. (1823), p. 48.

4e à 10e, ou du moins les 6e à 10e ; ordinairement plus larges que longs ; dilatés et obtusément subdentés en dessous : le 11e rétréci en pointe dans sa seconde moitié. *Prothorax* généralement plus long que large ; offrant vers les trois septièmes sa plus grande largeur. *Cuisses postérieures* les plus grosses, sensiblement arquées à leur bord antérieur. *Tibias intermédiaires* un peu arqués. *Corps* suballongé ou allongé ; peu convexe.

Les espèces suivantes ont le corps hérissé en dessus de poils fins, plus longs sur la tête et le prothorax, plus courts et mi-couchés sur les élytres ; le prothorax élargi en ligne peu courbe jusqu'aux trois septièmes ou presque à la moitié ; plus faiblement rétréci ensuite ; tronqué et rebordé à la base ; ordinairement déprimé transversalement vers le quart ou un peu plus de sa longueur ; et souvent marqué de deux fossettes transversalement disposées ou d'une dépression transversale, vers les deux tiers de sa longueur ; les élytres munies d'un rebord marginal, et d'un rebord sutural ordinairement plus faible ; chargées de deux ou trois nervures longitudinales, dont la seconde part de la fossette humérale ; ordinairement peu émoussées à l'angle sutural, mais souvent un peu divergentes à l'extrémité de la suture ; les pieds allongés ; le 1er article des tarses antérieurs et intermédiaires d'un quart au moins plus grand que le suivant : le 1er des postérieurs presque égal aux deux suivants réunis.

1. L. trimaculatus ; FABRICIUS.

Pubescent ; noir, avec les élytres d'un jaune-roux ou d'un roux orangé, ornées chacune de deux taches noires : la 1e vers le tiers de leur longueur, en parallélogramme longitudinal, parfois isolée de la suture, mais constituant ordinairement avec sa pareille une tache commune, étendue jusqu'aux deux cinquièmes au moins de la largeur de chaque étui : la 2e vers les deux

*tiers de sa longueur, transverse, distante du bord externe et ordinairement
isolée de la suture. Elytres graduellement élargies jusque vers les trois
cinquièmes ou un peu plus de leur longueur.*

♂ 1ᵉʳ article des tarses intermédiaires comprimé, dilaté
et un peu arqué en dessous. Dernier arceau du ventre entaillé
jusqu'à la moitié de sa longueur.

♀ 1ᵉʳ article des tarses intermédiaires peu ou point épaissi,
non dilaté et à ligne droite, en dessous. Premier arceau
ventral à peine échancré.

Etat normal. Première tache noire des élytres constituant
avec sa pareille une tache commune : la seconde n'arrivant
pas à la suture.

Mylabris trimaculata, Fabricius, Syst. Entom. p. 261. 4. — *Id.* Spec. ins. t. 1,
   p. 331. 6. — *Id.* Mant. t. 1, p. 217. 8. — *Id.* Entom. Syst. t. 1. 2, p. 89. 11.
   — *Id.* Syst. Eleuth. t. 2, p. 85. 20. — Cyrill. Entom. Nap. 1, pl. 3, fig. 7.
   — Latr. Hist. nat. t. 10, p. 372. 6. — Illig. Mag. t. 3, p. 173. 20. — Oliv·
   Encycl. méth. t. 8, p. 101. 60. — Bilberg, Monogr. Mylabr. p. 61. 42, pl. 6,
   fig. 15. — Schœnh. Syn. ins. t. 3, p. 39. 46.

Meloe (mylabris) trimaculata, Gmel. C. Linn. Syst. nat. t. 1, p. 2018. 10.

Cantharis trimaculata, Oliv. Entom. t. 3, n° 46, p. 18. 21, pl. 2, fig. 18.

Lydus trimaculatus (Dejean), Catal. (1821), p. 75. — *Id.* (1833), p. 223. — *Id.*
   (1837), p. 245. — J.-B. Fischer, Tent. consp. Canthar. p. 13. 2. — Fischer
   de Waldh. Entomogr. t. 2, p. 227, pl. 41, fig. 6. — Brullé, Expéd. scient. de
   Morée, p. 229. 410. — Brandt et Ratzeb. Médicin. Zool. 2ᵉ part. p. 127, pl. 18,
   fig. 16. — De Casteln. Hist. nat. t. 2, p. 271. 3. — Küster, Kaef. Europ.
   7-50.

Variations des Elytres (par défaut).

Var. *A.* Première tache isolée de la suture, ainsi que la
deuxième : l'une ou l'autre, ou toutes les deux, réduites
parfois à l'état ponctiforme.

Mylabris 4. maculata, Tauscher, Erum. etc:, *in.* Mém. de la Soc. imp. des Natur.
   de Mosc. t. 3 (1812), p. 141. 10, pl. 10, fig. 12.

Mylabris trimaculata, Bilberg, Monogr. Mylabr. p. 61. 42, Var. β, pl. 6, fig. 16.
— Schoenh. l. cit. p. 40, Var. β.

Lydus trimaculatus, Fischer de Waldh. Entomogr. de Russie. t. 2, p. 227, pl. 41,
fig. 5. — J.-B. Fischer, Tent. consp. Canthar. p. 13.

Lydus quadrisignatus, Fischer de Waldh. Entom. de Russ. t. 2, p. 228, pl. 41,
fig. 7 et 8.

Variations des Elytres (par excès).

Var. *B.* Tache noire antérieure des élytres, constituant avec
sa pareille une tache commune, comme dans l'état normal :
la deuxième arrivant ou à peu près à la suture, et plus ou
moins rapprochée du bord externe.

Lydus trimaculatus, Var. β., Küster, Kaef. Eur. 7-50.

Long. 0,0100 à 0,0168 (4 1/2 à 7 1/2). Larg. 0,0033 à 0,0050 (1 1/2 à 2 1/4).

Corps allongé ou suballongé ; hérissé en dessus de poils
fins et obscurs ; ponctué sur la tête et sur le prothorax ;
ruguleux sur les élytres. *Tête* noire, offrant souvent les faibles
traces d'une ligne longitudinale médiane, prolongée depuis
le front jusqu'au vertex. *Antennes* noires ; à 3ᵉ article plus
grand que le 1ᵉʳ, de moitié environ plus grand que le 4ᵉ : les
1ᵉʳ à 10ᵉ moins longs que larges. *Prothorax* d'un cinquième
environ plus long que large ; noir. *Elytres* graduellement
élargies environ jusqu'aux trois cinquièmes ou plus de leur
longueur, rétrécies ensuite en ligne courbe jusqu'à l'angle sutural ; colorées et peintes comme il a été dit. *Dessous du
corps* et *pieds* noirs ; ponctués ; garnis de poils obcurs. 1ᵉʳ
article des tarses antérieurs d'un quart au moins plus long
que le suivant.

Patrie : L'Italie, la Grèce, la Hongrie, la Russie méridionale.

2. **L. algiricus**; LINNÉ.

*Pubescent ; noir, avec les élytres testacées, ou d'un roux ou fauve tes-
tacé ; ruguleuses. Tête et prothorax ponctués : ce dernier à peine plus long
ou à peine aussi long que large.*

♂ et ♀. Mêmes caractères distinctifs que dans l'espèce
précédente.

ETAT NORMAL. *Elytres* testacées ou d'un flave testacé.

Meloe algiricus, LINN. Syst. Nat. t. 1, p. 681. 11. — MUELLER (P. L. S.),
C. LINN. Naturs. t. 5. 1, p. 383. 11. — GOEZE, Entom. Beytr. t. 1, p. 699. 11.
— GMEL. C. LINN. Syst. Nat. t. 1, p. 2019. 11. — DE VILLERS, C. LINN.
Entom. t. 1, p. 400. 7.

Cantharis fulva, DE GEER, Mém. t. 7, p. 650. 53, pl. 48, fig. 17. — RETZ. Gener.
p. 133. 817.

Mylabris algirica, FABR. Spec. t. 1, p. 330. 3. — *Id.* Mant. ins. t. 1, p. 216. 5.
— *Id.* Entom. Syst. t. 1. 2, p. 88. 5. — *Id.* Syst. Eleuth. t. 2, p. 82. 7. —
ROSSI, Faun. Etr. t. 1, p. 241. 596. — *Id.* Edit. HELW. t. 1, p. 295. 596. —
OLIV. Entom. t. 3, nº 47, p. 9. 10, pl. 1, fig. 5. — *Id.* Encycl. méth. t. 8,
p. 96. 29. — LATR. Hist. nat. t. 10, p. 372. 5. — BILB. Monogr. Mylabr.
p. 69. 48, pl. 7, fig. 15. — SCHŒNH. Syn. ins. t. 3, p. 41. 54.

Mylabris maura, PALLAS, Icon. p. 93. 22, pl. E, fig. 22.

Lydus algiricus (DEJEAN), Catal. (1821), p. 75. — *Id.* (1833), p. 223. — *Id.* p. 245.
— J.-B. FISCHER, Tentam. Consp. Cantharid. p. 13. 1. — MÉNÉTR. Catal.
p. 209. 930. — BRULLÉ, Expéd. sc. de Morée, p. 229. 409. — CHEVROLAT,
Descrip. etc. *in* Revue entomol. de Silbermann, t. 5, p. 278. 1. — WALTL, *in*
isis. v. Oken, 1838, p. 466. 100. — Règn. anim. de Cuvier, édit. V. Masson,
pl. 54, fig. 8. Détails. — KÜSTER, Kaef. Europ. p. 3. 58.

Lydus algericus, DE CASTELN. Hist. nat. t. 2, p. 274. 1.

Variations des Elytres (par excès).

VAR. *A.* Elytres d'un testacé fauve ou d'un fauve testacé.

Mylabris algirica, TAUSCHER, Mém. de la Soc. imp. des Natur. de Mosc. t. 3
(1812), p. 138. 6, pl. 10, fig. 8. — BILB. loc. cit. p. 69. 48, pl. 7, fig. 11.

Long. 0,0185 à 0,0202 (6 à 9). Larg. 0,0033 à 0,0056 (1 1/2 à 2 1/2).

Corps allongé, subparallèle; hérissé en dessus de poils

fins et obscurs; ponctué sur la tête et sur le prothorax; ruguleux sur les élytres. *Tête* noire. *Antennes* noires; à 3e article ordinairement presque égal (♂) ou égal (♀) aux deux suivants réunis : les 5e à 9e moins longs que larges (♀), parfois aussi longs que larges (♂). *Prothorax* noir; un peu moins long (♀) ou à peu près aussi long (♂) qu'il est large à la base. *Élytres* un peu élargies vers les trois cinquièmes ou quatre septièmes de leur longueur; variant du testacé au fauve testacé. *Dessous du corps* et *pieds* noirs; ponctués; garnis de poils cendrés ou obscurs. 1er article des tarses antérieurs d'un quart environ plus long que le suivant.

Patrie : L'Italie, la Grèce, la Russie méridionale, le nord de l'Afrique.

Obs. Cette espèce s'éloigne des autres par le 3e article de ses antennes généralement plus long et par le prothorax plus court.

La couleur varie du testacé ou flave testacé au roux fauve ou au fauve testacé.

Parfois, chez le ♂, les 5e à 9e ou même 5e à 10e articles des antennes sont aussi longs que larges, et le 3e seulement de moitié ou des deux tiers plus grand que le suivant. Chez la ♀, les articles 4e à 10e sont généralement plus larges que longs et le 3e presque égal aux deux suivants réunis.

Quelquefois les antennes, à partir du 4e article, sont contournées en forme d'S, au moins après la mort de l'insecte.

Le *Meloe algiricus*, décrit par Wulfen (Descrip. quor. capens. Insector (1786), p. 18. 11, pl. 1, fig. 8, a, et 8, b), insecte du cap de Bonne-Espérance, doit-il être rapporté à notre *L. algiricus*, ou, selon l'opinion de M. Chevrolat, constituer une autre espèce et même faire partie d'un autre genre?

3. **L. marginous;** Schoenherr.

Pubescent; noir, avec les élytres ornées chacune d'une bordure marginale d'un rouge de sang, prolongée depuis l'extrémité du calus huméral jusqu'à l'angle sutural, égale au quart de la largeur d'un étui vers la moitié de sa longueur. Elytres subparallèles. Prothorax plus long que large.

♂ et ♀. Mêmes caractères distinctifs que chez les précédents.

Lytta marginata, FABR. Entom. Syst. t. 1. 2, p. 88. 4. — *Id.* Syst. Eleuth. t. 2, p. 82. 6. — COQUEB. Illustr. Ins. t. 3, p. 131, pl. 30, fig. 5. — OLIV. Encycl. méth. t. 8, pl. 94. 15.

Lytta marginea, SCHŒNH. Syn. Insect. t. 3, p. 27. 42.

Lydus marginatus, CHEVROLAT, Descript. etc. *in* Revue entom. de Silberm. t. 5, p. 279. 3. — DE CASTELN. Hist. nat. t. 2, p. 271. 2. — LUCAS, Expéd. scient. de l'Algér. p. 392. 1020.

Long. 0,0180 à 0,0202 (8 à 9). Larg. 0,0052 à 0,0081 (2 1/3 à 2 2/3).

Corps allongé; subparallèle; hérissé en dessus de poils fins et obscurs; ponctué sur la tête et sur le prothorax, ruguleux ou ruguleusement ponctué sur les élytres. *Tête* noire; ordinairement marquée de deux fossettes ou d'une dépression transverse sur le front. *Antennes* noires; à 3e article ordinairement de moitié plus long que le suivant. *Prothorax* plus long que large. *Elytres* subparallèles; noires, avec le bord marginal de chacune paré d'une bordure d'un rouge de sang, prolongée depuis l'extrémité du calus jusqu'à l'angle sutural, égale environ au quart de la largeur d'un étui, vers la moitié de leur longueur; chargées chacune de trois nervures : la submarginale divisant longitudinalement la bordure. *Dessous du corps* et *pieds* noirs; ponctués; garnis de poils obscurs.

PATRIE : L'Algérie.

OBS. Fabricius ayant donné primitivement l'épithète de *marginata* à une autre espèce de ses *Lytta,* Schœnherr a donné à celle-ci la dénomination que nous avons adoptée.

4. **L. humeralis**; Schœnherr.

Pubescent; noir, avec les élytres ornées chacune d'une tache humérale d'un flave testacé, étendue au moins jusqu'aux deux cinquièmes internes de la base, postérieurement rétrécie et plus ou moins prolongée.

♂ et ♀. Mêmes caractères distinctifs que chez les précédents.

Lytta humeralis, Schœnherr, Syn. Ins. t. 3. Append. p. 16. 20. (décrite par Gyllenhall.)

Lydus humeralis (Dejean), Catal. (1833), p. 224. — *Id.* (1837), p. 245.

Etat normal. *Elytres* ornées chacune d'une tache humérale d'un flave testacé, étendue à la base jusqu'aux deux cinquièmes internes des élytres, irrégulièrement rétrécie d'avant en arrière, et longitudinalement prolongée dans la direction du calus huméral jusqu'au quart de la longueur.

Variations (par défaut).

Var. *A*. Tache humérale étendue parfois à la base jusqu'à l'écusson, et longitudinalement prolongée jusqu'à la moitié ou même aux deux tiers de la longueur des élytres, en couvrant de moins en moins la partie interne de la surface de chaque étui.

Long. 0,0157 à 0,0180 (7 à 8). Larg. 0,0045 à 0,0051 (2 à 2 1/4).

Corps allongé; subparallèle; hérissé en dessus de poils fins et obscurs; ponctué sur la tête et un peu moins finement sur le prothorax; ruguleux ou ruguleusement ponctué sur les élytres. *Tête et Antennes* noires : 3ᵉ article de celles-ci presque égal au deux suivants réunis. *Prothorax* plus long que large. *Elytres* subparallèles; colorées comme il a été dit. *Dessous du corps* et *pieds* noirs; ponctués, garnis de poils obscurs.

Patrie : La Turquie d'Asie.

Genre *Alosimus*, Alosime; Mulsant (1).

(αλωσιμος, qui se laisse facilement prendre).

Caractères. *Antennes* prolongées environ jusqu'au quart ou au tiers de la longueur des élytres; soit de même grosseur ou grossissant à peine vers l'extrémité, soit graduellement plus minces vers celle-ci, chez quelques ♂; à articles 3ᵉ à 10ᵉ plus longs que larges, ni dilatés, ni dentés en dessous : le 11ᵉ rétréci en pointe à son extrémité : le 3ᵉ plus grand que le suivant. *Prothorax* moins long que large, offrant ordinairement vers le tiers ou les deux cinquièmes de sa longueur sa plus grande largeur.

Les insectes de ce genre ont souvent aussi, comme les Lydes, le prothorax déprimé transversalement vers le quart ou le tiers de sa longueur, et les tibias intermédiaires arqués; mais ils s'éloignent de ces insectes par la forme des articles 4ᵉ à 10ᵉ de leurs antennes et par la brièveté de leur prothorax.

A. Cuisses postérieures arquées, renflées, notablement plus grosses que les précédentes (s. g. *Alosimus*).

1. **A. noticollis**; Mulsant et Wachanru.

Pubescent; noir ou d'un noir brûlé. Prothorax d'un roux testacé; orné d'une tache noire, bilobée ou bidentée en devant, couvrant au moins les deux tiers de la base, avancée au moins jusqu'au milieu de la longueur. Elytres noires, ornées chacune d'une bordure externe d'un roux testacé, couvrant à peu près toute la base, réduite au tiers externe de la largeur après le calus huméral, et au cinquième de la largeur à partir du quart ou du tiers de la longueur.

♂ 1ᵉʳ article des tarses antérieurs comprimé, dilaté et un

----

(1) Mulsant, Hist. nat. des Coléop. de France *(Vésicants)*, p. 150.

peu arqué en dessous. 1er article des tarses intermédiaires comprimé, dilaté et en ligne droite en dessous. Dernier arceau du ventre entaillé presque jusqu'à la moitié de sa longueur.

♀ Inconnue.

Lydus maculicollis, E. MULSANT et Al. WACHANRU, MULSANT, Opusc. 1er cahier (1852), p. 172. 15. — Mém. de l'Acad. des sc. de Lyon, t. 2 (1852) (sciences), p. 12.

Lydus noticollis, MULSANT et WACHANRU, mss.

Long. 0,00146 à 0,0157 (0 1/2 à 7). Larg. 0,0033 (1 1/2).

Corps allongé; hérissé en dessus de poils obscurs plus courts sur les élytres, parfois en partie usés sur le prothorax et surtout sur les élytres; ponctué sur la tête et sur le prothorax; ruguleux sur les élytres. *Tête* noire. *Antennes* noires ou d'un noir brun, parfois graduellement fauves ou d'un fauve brunâtre à l'extrémité; subcomprimées; à articles 3e à 11e élargis en ligne courbe de la base jusqu'aux deux tiers ou jusque près de l'extrémité, submoniliformes, plus longs que larges. *Prothorax* plus large que long; d'un roux testacé ou d'un flave roussâtre; orné d'une tache noire ou d'un noir brûlé, couvrant les deux tiers médiaires ou parfois jusqu'aux quatre cinquièmes médiaires de la base, avancée jusqu'à la moitié de sa longueur, bilobée ou bidentée en devant. *Elytres* subparallèles; noires ou d'un noir brûlé; ornées chacune d'une tache d'un roux testacé ou d'un flave roussâtre, couvrant la base jusque près de l'écusson, réduite aux deux cinquièmes externes ou même au tiers externe de la largeur vers le quart ou le tiers de la longueur, et réduite postérieurement au cinquième de la largeur et prolongée jusqu'à l'extrémité. *Dessous du corps* et *pieds* noirs; pointillés; brièvement mi-hérissés de poils noirs ou obscurs.

PATRIE : La Caramanie.

Obs. Le nom primitif a été changé pour éviter, dans la même famille, la répétition du même nom spécifique : Klug ayant déjà donné le nom de *maculicollis* à une de ses *Lytta*.

2. A. pallidicollis ; Schoenherr.

Pubescent ; noir ou d'un noir brûlé. Prothorax d'un flave ou jaune orangé ; orné d'une tache noire, couvrant ordinairement la moitié médiaire, quelquefois la majeure partie médiaire de la base, avancée en se rétrécissant plus ou moins jusqu'à la moitié antérieure de la longueur, subarrondie à son bord antérieur. Tête et prothorax ponctués. Elytres sans taches.

♂ 1ᵉʳ article des tarses intermédiaires comprimé, graduellement plus dilaté en dessous depuis l'extrémité jusqu'à la base, coupé longitudinalement en ligne droite à son bord basilaire. Dernier arceau ventral entaillé ou fendu jusqu'à la moitié de sa longueur.

♀ 1ᵉʳ article des tarses intermédiaires de forme ordinaire, peu ou point dilaté. Dernier arceau du ventre peu profondément échancré.

Etat normal. Tache noire du prothorax couvrant la moitié médiaire environ de la base de ce segment, faiblement rétrécie d'arrière en avant.

Variations.

Obs. Quelquefois la tache noire du prothorax couvre presque toute la largeur médiaire de la base de ce segment, est plus fortement rétrécie d'arrière en avant, presque en demi-cercle à son bord antérieur.

Lytta pallidicollis, Schoenherr, Syn. ins. t. 3, Append. p. 16. 21 (décrite par Gyllenhall).

Lydus pallidicollis (Dejean), Catal. (1833), p. 224. — *Id.* (1837), p. 245.

Cantharis maculicollis, Reiche, Catal. des esp. d'Ins. Coléopt. recueillis par M. de Saulcy, pendant son voyage en Orient, p. 16. 509.

Long. 0,0100 à 0,0180 (4 1/2 à 5). Larg. 0,0022 à 0,0045 (1 à 2).

Corps allongé ; subparallèle ; hérissé en dessus de poils obscurs, plus courts sur les élytres ; ponctué sur la tête et le prothorax, ruguleux sur les élytres. *Tête* noire. *Antennes* noires ou d'un brun noir ; à articles submoniliformes, un peu plus longs que larges. *Prothorax* plus large que long ; d'un flave ou jaune orangé ; marqué d'une tache noire, comme il a été dit. *Elytres* subparallèles ; noires ; sans taches. *Dessous du corps* et *pieds* noirs : ceux-ci garnis en dessous des tibias et tarses antérieurs, surtout chez le ♂, de poils flavescents testacés, obscurs sur le reste.

Patrie : La Turquie d'Asie.

Obs. Quelquefois les pieds, surtout les antérieurs, sont un peu moins obscurs, et le duvet qui garnit les tibias et tarses antérieurs est d'un roux testacé.

3. **A. syriacus** ; Linné.

Pubescent. Tête noire ou d'un noir verdâtre ; ornée sur le milieu du front d'une tache ponctiforme d'un rouge jaune ; rayée d'une ligne médiane sur le vertex. Prothorax d'un roux flave ou testacé ; rayé d'une ligne médiane et marqué d'une fossette entre cette ligne et chacun des bords latéraux, un peu après la moitié de sa longueur. Elytres d'un bleu verdâtre ou d'un vert bleuâtre. Dessous du corps d'un bleu verdâtre ou d'un bleu noir. Pieds noirs ou d'un noir verdâtre.

♂ 1ᵉʳ article des tarses intermédiaires moins long que le 2ᵉ, à peine plus long que large ; comprimé et dilaté en dessous d'une manière presque égale ; séparé en dessous du tibia par un sillon profond. Dernier arceau du ventre entaillé ou fendu jusqu'à la moitié de sa longueur.

♀ 1ᵉʳ article des tarses intermédiaires plus long que large, régulier, non dilaté. Dernier arceau ventral entier ou à peine échancré.

Meloe syriacus, Linné, Mus. Ludov. Ulric. p. 102. 1. — *Id.* Syst. Nat. 12ᵉ édit. t. 1, p. 680. 4.

Lytta syriaca, Schœnh. Syn. ins. t. 3, p. 23. 11, etc.

Alosimus syriacus, Mulsant, Hist. nat. des Coléopt. de Fr. (Vésicants), p. 151.

Long. 0,0112 à 0,0157 (5 à 7). Larg. 0,0033 à 0,0051 (1 1,2 à 2 1,4).

Corps allongé; ponctué sur la tête et un peu plus finement et plus parcimonieusement sur le prothorax, ruguleux sur les élytres; hérissé sur la tête et sur le prothorax de poils cendrés ou obscurs, et de poils plus courts et mi-couchés sur les élytres. *Tête* ordinairement noire, mais variant du noir au vert métallique; ornée sur le milieu du front d'une tache ponctiforme d'un rouge jaune; rayée d'une ligne médiane prolongée ordinairement depuis cette tache jusqu'à la partie postérieure du vertex. *Antennes* noires; à articles 4ᵉ à 10ᵉ un peu plus longs que larges, élargis en ligne courbe depuis la base jusque près de l'extrémité. *Prothorax* plus large que long; arrondi à ses angles antérieurs jusqu'aux deux cinquièmes de sa longueur, plus sensiblement rétréci ensuite; d'un rouge jaune, d'un rouge ou roux testacé, luisant; rayé d'un sillon médian et marqué, un peu après la moitié de sa longueur, d'une fossette entre cette ligne et chacun des bords latéraux. *Elytres* ordinairement d'un bleu verdâtre, mais variant depuis cette teinte jusqu'au vert métallique. *Dessous du corps* ordinairement d'un bleu verdâtre, parfois d'un bleu obscur. *Pieds* noirs ou d'un noir bleuâtre, avec les cuisses d'un bleu verdâtre.

Patrie : L'Autriche, l'Orient, etc.

4. **A. chalybaeus** ; Tauscher.

Corps d'un bleu verdâtre ou d'un bleu d'acier verdâtre, avec les antennes, les palpes, les tibias et les tarses, noirs ; hérissé en dessus de poils obscurs. Tête et prothorax ponctués : la première sans ligne médiane : le second arqué en devant, élargi en ligne courbe jusqu'aux deux cinquièmes, rétréci ensuite en ligne un peu courbe; plus large que long ; déprimé transversalement après le bord antérieur ; sans traces de ligne médiane. Cuisses postérieures un peu renflées.

♂ Antennes prolongées jusqu'au quart environ de la longueur des élytres. 5e arceau ventral entaillé en angle très ouvert : le 6e fendu jusqu'à la base. Cuisses postérieures plus arquécs, plus renflées. Tarses garnis d'un duvet plus long en dessous : 1er article des antérieurs et des intermédiaires un peu renflé.

♀ Antennes faiblement prolongées au delà des angles postérieurs du prothorax ou de la base des élytres. 5e arceau ventral à ligne presque droite à son bord postérieur : le 6e peu profondément fendu. Cuisses postérieures moins robustes, moins arquées.

OEnas chalybaeus, Tauscher, Enum. *in* Mém. de la Soc. imp. des Natur. de Mosc. t. 3 (1812), p. 153. 1, pl. 10. fig. 19. — Schœnh. Syn. Ins. t. 3, p. 29. 4.

Lytta chalybea (Dejean), Catal. (1821), p. 75. — Fischer de Waldh. Entomogr. de Russ. t. 2, p. 229, pl. 42, fig. 4. — Ménétr. Catal. p. 209. 933. — Waltl, Beytr. z. Kenntn. d. Coleopt. d. Turkey, *in* Isis. v. Oken, 1838, p. 466. 103.

Cantharis chalybaa, J.-B. Fischer, Tentam. Conspect. Canthar. p. 15. 4.

Lydus chalybaeus (Dejean), Catal. (1833), p. 224. — *Id.* (1837), p. 245. — Küster, Kaef. Europ. 3. 59.

Var. *A.* Verte.

Lytta chalybea, Ménétr. Catal. p. 209. 933. Var.

Long. 0,0090 à 0,0123 (4 à 6¹). Larg. 0,0028 à 0,0033 (1 1/4 à 1 1/2).

Corps entièrement d'un bleu verdâtre ou d'un bleu d'acier verdâtre, avec les antennes, les palpes, les tibias et les tarses, noirs ; hérissé en dessus de poils obscurs, moins longs et plus clair-semés sur les élytres. *Tête* marquée de points assez rapprochés, lisse entre ces points ; notée d'une fossette sur le milieu de l'espace compris entre les yeux, et souvent d'une

autre plus obsolète au côté interne de chaque œil. *Palpes* et
antennes noires : ces dernières grossissant un peu vers l'extrémité ; asez épaisses ; à 3ᵉ à 10ᵉ articles grossissant un peu
de la base à l'extrémité, un peu plus longs que larges : le 3ᵉ
assez faiblement plus grand que le 4ᵉ : le 11ᵉ, le plus grand,
de moitié plus long que le précédent, rétréci en pointe dans
sa seconde moitié. *Yeux* entiers. *Prothorax* arqué en devant
ou élargi en ligne un peu courbe depuis les côtés du cou
jusqu'au tiers ou aux deux cinquièmes de sa longueur, rétréci
ensuite en ligne courbe et paraissant ainsi arqué sur les
côtés ; légèrement sinué près des angles postérieurs ; en ligne
tantôt droite, tantôt légèrement arquée en arrière ou en sens
contraire, à la base ; muni à celle-ci d'un rebord presque
uniforme ; médiocrement convexe ; marqué de points un peu
moins fins que ceux de la tête ; offrant après le bord antérieur,
vers le quart ou le tiers de la longueur, une dépression
transverse plus ou moins prononcée ; sans traces de ligne
longitudinale médiane. *Ecusson* presque en demi-cercle.
Elytres ruguleuses ou granuleuses ; offrant deux légères nervures longitudinales. *Dessous du corps* et *cuisses* d'un bleu
vert. *Tibias* et *tarses* noirs, parfois bruns. *Eperon* externe
des tibias postérieurs épais. 1ᵉʳ article des tarses antérieurs
et intermédiaires à peine plus long que le suivant : le 1ᵉʳ des
postérieurs presque aussi long que les deux suivants réunis.
Ongles pectinés.

Patrie : La Russie méridionale, la Taurie, la Géorgie.

5. **A. elegantulus.**

*Hérissé en dessus de poils obscurs ; entièrement d'un vert mi-doré, avec
les dix derniers articles des antennes noirs, et les tarses parfois obscurs.
Tête et prothorax ponctués, à peine pointillés entre les points : la tête sans
sillon marqué sur le milieu de la partie postérieure du vertex : le prothorax
élargi en ligne courbe depuis les côtés du cou jusqu'aux deux cinquièmes,*

puis rétréci en ligne un peu courbe; un peu plus large que long; relevé à sa base en un rebord précédé d'un sillon triangulairement élargi dans son milieu; déprimé après le bord antérieur; rayé d'une ligne médiane.

♂ Dernier arceau du ventre entaillé jusqu'à la moitié de sa longueur.

Lytta elegans (KINDERMANN).

Long. 0,0112 (5). Larg. 0,0033 (1 1/2).

Corps allongé; peu convexe; d'un vert mi-doré, quelquefois d'un vert un peu bleuâtre sur la tête; hérissé en dessus de poils fins et obscurs, moins longs sur les élytres que sur le reste. *Antennes* prolongées jusqu'aux deux cinquièmes des élytres; filiformes; noires, avec le 1er article vert : les 3e à 10e d'un quart ou de moitié plus longs que larges : le 3e un peu plus grand que le 4e. *Tête* et *prothorax* ponctués, presque lisses, mais finement ou obsolètement pointillés entre les joints : la tête sans sillon sur le milieu de la partie postérieure du vertex, ou en offrant à peine les traces : le prothorax élargi en ligne courbe depuis les côtés du cou jusqu'aux deux cinquièmes de la longueur de ses côtés, sensiblement rétréci ensuite en ligne un peu courbe; à peine sinué près des angles postérieurs; tronqué ou à peine arqué en arrière à la base; relevé à celle-ci en un rebord tranchant, précédé d'un sillon transversal triangulairement élargi à l'extrémité de la ligne médiane; à peine plus large à la base qu'il est long sur son milieu, mais notablement plus large vers les deux cinquièmes; peu ou très médiocrement convexe; marqué d'une dépression ou fossette transverse vers le quart de sa longueur; rayé d'une ligne médiane prolongée depuis cette fossette jusqu'au sillon antébasilaire. *Ecusson* en triangle sinué sur les côtés, obtusément arrondi à son extrémité. *Elytres* ruguleuses. *Dessous du corps* et *pieds* d'un vert mi-doré, avec les tibias parfois foncés ou obscurs et les tarses obscurs ou noirâtres.

Patrie : La Turquie.

Obs. Le nom d'*elegans*, sous lequel cette espèce nous a été envoyée, ayant déjà été donné par Klug à une autre *Lytta*, nous avons été obligé de changer un peu la dénomination primitive imposée par M. Kindermann.

6. **A. viridissimus** ; Lucas.

Hérissé de poils clair-semés sur la tête et sur le prothorax, glabre sur les élytres ; d'un vert mi-doré souvent en partie bleuâtre sur la tête, parfois tirant sur le bleuâtre sur le prothorax et même sur les élytres. Dix derniers articles des antennes noirs. Tête et prothorax ponctués, pointillés entre les points : la tête marquée d'un sillon sur le milieu de la partie postérieure du vertex : le prothorax élargi en ligne courbe depuis les côtés du cou jusqu'aux deux cinquièmes, puis un peu rétréci en ligne droite ; muni d'un rebord basilaire très étroit ; plus large que long ; sans dépression ou ligne médiane bien marquée en dessus. Dessous du corps et pieds d'un vert bleuâtre ou doré.

♂ Dernier arceau du ventre entaillé jusqu'à la moitié de sa longueur.

♀ Dernier arceau du ventre entier ou peu échancré.

Lytta smaragdina (Dejean), Catal. (1833), p. 224. — *Id.* (1837), p. 246.

Cantharis viridissima, Lucas, Explor. sc. de l'Algérie, p. 393. 1023, pl. 34, fig. 4, et 4, a.

Long. 0,0112 à 0,0135 (5 à 6). Larg. 0,0035 à 0,0042 (1 4/7 à 1 7/8).

Corps allongé ; peu convexe ; métallique ; ordinairement d'un vert en partie bleuâtre sur la tête et moins sensiblement sur les élytres, et d'un vert mi-doré ou doré sur le prothorax ; hérissé sur la tête et plus parcimonieusement sur le prothorax, de poils obscurs. *Tête* marquée de points moins rapprochés sur le vertex et surtout sur les côtés des tempes que sur le front ; obsolètement et ruguleusement pointillée entre les points. *Antennes* prolongées jusqu'aux deux cinquièmes des élytres; noires; à 1er article vert : à 4e à 10e articles ordinairement d'un sixième ou d'un cinquième (♀), ou parfois de moitié (♂) plus longs que larges : le 3e un peu plus grand que le 4e. *Yeux* entiers. *Prothorax* d'un tiers ou d'un quart plus large que long; élargi en ligne courbe depuis les côtés du cou jusqu'aux deux cinquièmes de sa longueur, assez faiblement rétréci ensuite en ligne droite jusqu'aux angles postérieurs; tronqué à la base; muni à celle-ci d'un rebord très étroit et pas plus élevé que le dos; médiocrement convexe; ordinairement sans dépressions, offrant parfois une dépression transverse, obsolète, vers le tiers de sa longueur; montrant rarement sur le milieu de sa longueur les faibles traces d'une raie médiane; ponctué, mais plus évidemment pointillé entre les points que la tête. *Ecusson* assez large, en triangle obtusément arrondi à son extrémité. *Elytres* sub-parallèles (♂) ou sensiblement élargies jusque vers les trois cinquièmes de leur longueur (♀); subarrondies à l'angle sutural; ruguleuses ou ruguleusement ponctuées. *Dessous du corps* d'un vert bleuâtre, parfois d'un vert mi-doré ou d'un vert doré sur la poitrine, et doré ou doré cuivreux brillant sur le ventre; garni de poils blanchâtres. *Pieds* d'un vert bleuâtre ou d'un vert mi-doré. 1er article des tarses plus long que le suivant : le 2e des tarses postérieurs moins long que les deux suivants réunis.

Patrie : L'Algérie.

Obs. La couleur verte du corps varie un peu de teinte. Elle est parfois d'un vert mi-doré sur la tête avec la moitié antérieure d'un vert bleuâtre; d'autres fois elle est presque entièrement de cette couleur. Le prothorax et les élytres présentent des variations analogues.

Cette espèce se distingue de l'*A. elegantulus* par sa taille ordinairement un peu plus avantageuse; par son corps un

peu plus large ; par sa tête marquée d'un sillon très apparent
sur le milieu de la partie postérieure du vertex ; par son prothorax ordinairement sans dépression transverse bien sensible
vers le tiers de sa longueur, muni à la base d'un rebord très
étroit, uniforme, pas plus saillant que le reste du dos, non
marqué d'une fossette à l'extrémité de la ligne médiane, qui
est ordinairement indistincte, au moins à ses extrémités.

A A. Cuisses postérieures non arquées, à peine plus grosses que les précédentes
(s. g. *Micromerus*).

7. **A. collaris** ; Fabricius.

*Allongé ; très brièvement pubescent. Vertex et milieu de la seconde
moitié du front, antennes, prothorax et pieds, d'un rouge testacé. Elytres
bleues : deux points enfoncés sur le prothorax. Ecusson et dessous du corps
noirs. Tête sans ligne médiane. Prothorax élargi en ligne courbe depuis
les côtés du cou jusqu'au tiers ou aux deux cinquièmes, rétréci ensuite ;
étroitement rebordé à la base ; plus large vers les deux cinquièmes qu'il
n'est long.*

♂ Dernier arceau ventral entaillé presque jusqu'à la moitié
de sa longueur.

♀ Dernier arceau ventral entier ou à peine échancré.

Meloe erythrocyana, Pallas, Icon. p. 96. 27, pl. E, fig. 27, a, b.

Lytta collaris, Fabr. Mant. t. 1, p. 213. 3. — *Id.* Ent. Syst. t. I. 2, p. 84. 4.
— *Id.* Syst. Eleuth. t. 2, p. 74. 4. — Gmel. C. Linn. Syst. Nat. t. 1, p. 2014. 3.
— Illig. Mag. t. 3, p. 174. 4. — Schœnh. Syn. Ins. t. 3, p. 22. 5. — Fischer
de Waldh. Entom. de Russ. t. 2, p. 229. 5, pl. 42, fig. 5. — Ménétriés,
Catal. p. 209. 954. — *Id.* Descript. des insect. recueillis par feu A. Lehmann,
in Mém. de l'Acad. des sc. de Saint-Pétersb. (sc. nat.), t. 6, p. 248. 514. —
Id. Tiré à part. 2e part. p. 52. 514. — Küster, Kaef. Eur. 1. 51.

Meloe collaris, de Villers, C. Linn. Syst. Nat. t. 4, p. 364.

Cantharis collaris, Oliv. Encycl. méth. t. 5, p. 278. 5. — *Id.* Entom. t. 3, n° 46,
p. 9. 5, pl. 2, fig. 12. — Tauscher, Enum. *in* Mém. de la Soc. imp. des Natur.
de Mosc. t. 3 (1812), p. 155. 1, pl. 11, fig. 1. — J.-B. Fischer, Tent. Consp.
Canthar. p. 16. 11. — De Casteln. Hist. nat. t. 2, p. 272. 4.

Lytta myagri (Ziegler), Fischer de Waldh. Entomogr. de Russ. t. 2, p. 228. 1, pl. 42, fig. 1.

Long. 0,0157 à 0,0225 (7 à 10). Larg. 0,0045 à 0,0052 (2 à 2 1/3).

Corps allongé; médiocrement convexe; hérissé en dessus d'un duvet court, obscur, peu apparent. *Tête* marquée de points médiocrement rapprochés, surtout sur la ligne médiane depuis le milieu du front; noire, avec le vertex (moins la partie postérieurement déclive de celui-ci) et le milieu de la partie postérieure de celui-ci d'un rouge roux ou d'un rouge testacé: la partie noire formant sur le front une tache bilobée, prolongée après les yeux jusqu'aux côtés des tempes, où elle s'unit au bord noir de la partie postérieurement déclive du vertex. *Yeux* noirs; entiers. *Antennes* prolongées jusqu'au sixième (♀) ou au quart (♂) environ de la longueur des élytres; grossissant graduellement un peu vers l'extrémité; d'un rouge roux ou testacé; à 3ᵉ article un peu plus grand que le 4ᵉ; une fois au moins plus long que large: les 5ᵉ à 10ᵉ un peu moins longs, surtout les 5ᵉ et 10ᵉ; grossissant un peu de la base à l'extrémité. *Cou* noir. *Prothorax* élargi en ligne courbe jusqu'au tiers ou aux deux cinquièmes, offrant dans ce point sa plus grande largeur, sensiblement rétréci ensuite en ligne presque droite; tronqué et étroitement rebordé à la base; au moins aussi long qu'il est large à cette dernière; sensiblement moins long qu'il est large dans son diamètre transversal le plus grand; médiocrement ou assez faiblement convexe; marqué de points rapprochés, peu profonds, plus larges sur le disque; obsolètement pointillé entre les points; offrant souvent sur son milieu une trace lisse, imponctuée, et une ligne médiane légère, raccourcie à ses extrémités; marqué vers les trois cinquièmes de sa longueur de deux gros points enfoncés, noirs, et transversalement disposés un de chaque côté, entre la ligne médiane et le bord externe; d'un rouge roux ou d'un rouge testacé, avec ses bords antérieurs et postérieurs et le bord latéral du repli, noirs. *Ecusson* noir. *Elytres* parallèles; d'un beau bleu métallique; ruguleuses ou ruguleusement ponctuées; à deux ou trois nervures longitudinales, légères. *Dessous du corps* finement ponctué; hérissé de poils noirs; noir, ainsi que les trochanters. *Pieds* d'un rouge ou roux testacé; hérissés de poils bruts et obscurs : cuisses postérieures de la grosseur des autres.

Patrie : La Russie méridionale.

DEUXIÈME RAMEAU.

Les Cantharidiates.

Caractères. *Ongles* ni pectinés, ni dentés. *Yeux* ordinairement échancrés.

Ils peuvent être divisés de la manière suivante :

Genres.

Éperon externe des tibias postérieurs.

très épais, obliquement tronqué à son extrémité, notablement moins court que l'interne : celui-ci grêle et pointu. Antennes grossissant plus ou moins sensiblement vers l'extrémité; à 3ᵉ article à peine plus grand que le suivant. Elytres moins arrondies à leur angle sutural qu'à leur partie postéro-externe.

Prothorax plus long que large; élargi depuis les côtés du cou jusque vers les trois septièmes de sa longueur, subparallèle ou peu rétréci ensuite. Elytres un peu élargies depuis la base jusqu'aux trois cinquièmes de leur longueur. Cuisses postérieures plus grosses, arquées. Yeux entiers ou presque entiers.   Lagorina.

Prothorax moins long que large; élargi depuis les côtés du cou jusqu'au tiers ou aux deux cinquièmes de sa longueur, plus ou moins notablement rétréci ensuite.   Cantharis.

à peu près aussi grêle que l'interne. Antennes généralement plus grêles vers leur extrémité, au moins chez les ♂; à 3ᵉ article de moitié au moins plus long que le suivant. Elytres graduellement élargies d'avant en arrière; plus arrondies à l'angle sutural qu'à leur partie postéro-externe.   Epicauta.

Genre *Lagorina*, Lagorine.

Caractères. *Eperon externe des tibias postérieurs* épais, obliquement tronqué à son extrémité, notablement moins court que l'interne : celui-ci grêle et pointu. *Antennes* grossissant plus ou moins sensiblement vers l'extrémité ; à 3ᵉ article plus grand que le suivant. *Elytres* un peu élargies depuis la base jusqu'aux trois cinquièmes de leur longueur ; moins arrondies à leur angle sutural qu'à leur partie postéro-externe. *Prothorax* plus long que large ; élargi depuis les côtés du cou jusque vers les trois septièmes de sa longueur, subparallèle ou peu rétréci ensuite. *Cuisses postérieures* plus grosses et arquées. *Yeux* entiers ou presque entiers.

1. **L. sericea** ; Waltl.

Pubescent. Antennes noires, à base verte. Tête et prothorax d'un vert mi-doré, souvent en partie d'un rouge cuivreux; marqués de points contigus : la première rayée d'un sillon sur le milieu de la partie postérieure du vertex : le second plus long que large ; élargi jusqu'aux trois septièmes, subparallèle ensuite. Ecusson ordinairement d'un rouge cuivreux. Elytres d'un vert mi-doré ; un peu élargies jusqu'aux trois cinquièmes ; ruguleuses. Dessous du corps et pieds d'un vert doré ou d'un cuivreux doré. Tarses d'un vert bleuâtre.

♂ Dernier arceau ventral entaillé jusqu'à la moitié de sa longueur.

♀ Dernier arceau ventral entier ou à peu près.

Lytta sericea, Waltl, Reise (1835), 2ᵉ part. p. 76. — *Id. in* Revue entomol. de Silberm. t. 4, p. 155.

Lytta herbivora (Rambur) (Dejean), Catal. 1837, p. 246.

Long. 0,0112 à 0,0157 (5 à 7). Larg. 0,0033 à 0,0050 (1 1/2 à 2 1/5) à la base des élytres; 0,0050 à 0,0067 (2 1/4 à 3) vers les trois cinquièmes des élytres.

Corps suballongé ; très médiocrement convexe ; hérissé er

dessus d'un duvet court et flavescent. *Tête* d'un vert mi-doré, souvent en partie d'un cuivreux mi-doré ou d'un vert cuivreux ; marquée de points assez gros et contigus ; creusée d'un sillon sur le milieu de la partie postérieure du vertex. *Yeux* entiers ou à peu près. *Antennes* prolongées jusqu'au cinquième ou au quart des élytres ; filiformes ; noires, avec les 1er et 2e articles d'un vert mi-doré : les 3e à 10e articles cylindriques, à peu près égaux, de deux tiers à une fois plus longs que larges. *Prothorax* élargi en ligne peu courbe depuis les côtés du cou jusqu'aux trois cinquièmes de sa longueur, subparallèle ou plutôt faiblement rétréci ensuite et ordinairement d'une manière subsinuée près des angles postérieurs ; tronqué et peu sensiblement rebordé à la base ; marqué, comme la tête, de points assez gros et contigus ; sans traces de ligne médiane ; d'un cinquième environ plus long sur son milieu que large à la base. *Ecusson* en triangle arrondi à son extrémité et à côtés subsinués ; d'un vert cuivreux ou d'un rouge de cuivre mi-doré. *Elytres* élargies jusqu'aux trois cinquièmes ; arrondies postérieurement, prises ensemble, avec l'angle sutural subarrondi ; ruguleuses ; d'un vert mi-doré. *Dessous du corps* garni d'un duvet blanc ; ordinairement d'un vert cuivreux ou d'un cuivreux doré sur la poitrine, d'un vert doré ou cuivreux sur le ventre. *Pieds* d'un vert mi-doré, avec les tibias et surtout les tarses moins clairs, d'un vert bleuâtre obscur. Premier article des tarses postérieurs un peu moins long que les deux suivants réunis.

Patrie : Les provinces méridionales de l'Espagne.

Obs. Les yeux paraissent tantôt à peu près entiers, tantôt ils offrent à peine une très légère échancrure.

Cette espèce, par ses yeux entiers ou à peu près, par ses élytres un peu élargies d'avant en arrière, semble se lier à quelques-uns des insectes du rameau précédent, et servir ainsi de transition à ceux auxquels elle se rattache par ses ongles ni pectinés, ni dentés.

M. Rosenbauer, dans sa Faune de l'Andalousie (1), p. 232, en mentionnant la *Lytta sericea*, Waltl., ajoute : Décrite en 1836, par M. Waltl, sous le nom précité; en 1840, par M. de Castelnau, et en 1849, par M. Lucas, sous celui de *scutellata*. Elle a été appelée *herbivora*, par M. Rambur. M. Rosenbauer n'a vraisemblablement pas eu sous les yeux la *Cantharis scutellata* de M. de Castelnau, qui est bien certainement l'espèce suivante, distincte de celle qui nous occupe.

Quant à la *Lytta sericea* de M. Waltl, dont voici la description : *Subtus aureo et rubro viridis, nitida, supra aureo-viridis, thorace elongato, subcylindrico, profunde punctato, elytris rugosis, pilis albis brevibus tectis* (2), vraisemblablement elle est identique avec la *Cantharis herbivora* (Rambur).

2. **L. scutellata**; DE Castelnau.

Pubescent; ordinairement d'un vert mi-doré, parfois d'un vert bleu ou d'un bleu vert en dessus. Antennes noires, à base verte. Tête et prothorax marqués de points presque contigus : l'un et l'autre sans ligne médiane : le prothorax élargi jusqu'aux deux cinquièmes ou un peu plus, puis faiblement rétréci et subsinué : d'un cinquième plus long que large; sans rebord basilaire. Ecusson doré, creusé d'une fossette près de son extrémité. Elytres à peine plus larges vers les trois cinquièmes de leur longueur. Tarses ordinairement noirs.

♂ Dernier arceau ventral entaillé jusqu'à la moitié de sa longueur; déprimé dans cette entaille.

♀ Inconnue.

Cantharis scutellata, DE Casteln. Hist. nat. t. 2, p. 273. 9. — Lucas, Explor. sc. de l'Algér. p. 394. 1024, pl. 34, fig. 5; et fig. 5, a, à 5, f (détails).

Long. 0,0100 à 0,0135 (4 1/2 à 6). Larg. 0,0024 à 0,0033 (1 1/8 à 1 1/2).

Corps allongé; subparallèle; brièvement hérissé en dessus de poils cendrés; ordinairement d'un vert mi-doré en dessus, avec les côtés des tempes et le repli du prothorax d'un vert doré ou d'un doré verdàtre, et l'écusson doré, mais souvent

---

(1) Die Thiere Andalusiens, *Erlangen*, 1856, in-8.

(2) Waltl, Reise (1835), p. 76. — Revue entomol. de Silbermann, t. 4, p. 155.

en partie au moins d'un vert bleu ou d'un bleu verdâtre,
surtout sur la tête et sur le prothorax. *Tête* marquée de points
presque contigus, séparés par des intervalles étroits et presque
réticuleux ; souvent notée de deux petites fossettes transversalement situées un peu au-dessus de l'origine de chaque
antenne et plus en dedans. *Palpes* et *antennes* noirs ou d'un
noir brun : ces dernières prolongées jusqu'aux deux cinquièmes ou trois septièmes de la longueur des élytres ; filiformes ou grossissant à peine vers l'extrémité ; à 3e article
variablement un peu plus ou un peu moins grand que le suivant : les 3e à 10e subcylindriques, une fois plus longs que
larges : le 11e, le plus grand : les 1er et 2e réunis, à peine
aussi grands ou plus grands que le 3e. *Yeux* échancrés. *Prothorax* élargi en ligne presque droite jusqu'aux deux cinquièmes ou trois septièmes de sa longueur, offrant dans ce
point sa plus grande largeur, à peine ou faiblement rétréci
ensuite et d'une manière subsinuée ; tronqué ou parfois subsinué dans son milieu et sans rebord bien marqué, à la base ;
d'un cinquième moins large à celle-ci qu'il est long sur son
milieu ; médiocrement convexe ; marqué de points analogues
à ceux de la tête, mais légèrement plus gros ; sans ligne
longitudinale médiane ou n'offrant que les traces d'une ligne
lisse ou d'une fine raie vers la moitié de sa longueur. *Ecusson*
rétréci d'avant en arrière ; arrondi postérieurement ; doré ;
ponctué ; ordinairement creusé d'une fossette près de son extrémité, qui paraît un peu relevée en rebord. *Elytres* subparallèles, faiblement et graduellement un peu plus larges vers
les trois cinquièmes de leur longueur ; postérieurement en
ligne courbe jusque vers l'angle sutural ; peu arrondies à cet
angle et un peu déhiscentes sur le huitième ou dixième postérieur de la suture ; ruguleuses ou ruguleusement granuleuses.
Dessous du corps et *pieds* garnis de poils fins, cendrés ou
blanchâtres : le premier, tantôt d'un vert mi-doré ou doré,

tantôt en partie au moins doré ou d'un doré verdàtre : les seconds, d'un vert mi-doré ou vert bleuàtre sur les cuisses, d'un vert bronzé sur les tibias; bruns ou noiràtres sur les tarses. 1er article de tous les tarses presque aussi long que tous les suivants réunis.

Patrie : L'Algérie.

Obs. Nous n'avons eu sous les yeux que des exemplaires ♂.

Genre *Cantharis*, Cantharide ; Geoffroy. (1).

Caractères. *Eperon externe des tibias postérieurs* épais; obliquement tronqué à son extrémité; notablement moins court ou plus long que l'interne : celui-ci grêle et pointu. Antennes grossissant plus ou moins sensiblement vers l'extrémité; à 3e article à peine plus grand que le suivant. Elytres moins arrondies à l'angle sutural qu'à leur partie postéro-externe. Prothorax moins long que large; élargi depuis les côtés du cou jusqu'au tiers ou aux deux cinquièmes de sa longueur, où il offre sa plus grande largeur, plus ou moins notablement rétréci ensuite jusqu'à la base. Ongles non dentés (2).

A. Cuisses postérieures plus grosses et arquées à leur bord antérieur. Prothorax assez faiblement rétréci sur les côtés, depuis le tiers ou les deux cinquièmes de sa longueur (où il offre sa plus grande largeur) jusqu'à la base. (s. g. *Cabalia*.)

1. C. Perroudi.

Dessus du corps hérissé d'un duvet cendré blanchâtre, court; variant du vert mi-doré au violet. Tête et prothorax marqués de points assez gros et

---

(1) Geoffroy, Hist. abrég. des insect. t 1, p. 339.

(2) Voy. Mulsant, Hist. nat. des Coléopt. (*Vésicants*), p. 153.

médiocrement rapprochés : la première sans traces de ligne médiane. Antennes noires, à 1ᵉʳ article vert : 4ᵉ à 10ᵉ articles un peu ou à peine plus longs que larges. Prothorax élargi jusqu'aux deux cinquièmes, subparallèle ensuite ; tronqué et étroitement rebordé à la base ; moins long que large ; ordinairement marqué d'une fossette médiane des deux aux quatre cinquièmes de sa longueur. Ecusson large ; rayé d'une ligne médiane. Elytres de trois cinquièmes plus longues que larges, réunies ; peu convexes sur le dos. Tarses obscurs : 1ᵉʳ article des postérieurs aussi long que les deux suivants réunis.

Long. 0,0090 à 0,0112 (4 à 5). Larg. 0,0033 à 0,0039 (1 1,2 à 1 3/4).

Corps suballongé ; brièvement hérissé de poils en dessus. *Tête* ruguleusement ponctuée ; d'un vert doré ; garnie de poils blanchâtres ; sans traces de ligne médiane. *Suture frontale* arquée en arrière. *Palpes maxillaires* noirs ou violâtres. *Antennes* prolongées jusqu'au quart environ de la longueur des élytres ; filiformes ou grossissant faiblement vers l'extrémité ; à 1ᵉʳ article aussi long que le 3ᵉ : celui-ci visiblement plus long que le suivant, d'un tiers ou de moitié plus long que large : les 4ᵉ à 10ᵉ faiblement plus longs que larges : les 8ᵉ à 10ᵉ quelquefois à peine aussi longs que larges : le 11ᵉ à peine aussi long que le 1ᵉʳ. *Yeux* subarrondis, brièvement échancrés. *Prothorax* élargi en ligne courbe depuis les côtés du cou jusqu'au tiers ou aux deux cinquièmes de sa longueur, subparallèle ensuite ; tronqué ou à peine arqué en arrière et muni d'un rebord très étroit à la base ; d'un cinquième environ moins long qu'il est large ; convexe ; marqué de points et hérissé de poils blanchâtres, à peu près comme la tête ; vert mi-doré, avec les côtés d'un doré cuivreux ; habituellement creusé d'une fossette ou d'un sillon court, depuis les deux cinquièmes jusqu'aux quatre cinquièmes environ de la ligne médiane : cette fossette parfois obsolète. *Ecusson* plus large que long ; arrondi postérieurement ; rugueusement ponctué ; vert mi-doré ; rayé d'une ligne longitudinale médiane non prolongée jusqu'à l'extrémité. *Elytres* graduellement un peu élargies jusqu'aux deux tiers ou trois quarts de leur longueur; obtusément arrondies à l'extrémité (prises ensemble); émoussées à l'angle sutural; peu ou très médiocrement convexes; de trois cinquièmes plus longues qu'elles sont larges, prises ensemble dans leur milieu; rugueuses ou rugueusement ponctuées; hérissées de poils d'un blanc cendré, peu épais, assez courts, peu apparents; à fossettes humérales peu marquées; d'un vert mi-doré. *Dessous du corps* garni de poils cendrés, assez clair-semés; ordinairement d'un cuivreux doré; pointillé. *Pieds* d'un vert cuivreux : tibias verts ou d'un vert bleuâtre : tarses d'un vert noirâtre. 1er article des tarses intermédiaires presque aussi long que les deux suivants réunis : le 1er des postérieurs aussi long que les deux suivants réunis.

Patrie : L'Algérie (collect. Perroud).

Obs. Nous en avons vu dans la belle collection de M. Reiche un exemplaire dont le corps, au lieu d'être vert mi-doré en dessus et doré cuivreux en dessous, a la tête et le prothorax d'un vert bleuâtre, les élytres bleues ou d'un bleu violâtre, et le dessous du corps violet.

Elle a beaucoup d'analogie avec la *C. segetum*, et elle s'en distingue par d'assez faibles caractères. Elle a le corps proportionnellement plus court et moins large, moins convexe; l'écusson rayé d'une ligne longitudinale; les élytres de trois cinquièmes seulement plus longues que larges, réunies.

Faudrait-il rapporter à cette espèce la *C. Bassii?* de M. de Castelnau, dont voici la description : *Pubescent, d'un vert à reflet bleu; antennes noires, à l'exception de la base; tête et corselet couverts d'une granulation égale et serrée; élytres finement granuleuses; dessous du corps et pattes d'une belle couleur dorée.* De Casteln. Hist. nat. t. 2, p. 272. 8.

2. **C. segetum**; Fabricius.

Parallèle. Dessus du corps hérissé d'un duvet cendré, très court; variant du vert mi-doré au bleu, au violet ou au noir violet. Tête et prothorax marqués de points assez gros et rapprochés : la première sans traces de ligne médiane. Antennes noires; à 1ᵉʳ article vert; 4ᵉ à 10ᵉ articles un peu plus longs que larges. Prothorax élargi jusqu'aux deux cinquièmes, parallèle ensuite; tronqué et étroitement rebordé à la base; moins long que large; ordinairement marqué d'une fossette vers la moitié de la ligne médiane. Ecusson plus large que long; sans fossette ni sillon. Elytres une fois au moins plus longues que larges réunies; presque semi-cylindriques. Tarses noirâtres : le 1ᵉʳ article des postérieurs un peu moins long que les deux suivants réunis.

♂ Dernier arceau ventral entaillé jusqu'à la moitié de sa longueur.

♀ Dernier arceau ventral entier ou à peine échancré.

Lytta segetum, Fabr. Entom. Syst. t. 1. 2, p. 84. 2. — *Id.* Syst. Eleuth. t. 2, p. 76. 2. — Coqueb. Illustr. Insect. t. 3, p. 131, pl. 30, fig. 3. — Schœnh. Syn. ins. t. 3, p. 22. 2.

Cantharis segetum, J.-B. Fischer, Tentam. Conspect. Cantharid. p. 15. 3. — De Casteln. Hist. nat. t. 2, p. 272. 6. — Lucas, Explor. scient. de l'Algér. p. 595. 1032, pl. 34. fig. 5.

Long. 0,0090 à 0,0112 (4 à 5). Larg. 0,0028 à 0,0033 (1 1/4 à 1 1/2).

Corps allongé; parallèle; brièvement hérissé en dessus de poils cendrés; souvent d'un vert doré sur la tête et sur le prothorax et d'un vert mi-doré sur les élytres, mais offrant parfois toutes les teintes diverses entre cette couleur et le vert bronzé, le vert bleu, le bleu, le bleu violet ou le violâtre. *Tête* marquée de points assez gros et rapprochés; sans traces de ligne médiane. *Suture frontale* arquée en arrière. *Palpes* ordinairement noirs ou obscurs. *Antennes* peu prolongées après le calus huméral; filiformes, noires; pubescentes; à 1ᵉʳ article aussi long que le 3ᵉ : celui-ci visiblement plus long

que le 4ᵉ, de moitié plus long que large : les 4ᵉ à 10ᵉ presque
égaux, d'un cinquième (♂) ou à peine (♀) plus longs que
larges : le 11ᵉ à peine aussi grand ou moins long que le 1ᵉʳ.
Yeux subarrondis, brièvement échancrés. *Prothorax* élargi
en ligne courbe depuis les côtés du cou jusqu'aux deux cinquièmes environ de sa longueur, parallèle ensuite ; un peu
arqué en arrière et muni d'un rebord très étroit à la base ;
moins long sur son milieu qu'il est large à cette dernière ;
convexe ; marqué de points ordinairement un peu plus gros
que ceux de la tête ; habituellement creusé d'une fossette ou
d'un sillon depuis les deux cinquièmes jusqu'aux quatre cinquièmes environ de la ligne médiane : cette fossette parfois
obsolète ou peu distincte. *Ecusson* plus large que long ; obtusément arrondi à l'extrémité ; un peu sinué sur les côtés ;
ponctué. *Elytres* subparallèles ; très obtusément arrondies
chacune à l'extrémité, émoussées ou peu arrondies à l'angle
sutural ; une fois ou une fois et un cinquième plus longues
que larges, réunies ; médiocrement convexes ; ruguleuses ou
ruguleusement ponctuées ou granuleuses ; à fossettes humérales peu ou point marquées. *Dessous du corps* garni de poils
cendrés, peu allongés et assez clair-semés ; ordinairement
d'un vert doré ou d'un doré brillant et verdâtre. *Pieds* d'un
vert mi-doré, bleus ou violets : tibias et tarses noirs. Premier
article des tarses intermédiaires de moitié environ plus long
que le suivant : le 1ᵉʳ des postérieurs un peu moins long que
les deux suivants réunis.

Patrie : L'Algérie, la Sicile.

Obs. La couleur du dessus du corps varie. On en trouve
des exemplaires verts, d'un vert bleuâtre, d'un bleu verdâtre,
bleus, d'un bleu violâtre, violets, d'un violet bronzé, bronzés
ou d'un bronzé violâtre ou verdâtre.

AA. Cuisses postérieures à peine plus grosses que les autres ; peu ou point arquées à leur bord antérieur. Prothorax notablement rétréci sur les côtés, depuis le tiers ou les deux cinquièmes de sa longueur (où il offre sa plus grande largeur) jusqu'à la base. (s. g. *Cantharis*).

1. **C. Pallasii** ; Gebler.

Dessus du corps glabre, vert ou vert bleu sur la tête et le prothorax, d'un vert mi-doré ou bleuâtre sur les élytres. Antennes d'un violet foncé. Tête marquée d'une fossette au côté interne des yeux et d'une autre sur le milieu du front ; ornée sur celui-ci d'une tache ponctiforme orangée ; rayée sur sa seconde moitié d'une ligne médiane légère, à peine apparente sur le vertex. Prothorax élargi en ligne fortement sinuée depuis les côtés du cou jusqu'aux deux cinquièmes de sa longueur, rétréci ensuite ; postérieurement muni à sa base d'un rebord presque égal ou graduellement rétréci du milieu aux extrémités. Dessous du corps et pieds variant du bleu violet au vert bleu. Tarses postérieurs dentés.

♂ Tibias antérieurs armés d'un seul éperon courbé. 1er article des tarses arqué en dessus et échancré en dessous, à la base. 1er article des tarses intermédiaires arqué en dessus et courbé en sens contraire sur toute sa longueur en dessous : le suivant inséré vers le milieu de la longueur du dos du précédent. Articles des tarses postérieurs armés chacun à l'extrémité d'une petite dent courbée, etc.

♀ Tibias antérieurs à deux éperons. 1er article des tarses antérieurs et intermédiaires des tarses, en ligne droite en dessus ; rétréci ou faiblement échancré en dessous à la base : le 2e article des tarses intermédiaires inséré à l'extrémité du précédent. Articles des tarses postérieurs simplement dentés, etc.

Meloe caraganae, Pallas, Icon. p. 97, pl. E, fig 28.

Lytta Pallasii (Gebler) (Sturm), Catal. (1826), p. 166. — Gebler, Ledebours, Reise, t. 2 (1830), p. 141. 4. — *Id*. Notice, etc. *in* Nouv. Mém. de la Soc. i. des Natur. de Mosc. t. 2 (1832), p. 58.

Cantharis Pallasii, J.-B. Fischer, Tentam. (1827), p. 15. 6.

Long. 0,0135 à 0,0202 (6 à 9). Larg. 0,0036 à 0,0059 (1 1/3 à 2 2/3).

Corps glabre en dessus. *Tête* élargie depuis les yeux jusqu'à sa partie postérieure; d'un bleu verdâtre ou d'un vert bleu; parcimonieusement ponctuée; lisse entre les points; notée d'une fossette longitudinale au côté interne de chaque œil et d'une autre ponctiforme entre celles-ci; rayée d'une ligne longitudinale médiaire, légère, prolongée depuis la fossette précitée jusqu'au vertex, ordinairement plus légère sur ce dernier; parée après la fossette du milieu du front d'une tache ponctiforme d'un rouge jaune. *Palpes* d'un bleu violet. *Antennes* prolongées jusqu'aux deux cinquièmes ou un peu plus de la longueur des élytres; grossissant un peu vers l'extrémité; à 3ᵉ article obconique, plus long que le 4ᵉ : les 5ᵉ à 10ᵉ comprimés, élargis en ligne un peu courbe de la base à l'extrémité : les 7ᵉ à 10ᵉ à peine aussi longs ou plus longs que larges : le 11ᵉ à peine aussi long que le 3ᵉ, élargi jusqu'à la moitié, puis rétréci en pointe. *Prothorax* élargi en ligne assez profondément sinuée depuis les côtés du cou jusqu'aux deux cinquièmes de sa longueur; offrant en dedans de l'angle qu'il forme vers ce point une sorte de gouttière verticale qui rend cet angle avancé, assez fortement rétréci ensuite jusqu'à la base; d'un quart ou d'un tiers moins large à celle-ci que vers les deux cinquièmes de sa longueur; relevé à la base en rebord presque uniforme ou faiblement plus développé longitudinalement dans son milieu; rayé d'un sillon transversal au devant de ce rebord; très peu convexe; presque lisse; parcimonieusement pointillé; rayé d'une ligne longitudinale médiaire assez légère; d'un vert bleu ou d'un bleu vert métallique. *Elytres* obtusément arrondies chacune à l'extrémité; rugueusement ponctuées; munies d'un rebord sutural et chargées de deux faibles nervures; d'un vert mi-doré. *Dessous du corps* garni de poils fins, courts et peu apparents; d'un vert bleu, d'un bleu vert ou d'un bleu violacé. *Pieds* d'un bleu violet. *Tarses* postérieurs dentés.

Patrie : La Sibérie, les Steppes des Kirghis, etc.

Obs. Elle est facile à distinguer de la *C. vesicatoria* par la légèreté de la ligne médiane sur le vertex ; par les sinuosités voisines de la partie anguleuse du prothorax ; par les tarses postérieurs dentés, etc.

4. **C. vesicatoria** ; Linné.

Glabre en dessus. Entièrement d'un vert mi-doré ou d'un vert bleu ou bleuâtre, avec les huit derniers articles des antennes et les tarses d'un noir violâtre. Tête rayée d'un sillon longitudinal profond, depuis le front jusqu'à la partie postérieure du vertex. Prothorax plus large que long ; élargi en ligne droite depuis les côtés du cou jusqu'aux deux cinquièmes de sa longueur où il offre des angles saillants et un peu relevés ; rétréci ensuite en ligne droite ; peu convexe ; un peu inégal ; rayé d'une ligne médiane approfondie postérieurement ; échancré à la base et relevé en un rebord plus développé longitudinalement dans son milieu. Tarses postérieurs non dentés.

Meloe vesicatorius, Linn. Sys. Nat. t. 4, p. 679. 3, etc. Voy. Mulsant, Hist. nat. des Coléopt. de France (*Vésicants*), p. 155.

5. **C. phalerata** (Friwaldsky), Waltl.

Dessus du corps hérissé de poils longs et peu épais. Tête et prothorax d'un vert mi-doré ; rugueusement ponctués : la première sans ligne médiane apparente : le second élargi depuis les côtés du cou jusqu'au tiers de sa longueur, médiocrement rétréci ensuite ; muni à sa base d'un rebord presque égal ; rayé d'un sillon longitudinal médian affaibli en devant. Elytres d'un vert bleuâtre ; parées chacune d'une bande longitudinale d'un cuivreux doré, prolongée depuis le calus jusqu'à l'extrémité. Antennes noires. Dessous du corps variant du vert mi-doré au vert bleuâtre. Pieds d'un roux jaune.

Lytta phalerata (Friwaldsky), Waltl, Beytr. z. Kenntn. d. Coleopt. d. Türkey *in* Isis. v. Oken, 1838, p. 467. 106. — Küster, Kaef. Europ. 2. 33.

Long. 0,0123 à 0,0162 (5 1/2 à 7 1/4). Larg. 0,0033 à 0,0050 (1 1/2 à 2 1/4).

Corps hérissé en dessus de poils roussâtres ou obscurs,

peu épais, plus longs et moins clair-semés sur la tête et sur
le prothorax que sur les élytres. *Tête* d'un vert mi-doré avec
les tempes ordinairement d'un doré cuivreux; rugueusement
ponctuée; marquée d'une petite fossette sur le milieu du
front; sans traces de ligne longitudinale médiane. *Palpes*
d'un roux jaune. *Antennes* prolongées jusqu'à la moitié des
élytres (♂) ou un peu moins (♀); noires; filiformes ou grossissant à peine vers l'extrémité; à articles 3e à 10e notablement plus longs que larges, presque d'égale grosseur (♂) ou
à peine élargis de la base à l'extrémité (♀) : le 3e un peu
moins long que le 4e : le 11e, le plus long, rétréci en pointe
à son extrémité. *Prothorax* arqué en devant, c'est-à-dire
élargi en ligne un peu courbe depuis les côtés du cou jusqu'au
tiers de sa longueur, subarrondi et non relevé dans ce point,
médiocrement rétréci ensuite en ligne presque droite jusqu'à
la base; un peu moins long qu'il est large à cette dernière;
relevé à celle-ci en rebord presque égal ou à peine plus
développé longitudinalement dans son milieu; peu convexe;
rugueusement ponctué; d'un vert mi-doré; rayé longitudinalement sur son milieu d'un sillon généralement léger en
devant et plus profond en se rapprochant du rebord basilaire.
Ecusson en triangle obtus ou presque en demi-cercle; d'un
vert mi-doré. *Elytres* arrondies chacune à l'extrémité; médiocrement convexes; rugueuses ou rugueusement ponctuées;
ordinairement d'un vert bleu ou bleuâtre sur leur moitié
interne, d'un vert mi-doré ou moins bleuâtre près du bord
externe; parées chacune d'une bande longitudinale d'un doré
cuivreux ou d'un cuivreux mi-doré, naissant de la base,
passant sur le calus et prolongée, en s'élargissant, jusqu'à
l'extrémité. *Dessous du corps* garni de longs poils blancs ou
d'un blanc cendré; vert ou d'un vert bleu sur la poitrine,
d'un vert mi-doré sur le ventre. *Pieds* d'un roux jaune ou
d'un flave orangé, avec les genoux et souvent l'extrémité

des tibias obscurs. 1ᵉʳ article des tarses postérieurs d'un quart ou d'un tiers plus long que le suivant.

Patrie : La Turquie.

6. C. flavipes.

Corps allongé ; parallèle ; hérissé en dessus de poils longs et clair-semés, en partie d'un blanc cendré ; d'un vert mi-doré en dessus. Antennes noires; à 3ᵉ article moins long que le 4ᵉ. Yeux échancrés. Tête et prothorax marqués de points peu rapprochés, ruguleux entre ces points : la tête sillonnée sur le milieu de la partie postérieure du vertex : le prothorax plus large que long ; élargi depuis les côtés du cou jusqu'aux deux cinquièmes ; rétréci ensuite ; relevé en rebord à la base ; rayé d'une ligne médiane terminée par une fossette triangulaire. Dessous du corps vert ou doré cuivreux. Pieds d'un roux flave : trochanters et genoux noirs.

♂ Dernier arceau du ventre entaillé au moins jusqu'à la moitié de sa longueur, avec les angles de cette entaille terminés par un faisceau de longs poils presque collés. Tibias intermédiaires échancrés en dessous vers leur extrémité sur le quart au moins de leur longueur; armés d'une forte épine à chacune des extrémités de cette échancrure. Trois ou quatre premiers articles des tarses intermédiaires étroits à la base, puis brusquement dilatés, comprimés et garnis de poils en dessous. *Métasternum* chargé en devant, près de la base des cuisses intermédiaires, de deux tubercules hérissés d'une houpe de poils noirs.

♀ Inconnue.

Lytta flavipes (Kindermann).

Long. 0,0100 à 0,0157 (4 1/2 à 7). Larg. 0,0033 à 0,0048 (1 1/2 à 2 1/8)

Corps allongé; subparallèle; assez faiblement convexe; hérissé en dessus de longs poils clair-semés, surtout sur les élytres, en partie d'un blanc cendré, en partie obscurs; d'un vert mi-doré en dessus. *Tête* marquée de points peu ou médiocrement rapprochés; ruguleuse entre les points; ordinairement marquée d'une fossette ronde, ponctiforme, sur le milieu du front; rayée depuis la partie postérieure de celui-ci d'une ligne médiane légère, ordinairement transformée en sillon sur la partie postérieure du vertex : épistome et labre parfois obscurs ou noirs. *Palpes* d'un roux flave. *Yeux* échancrés; un peu moins larges dans le milieu de leur côté interne que près de celui-ci. *Antennes* prolongées jusqu'aux deux cinquièmes au moins de la longueur des élytres (♂); noires ou d'un noir violâtre; filiformes ou grossissant à peine vers l'extrémité; à 3ᵉ article un peu moins long que le 4ᵉ : les 4ᵉ à 10ᵉ presque cylindriques et deux fois environ plus longs que larges : les 9ᵉ et 10ᵉ au moins aussi longs ou plus longs que le 4ᵉ : le 11ᵉ, le plus long. *Prothorax* élargi en ligne presque droite depuis les côtés du cou jusqu'au tiers ou aux deux cinquièmes, plus large et un peu obtusément anguleux dans ce point, sensiblement rétréci ensuite d'une manière subsinuée; tronqué ou plutôt un peu entaillé en angle très ouvert dans son milieu, à la base; relevé à celle-ci en un rebord un peu élargi dans son milieu; transversalement sillonné au devant de ce rebord; à peine aussi long qu'il est large à la base; sensiblement moins long qu'il est large vers le tiers ou les deux cinquièmes de sa longueur; ponctué à peu près comme la tête; rayé d'une ligne longitudinale médiane, obsolète en devant, et en général un peu triangulairement élargie postérieurement; d'un vert mi-doré. *Ecusson* en triangle arrondi à l'extrémité et à côtés sinués; ponctué et un peu relevé postérieurement; vert mi-doré. *Elytres* subparallèles; arrondies chacune à l'extrémité; d'un vert mi-doré; ruguleuses ou ruguleusement ponctuées ou granuleuses. *Dessous du corps* garni de poils assez longs, soyeux, d'un blanc sale; tantôt d'un vert doré sur la poitrine et doré sur le ventre, tantôt d'un bleu vert ou d'un vert bleuâtre sur la poitrine et vert doré sur le ventre. *Mesosternum* chargé, au moins chez les ♂, de deux tubercules hérissés chacun de poils noirs. *Pieds* d'un roux flave, avec les trochanters et les genoux ou du moins la rotule, noirs. *Tibias* postérieurs grêles et sensiblement dilatés à leur extrémité (au moins chez les ♂) : 1er article des tarses postérieurs faiblement plus long que le suivant.

Patrie : ? (collect. Godart).

7. **C. clematidis** ; Pallas.

Allongé. Tête, prothorax, dessous du corps, cuisses et tibias d'un vert bleu, luisant. Elytres d'un flave testacé ; pubescentes. Antennes noires. Tête et prothorax marqués de points médiocrement rapprochés et garnis de poils d'un blanc cendré : la première rayée depuis la partie postérieure du front jusqu'à celle du vertex d'un sillon assez profond : le second élargi depuis les côtés du cou jusqu'aux deux cinquièmes ; rétréci ensuite en ligne un peu courbe ; moins long que large dans son diamètre transversal le plus grand ; sillonné postérieurement sur la ligne médiane.

Meloe algirica ? Pallas, Reise, t. 2. Append. p. 720. 51. — *Id.* Trad. fr. de Gauthier de la Peyronie, t. 3 (1793), p. 472. 31 ?

Meloe clematidis, Pallas, Icon. p. 95, pl. E, fig. 25. — Goeze, Entom. Beytr. t. 1, p. 701. 3.

Lytta clematidis, Gemel, C. Linn. Syst. nat. t. 1, p. 2015. 16. — Schœnh. Syn. ins. t. 3, p. 22. 4.

Cantharis clematidis, Oliv. Encycl. méth. t. 5, p. 280. 19. — J.-B. Fischer, Tentam. Consp. Canthar. p. 16. 15.

Lytta Fischeri (Gebler), Fischer de Waldh. Entomogr. de Russ. t. 2, p. 230, pl. 43, fig. 4 et 5.

Long. 0,0090 à 0,0112 (4 à 5). Larg. 0,0022 à 0,0024 (1 à 1 1/8).

Corps allongé. *Tête* d'un bleu vert luisant ou semi-brillant ; marquée de points médiocrement rapprochés, donnant chacun naissance à un poil cendré ; lisse entre les points ; rayée depuis la partie postérieure du front jusqu'à celle du vertex d'un

sillon médiaire assez profond. *Suture frontale* en angle ou en
arc dirigé en arrière. *Epistome* et *labre* d'un brun noir. *Palpes*
bruns, en partie d'un roux testacé. *Yeux* faiblement échancrés. *Antennes* prolongées jusqu'au quart ou au tiers des
élytres; grossissant sensiblement vers l'extrémité; noires:
à 3e article faiblement plus gros que le suivant : les 4e à 10e
plus longs que larges, obconiques, graduellement un peu plus
grands : le 11e égal environ au 1er. *Prothorax* élargi en ligne
courbe depuis les côtés du cou jusqu'aux deux cinquièmes
ou trois septièmes de sa longueur, sensiblement rétréci ensuite en ligne un peu courbe; tronqué et relevé à la base en
un rebord moins étroit dans son milieu qu'aux extrémités;
à peine aussi long qu'il est large à la base, sensiblement
moins long qu'il est large dans son diamètre transversal le
plus grand; d'un bleu vert; ponctué et garni de poils comme
la tête; rayé d'une ligne longitudinale médiane, ordinairement plus marquée ou légère en devant, transformée dans sa
seconde moitié en un sillon graduellement plus profond jusqu'au rebord basilaire. *Ecusson* d'un bleu vert. *Elytres* d'un flave
testacé; ruguleusement et faiblement ponctuées ; garnies de
poils concolores, mi-couchés, assez courts; chargées de deux
ou trois faibles nervures longitudinales dont l'intermédiaire,
naissant de la fossette humérale, plus apparente. *Dessous du
corps* d'un vert bleu luisant; garni de poils cendrés. *Pieds*
garnis de poils semblables; d'un vert bleuâtre sur les cuisses,
d'un vert noirâtre sur les tibias, bruns ou d'un brun fauve
sur les tarses : éperon externe des tibias postérieurs épais :
1er article des tarses antérieurs et intermédiaires de moitié à
peine plus long que le suivant : le 1er des postérieurs un peu
moins long que les deux suivants réunis.

Patrie : La Russie méridionale.

Obs. La *Lytta bivittis*, Pallas, icon. pl. E fig. 21, est
indiquée par Fischer (entom. de Russ. t. 2 p. 231 pl. 43

fig. 6 et 7) comme étant la ♀ de la *C. Clematidis;* n'en ayant eu aucun exemplaire sous les yeux, nous ne pouvons dire à quel titre elle diffère de cette dernière.

Genre *Epicauta*, Epicaute; (Dejean), L. Redtenbacher (1).

(ἐπί, καῦτος, brûlé en dessus).

Caractères. *Eperon externe* des tarses postérieurs ordinairement plus court; à peu près aussi grêle que l'autre; terminé en pointe rarement obtuse. *Antennes* en général graduellement plus minces vers l'extrémité, parfois filiformes ou même un peu sensiblement plus grosses vers l'extrémité, chez quelques ♀, mais alors 3ᵉ article presque égal aux deux suivants réunis : ce 3ᵉ article toujours sensiblement plus long que le suivant. *Prothorax* élargi depuis les côtés du cou jusqu'aux deux cinquièmes environ de sa longueur, parallèle ensuite. *Elytres* généralement un peu élargies d'avant en arrière; plus arrondies ou plus longuement en ligne courbe à l'angle sutural qu'à la partie postéro-externe; convexement déclives sur les côtés. *Ongles* non dentés.

A. Eperon externe des tibias postérieurs plus court que l'interne. Antennes graduellement plus minces vers l'extrémité (♂♀), au moins à partir du 5ᵉ ou 6ᵉ article. (S. G. *Epicauta*).

B. Antennes flabellées dans les ♂.

1. E. sibirica; Pallas.

Noir; garni de poils noirs, avec la tête d'un rouge testacé depuis la suture frontale jusqu'à sa partie postérieure. La tête rayée d'une ligne médiane prolongée depuis la partie postérieure du front jusqu'à celle du vertex. Antennes sétacées (♀); comprimées, flabellées et élargies dans leur

---

(1) Dejean, Catal. (1833), p. 224. — *Id.* Catal. (1837), p. 246. — L. Redtenb. Die Gattung. d. Deutsch. Kaef. Faun. p. 133. — *Id.* Faun. Austr. p. 621. — E. Mulsant, Hist. nat. des Coléopt. de Fr. *(Vésicants)*, p. 161.

milieu (♂); à 3ᵉ article au moins aussi grand que le suivant. Prothorax élargi jusqu'au tiers, subparallèle ensuite; moins long que large; rayé d'une ligne médiane postérieurement plus profonde. Rebord marginal des élytres garni d'un duvet cendré.

♂ Antennes prolongées jusqu'à la moitié ou un peu moins de la longueur des élytres; garnies en dessus d'un duvet cendré peu serré, glabres en dessous; comprimées à partir du 3ᵉ article : le 3ᵉ obtriangulaire et, ainsi que les suivants, obliquement tronqué à son extrémité et dilaté en forme de dent au côté externe de celle-ci : les 3ᵉ à 9ᵉ ou 10ᵉ comme flabellés : les 3ᵉ à 8ᵉ moins longs que larges : les 4ᵉ à 6ᵉ presque également larges, une fois plus larges que longs : le 7ᵉ à peine plus large : les suivants graduellement rétrécis : le 5ᵉ obtriangulaire, à peine aussi long que large : le 10ᵉ une fois plus long que large : le 11ᵉ trois fois à trois fois et demie plus long que large : les 4ᵉ à 9ᵉ un peu échancrés ou arqués en arrière à leur bord antérieur, c'est-à-dire offrant leur dent un peu avancée du côté de l'extrémité : les 3ᵉ à 9ᵉ creusés en dessous d'un sillon transverse. Tête chargée au dessus de la base des antennes d'un espace lisse, luisant, un peu bombé, ovalaire ou suborbiculaire, couvrant depuis les yeux jusqu'à la ligne médiane ou à peu près. Tibias antérieurs obliquement écointés à l'extrémité de leur tranche inférieure. Eperons desdits tibias dépassant à peine celle de ces derniers. 1ᵉʳ article des tarses antérieurs à peine arqué en dessus à la base, échancré en dessous dans sa moitié basilaire et dilaté dans la postérieure. 1ᵉʳ article des tarses intermédiaires régulier. Dernier arceau du ventre fortement entaillé.

♀ Antennes prolongées environ jusqu'aux deux cinquièmes de la longueur des élytres; garnies d'un duvet concolore; subcomprimées; sétacées; graduellement rétrécies à partir du 3ᵉ article jusqu'à l'extrémité : à articles 3ᵉ à 9ᵉ faiblement élargis de la base à l'extrémité, sensiblement dentés : le 3ᵉ à peine aussi long que le 1ᵉʳ, d'un quart plus long que le 4ᵉ, ordinairement au moins aussi long que le 10ᵉ : les 3ᵉ à 11ᵉ plus longs que larges : les 4ᵉ et 5ᵉ au moins aussi grands ou plus grands chacun que chacun des quatre suivants : le 4ᵉ un peu plus grand que le 5ᵉ : le 10ᵉ sublinéaire, près de trois fois aussi long que large : le 11ᵉ linéaire, trois ou quatre fois aussi long que large. Tête chargée au dessus de la base des antennes d'une partie lisse et luisante, lunulée, échancrée du côté de l'œil, arquée du côté de la ligne médiane, couvrant à peine la moitié de l'espace compris entre celle-ci et chaque œil. Eperons des tibias antérieurs dépassant au moins du tiers de leur longueur l'extrémité desdits tibias. 1ᵉʳ article des tarses antérieurs régulièrement élargi de la base à l'extrémité. Dernier arceau du ventre peu profondément échancré.

Meloe sibirica, PALLAS, Reise, t. 2. Append. p. 720. 50. — *Id.* Trad. fr. par Gauthier de la Peyronie, t. 5, p. 472. 30. — GOEZE, Entom. Beytr. t. 1, p. 704. 14.

Meloe pectinatus, LEPECH. Tageb. d. Reis. durch verschied. Provinzien des russ. Reichs, trad. de Hase, t. 2, p. 200, pl. 11, fig. 26. — GOEZE, Ent. Beytr. t. 1, p. 701. 2.

Meloe erythrocephala, Icon. p. 97. 29, pl. E, fig. 29, a (♂); fig. 29, b (♀).

Lytta sibirica, GMEL, C. LINN. Syst. nat. t. 1, p. 2015. 18. — SCHŒNH. Syn. ins. t. 3, p. 2015. 18. — GEBLER, Notice sur les Coléopt. etc. *in* Nouv. Mém. de la Soc. imp. des Natur. de Mosc. t. 2 (1832), p. 58.

Lytta pectinata, GMEL, C. LINN. Syst. nat. t. 1, p. 2016. 21.

Lytta erythrocephala, HELWIG, dans son édition de ROSSI, Faun. étrusc. t. 1, p. 292, note.

Lytta flabellicornis, GERMAR, Reise n. Dalmat. p. 210. 161, pl. 11, fig. 4 (♀); fig. 5, antenne du ♂; fig. 6, patte du ♂.

Cantharis sibirica, J.-B. FISCHER, Tentam. Consp. Cantharid. p. 21. 54.

Cantharis dubia, FISCHER DE WALDH. Entom. de Russ. t. 2, p. 280, pl. 42, fig. 8 (♀); fig. 9 (♂).

Epicauta flabellicornis (DEJEAN), Catal. (1833), p. 225. — *Id.* (1837), p. 247.

Lytta depressicornis (STURM), (DEJEAN), Catal. 1833, p. 225. — DE CASTELN. Hist. nat. t. 2 p. 274. 14.

Long. 0,0123 à 0,0200 (5 1/2 à 9¹). Larg. 0,0028 à 0,0045 (1 1/4 à 2).

Corps noir; garni de poils courts, de même couleur, mi-hérissés sur la tête et sur le prothorax. *Tête* noire sur le labre et sur l'épistome ; d'un rouge testacé ou d'un rouge testacé brunâtre sur le reste. *Palpes* et deux ou trois premiers articles des *antennes* souvent en partie d'un rouge ou roux testacé plus ou moins obscur. *Prothorax* élargi en ligne presque droite depuis les côtés du cou jusqu'au quart ou un peu plus de sa longueur, parallèle ensuite ; d'un cinquième environ moins long sur son milieu qu'il est large à la base ; un peu entaillé en angle très ouvert et rebordé à celle-ci ; rayé d'une ligne longitudinale médiane postérieurement élargie. *Elytres* noires ; brièvement pubescentes ; soyeuses ; munies d'un rebord marginal couvert d'un duvet cendré. *Dessous du corps* et *pieds* noirs : les pieds antérieurs garnis en devant d'un duvet cendré.

Patrie : La Sibérie.

Obs. Cette espèce et la suivante ont été l'objet d'une confusion, qui paraît encore à peine débrouillée. Pallas, après avoir, dans ses Voyages, décrit celle qui nous occupe sous le nom de *Meloe sibirica*, l'a reproduite dans ses *Icones* sous le nom d'*erythrocephala*. Fischer de Waldheim, en lui donnant le nom de *dubia*, paraît l'avoir confondue avec celle que nous nommons ainsi, ou n'avoir pas connu la véritable *dubia* de Fabricius. Sturm, dans son Catalogue (1826), outre les *Lytta flabellicornis* de Germar, et *verticalis* d'Illiger, mentionne la *L. dubia*, Fabr., et l'indique comme se trouvant en Italie. On ne voit pas trop à quel insecte peut se rapporter cette indication, car celui décrit par le professeur de Kiel paraît propre à la Sibérie. Dejean, dans ses Catalogues (1821-1833-1837), ne fait pas mention de la *Lytta dubia* de Fabricius, et sépare la *Lytta flabellicornis* de Germar du *Meloe sibirica* de Pallas, lesquels évidemment se rapportent à la même espèce, comme on en peut juger par les descriptions des deux auteurs :

Meloe sibirica, PALLAS, Corpus totum atrum, vix nitidum. Caput rubrum, oculis, ore, antennis nigris. Feminis antennae filiformes. In maribus articuli intermedii, plani, antrorsum dente producti, unde antennae medio latiores serratae.

PALLAS, Reise, loc. cit.

Lytta flabellicornis, GERMAR, nigra, capite, antennarum basi rufis.

Le mâle a les antennes flabelliformes. La tête et les palpes sont d'un rouge brunâtre : les yeux et le prothorax sont noirs.

GERMAR, Reise, etc. loc. cit.

M. de Castelnau a augmenté la confusion en donnant à notre *E. sibirica* le nom de *depressicornis* (STURM).

Fabricius paraît n'avoir pas connu l'*E. sibirica* ou l'avoir confondue avec sa *Lytta dubia*. Dans tous les cas, il a contribué puissamment à jeter le désordre dans le catalogue de ces espèces en citant, comme synonymes de cette dernière, le *Meloe algiricus* de Sultzer et la *Cantharis dubia* d'Olivier, qui se rapportent à la *Lytta verticalis* d'Illiger, ainsi qu'on peut le reconnaître à la bande noire de la ligne médiane du vertex, très distincte sur les figures des insectes données par ces auteurs. Fabricius, dans son Systema Eleutheratorum, cite encore dans les synonymes de sa *Lytta dubia :*

PALLAS, Iter (il faut lire Icones), pl. E, fig. 29, qui est la même que le *Meloe sibirica* du zoologiste russe.

La *Lytta dubia* du professeur de Kiel est évidemment différente de l'*Epicauta sibirica*, à en juger par la description :

Atra, capitis vertice fulvo, thorace elytrisque immaculatis.

D'après les phrases précitées, l'*E. sibirica* a toute la tête rouge, au moins depuis la suture frontale. Dans l'*E. dubia*, le vertex seul serait de cette couleur.

2. **L. dubia**; Fabricius.

Noir; garni de poils noirs, avec la partie postérieure de la tête, le mi-
lieu du front d'un rouge testacé. Tête rayée d'une ligne médiane depuis la
partie postérieure du front jusqu'à celle du vertex. Antennes sétacées (♀),
comprimées, flabellées et élargies dans le milieu (♂); à 3e article un peu
moins grand que le suivant. Prothorax élargi jusqu'au tiers, parallèle
ensuite; aussi long que large; rayé d'une ligne médiane postérieurement
plus profonde. Elytres sans duvet cendré sur leur rebord marginal.

♂ Antennes prolongées jusqu'à la moitié de la longueur
des élytres; garnies en dessus d'un duvet cendré peu épais;
glabres en dessous; comprimées à partir du 4e article : le 3e
obconique, subcomprimé, tronqué en ligne droite à son
extrémité, les suivants un peu obliquement : les 4e à 9e dilatés en forme de dent au côté externe, comme flabellés :
les 4e à 7e moins longs que larges, graduellement élargis : le
7e une fois plus large que long : les 8e à 10e graduellement
rétrécis : le 8e notablement plus étroit que le 7e, obtriangulaire, presque aussi long que large : le 9e obtriangulaire, un
peu plus long que large : le 10e sublinéaire, deux ou trois
fois aussi long que large : le 11e linéaire, quatre fois environ
aussi long que large : les 4e et 5e creusés chacun d'un sillon
transversal en dessous. Tête chargée au-dessus de la base
des antennes d'un espace lisse, luisant, un peu bombé, ovalaire ou suborbiculaire, couvrant depuis les yeux jusqu'à la
ligne médiane ou à peu près. Tibias antérieurs obliquement
écointés à l'extrémité de leur tranche inférieure. Eperons
desdits tibias dépassant à peine l'extrémité de ces derniers.
1er article des tarses antérieurs à peine arqué en dessus à la
base, échancré en dessous dans sa moitié basilaire et dilaté
dans la postérieure : 1er article des intermédiaires régulier.
Dernier arceau du ventre fortement entaillé.

♀ Antennes prolongées environ jusqu'aux deux cinquièmes de la longueur des élytres; garnies d'un duvet concolore; subcomprimées; sétacées ou faiblement et graduellement rétrécies à partir du 3ᵉ article jusqu'à l'extrémité : à articles 3ᵉ à 9ᵉ à peine élargis de la base à l'extrémité, subdentés : le 3ᵉ un peu plus long que le 1ᵉʳ, d'un tiers au moins plus long que le 4ᵉ, au moins aussi long que le 10ᵉ : les 3ᵉ à 11ᵉ plus longs que larges : les 4ᵉ et 5ᵉ un peu moins longs chacun que chacun des quatre suivants : le 4ᵉ à peine aussi long ou un peu moins long que le 5ᵉ : le 10ᵉ deux fois et demie à trois fois plus long que large : le 11ᵉ quatre fois plus long que large, presque de grosseur égale. Tête chargée au-dessus de la base des antennes d'une partie lisse et luisante, lunulée, échancrée du côté de l'œil, arquée du côté de la ligne médiane, couvrant à peine la moitié de l'espace compris entre cette ligne et chaque œil. Eperons des tibias antérieurs dépassant au moins du tiers de leur longueur l'extrémité desdits tibias. 1ᵉʳ article des tarses postérieurs régulièrement un peu élargi de la base à l'extrémité. Dernier arceau du ventre moins profondément entaillé.

Lytta dubia, Fabricius, Species insect. t. 1, p. 329. 9. — *Id.* Mant. ins. t. 1; p. 216. 10. — *Id.* Entom. Syst. t. 1. 2, p. 86. 15. — *Id.* Syst. Eleuth. t. 2, p. 80. 23. — Gmel, C. Linn. Syst. natur. t. 1, p. 2015. 10. — Illig. Magoz. t. 3, p. 172. 23. — Schœnh. Syn. ins. t. 3, p. 26. 36.

Cantharis dubia, J.-B. Fischer, Tentam. Consp. Cantharid. p. 21. 52. — Dumérl, Dic. des sc. nat. t. 6, p. 188. 4?

Lytta sibirica, de Casteln. Hist. nat. t. 2, p. 274. 15.

Long. 0,0135 à 0,0192 (6 à 8 1/2). Larg. 0,0028 à 0,0045 (1 1/4 à 2).

Corps noir; garni de poils courts, de même couleur, mihérissés sur la tête et sur le prothorax. *Tête* noire en devant, d'un rouge ou roux testacé ou d'un rouge testacé brunâtre en arrière : la partie noire couvrant le labre, l'épistome, et

formant sur le front une tache bilobée en arrière, c'est-à-dire
offrant noirs les deux côtés du front jusqu'à la moitié de l'espace compris entre l'extrémité postérieure des yeux et le
sommet, laissant de couleur rouge testacée toute la partie
postérieure, depuis les yeux et la partie médiaire du front
où elle forme ordinairement une tache en losange ou en fer
de lame. *Palpes* et trois premiers articles des antennes en
partie d'un rouge testacé plus ou moins osbcur. *Prothorax*
élargi depuis les côtés du cou jusqu'au tiers de sa longueur,
parallèle ensuite ; aussi long qu'il est large à la base ; un peu
entaillé en angle très ouvert et rebordé à celui-ci. *Elytres*
entièrement noires, c'est-à-dire sans rebord marginal cendré.
Dessous du corps et *pieds* noirs.

PATRIE : La Sibérie.

OBS. Elle a beaucoup d'analogie avec l'*E. flabellicornis* et
offre à peu près semblable une partie des caractères distinctifs des ♂. Elle se distingue cependant de celle-ci, non
seulement par sa tête noire entre les yeux et la ligne médiane,
mais encore par son prothorax aussi long qu'il est large à la
base ; par ses élytres sans bordure de poils cendrés sur le
rebord marginal; par le 4e article de ses antennes un peu
moins long ou à peine aussi long que le suivant; par le 3e
article, chez le ♂, peu comprimé, régulièrement élargi de
la base à l'extrémité, tronqué à peu près en ligne droite à
celle-ci et peu dilaté en forme de dent à son angle externe,
sans sillon en dessous; par les 4e à 7e graduellement élargis;
par les dents de ces articles dilatées en ligne droite à leur
côté antérieur et non recourbées vers l'extrémité, comme
chez l'*E. flabellicornis.*

L'*E. dubia* a été décrit par Fabricius d'après un exemplaire
provenant de la Sibérie et faisant partie de la collection de
Banks. Cette espèce ne peut donc être rapportée à la *Canth.
dubia* d'Olivier, qui n'habite pas les mêmes contrées.

BB. Antennes non flabellées (♂).

V. Elytres non parées d'une bande longitudinale, submédiaire, de poils cendrés.

3. E. verticalis ; ILLIGER.

Noir ; garni de poils noirs. Tête d'un rouge testacé ; rayée d'un rouge testacé depuis le front jusqu'à sa partie postérieure ; rayée d'une ligne médiane depuis le front jusqu'au vertex ; ornée d'une bande noire sur cette raie. Antennes comprimées, subdentées, à peine moins grêles dans leur milieu. Prothorax élargi en ligne presque droite, depuis les côtés du cou jusqu'aux deux cinquièmes, subparallèle ensuite ; plus long que large ; rayé d'une ligne médiane postérieurement creusée en sillon élargi, et parée d'une ligne de duvet cendré. Elytres à rebord marginal garni d'un duvet pareil.

Epicauta verticalis, ILLIG. Magaz. t. 3, p. 172. 21. Voyez : MULSANT, Hist. nat. des Coléopt. de Fr. (*Vésicants*), p.

PATRIE : Diverses parties de l'Europe méridionale.

VV. Elytres parées chacune d'une bande longitudinale, submédiaire, de poils cendrés.

4. E. late-lineolata (MOTSCHOULSKY).

Noire. Tête d'un rouge testacé ; rayée d'une ligne longitudinale médiane, depuis la partie postérieure du front jusqu'à celle du vertex ; ornée sur cette ligne d'une bande noire, graduellement rétrécie d'arrière en avant. Prothorax élargi jusqu'aux deux cinquièmes, subparallèle ensuite ; plus long que large ; orné d'une bande longitudinale médiane et d'une étroite bordure basilaire de duvet cendré. Elytres parées chacune dans leur périphérie d'une bordure de duvet cendré prolongée depuis l'angle sutural jusqu'à l'écusson, et d'une bande de duvet pareil, couvrant la base depuis l'écusson jusqu'aux trois cinquièmes, et longitudinalement prolongée jusqu'aux neuf dixièmes.

♂ 1er article des tarses antérieurs dilaté longitudinalement en arc et garni de poils grossiers à son côté interne ; muni en dessous, ainsi que les trois suivants, d'une brosse de poils destinés à faire l'office de ventouses : les deux premiers articles non sillonnés longitudinalement sur leur milieu. Dernier arceau du ventre faiblement échancré en arc. 4ᵉ à 10ᵉ articles des antennes obliquement terminés à leur extrémité, offrant au côté externe de celle-ci une sorte d'entaille dans laquelle s'insère l'article suivant.

♀ 1ᵉʳ article des tarses antérieurs non dilaté, garni en dessous, ainsi que les trois suivants, de brosses ou sortes de ventouses non sillonnées longitudinalement. Dernier arceau du ventre échancré. 4ᵉ à 10ᵉ articles des antennes moins serrés, coupés en ligne à peu près droite à leur extrémité.

Epicauta late-lineolata (MOTSCHOULSKY).

Long. 0,0157 à 0,0168 (7 à 7 1,2). Larg. 0,0033 à 0,0036 (1 1/2 à 1 1/3).

PATRIE : La Russie asiatique.

OBS. Cette espèce nous a été donnée par M. le colonel de Manderstjerna, sous le nom que nous avons conservé.

Elle a tant d'analogie avec l'*E. erythrocephala*, qu'on serait tenté au premier aspect de la considérer comme identique avec celle-ci. Mais, outre la taille, qui est constamment plus avantageuse dans celle qui nous occupe, cette dernière se distingue par divers caractères. Dans l'*E. late-lineolata*, la bande noire couvrant la ligne médiane de la tête est soit presque uniformément assez étroite ou graduellement rétrécie d'arrière en avant; et la bande longitudinale médiane de duvet cendré des élytres se recourbe à la base jusqu'à l'é-cusson. Dans l'*E. erythrocephala*, la bande noire de la ligne médiane de la tête va en s'élargissant jusque vers le milieu de l'espace compris entre le vertex et la partie postérieure du front, puis elle se rétrécit assez brusquement pour s'é-largir de nouveau en forme de tache tricuspide ou en losange; et la bande longitudinale médiane de duvet cendré des ély-

tres ne se courbe pas à la base vers l'écusson. Dans les ♂
et ♀ de l'*E. late-lineolata*, les quatre premiers articles des
tarses antérieurs sont munis en dessous d'une brosse ; chez
l'*E. erythrocephala*, le ♂ seul offre le 1er article de ses tarses
antérieurs seul garni en dessous d'une brosse, et le tarse de
la ♀ en est dépourvu, du moins chez les exemplaires que
nous avons eus sous les yeux.

5. E. erythrocephala ; PALLAS.

*Noir. Tête d'un rouge testacé ; rayée d'une ligne longitudinale médiane depuis
la partie postérieure du front jusqu'à celle du vertex ; ornée sur cette ligne d'une
bande noire, élargie d'arrière en avant, puis rétrécie avant son extrémité antérieure et ordinairement terminée par un renflement tricuspide. Prothorax
élargi jusqu'aux deux cinquièmes, subparallèle ensuite ; plus long que large ;
orné d'une bande longitudinale et d'une étroite bordure basilaire de duvet cendré.
Elytres parées chacune dans leur périphérie d'une bordure de duvet cendré prolongée depuis l'angle huméral jusqu'à l'écusson, et d'une bande de duvet pareil,
naissant des trois cinquièmes de la base et longitudinalement prolongée jusqu'aux
neuf dixièmes.*

♂ 1er article des tarses antérieurs dilaté longitudinalement
un peu en arc et garni de poils grossiers à son côté interne ;
garni en dessous d'une brosse de poils destinée à faire l'office
de ventouse et non sillonnée longitudinalement : les suivants
dépourvus de brosse et sillonnés. 5e à 10e articles des antennes serrés, obliquement coupés, offrant à leur côté externe
une sorte d'entaille dans laquelle s'insère l'article suivant.

♀ 1er article des tarses antérieurs à peine dilaté ; dépourvu
en dessous de brosse et longitudinalement rayé, ainsi que
les suivants. Dernier arceau du ventre échancré. 5e à 10e
articles des antennes coupés en ligne à peu près droite à
leur extrémité.

Cantharis sonchi, LEPECH. Reis. t. 1, p. 264. 16, fig. 8. — GMEL, C. LINN. Syst.
nat. t. 1, p. 1896. 52.

Meloe erythrocephalus, PALLAS, Reis. t. 1, App. p. 466. 46. — *Id.* Texte fr. par
Gauthier de la Peyronie, t. 1, App. p. 726. 46. — GOEZE, Entom. Beytr. t. 1,
p. 703. 10.

Lytta erythrocephala, FABR. Spec. ins. t. 1, p. 329. 8. — *Id.* Mant. ins. t. 1,
p. 216. 9. — *Id.* Ent. Syst. t. 1. 2, p. 86. 13. — *Id.* Syst. Eleuth. t. 2,
p. 80. 21. — HERBST, *in* FUESSLY'S, Arch. p. 145. 2, pl. 30, fig. 2. — *Id.* Trad.
fr. p. 166. 3, pl. 30, fig. 2. — GMEL, C. LINN. Syst. nat. t. 1, p. 2014. 8. —
ILLIG. Mag. t. 3, p. 172. 21.

Meloe albivittis, PALLAS, Icon. ins. p. 101. 33, pl. E, fig. 33.

Meloe erythrocephala, DE VILLERS, C. LINN. Entom. t. 1, p. 403. 16.

Cantharis erythrocephala, OLIV. Ency. méth. t. 5, p. 279. 13. — *Id.* Entom.
t. 5, n° 46, p. 12. 11, pl. 2, fig. 16. — TAUSCHER, Enum. etc. *in* Mém. de la
Soc. imp. des Natur. de Mosc. t. 3 (1812), p. 157. 3, pl. 11, fig. 2. — J.-B. FIS-
CHER, Tentam. Consp. Canthar. p. 20. 49. — FISCHER DE WALDH. Entom. de
Russ. t. 2, p. 229, pl. 42, fig. 6.

Epicauta erythrocephala, DEJ. Catal. (1833), p. 225. — *Id.* (1837), p. 247. —
L. REDTENB. Faun. Austr. p. 621. — KÜSTER, Kaef. Europ. p. 5. 73.

Long. 0,0112 à 0,0135 (5 à 6ˡ). Larg. 0,0024 à 0,0033 (1 1/8 à 1 1/2).

Corps allongé; convexe. *Tête* obsolètement ponctuée; hérissée sur la majeure partie de sa surface de poils noirs,
assez courts, mi-couchés; garnie sur l'épistome, sur le front,
sur les côtés et la partie postérieure des tempes, de poils
blancs, mi-couchés sur les premières de ces parties, hérissés
sur la dernière; rayée d'une ligne longitudinale médiane depuis la partie postérieure du front jusqu'à celle du vertex;
d'un rouge testacé; ornée sur la ligne médiane d'une bande
longitudinale noire, étroite à sa partie postérieure, graduellement élargie jusque vers la moitié de l'espace compris entre
la partie postérieure du front et le sommet du vertex, presque
aussi large dans ce point que la longueur de l'espace qui la
sépare du sommet du vertex, puis rétrécie et ordinairement
terminée en devant par une tache renflée, tricuspide ou en
losange : épistome et labre noirs ou obscurs. *Palpes* noirs.
Antennes prolongées jusqu'aux deux cinquièmes ou un peu
plus des élytres; à peine renflées dans leur milieu; rétrécies

à partir du 6ᵉ ou 7ᵉ article : à articles 3ᵉ à 11ᵉ serrés, subcylindriques, subcomprimés : le 3ᵉ près de moitié plus grand
que le suivant; noires, avec les deux premiers articles en
majeure partie, le dessus du 3ᵉ et quelquefois d'une partie
du 4ᵉ d'un rouge testacé; garnies à la base de poils blancs.
Yeux échancrés. *Prothorax* d'un cinquième plus large que
long; élargi en ligne droite depuis les côtés du cou jusqu'aux
deux cinquièmes de sa longueur, parallèle ou à peine subsinué ensuite; tronqué ou faiblement entaillé en angle très
ouvert et muni d'un rebord très étroit, à la base; marqué
de points assez rapprochés; planiuscule ou peu convexe;
rayé d'une ligne longitudinale médiane; noir; garni de poils
concolores, fins, couchés, peu apparents; orné d'une bande
de poils cendrés ou d'un blanc cendré sur la ligne médiane,
d'une autre très étroite sur le rebord basilaire; garni sur les
côtés de poils pareils, un peu clair-semés. *Ecusson* revêtu de
poils cendrés. *Elytres* finement granuleuses; noires; garnies
de poils concolores, très fins, couchés, peu distincts; ornées
chacune d'une bordure de poils cendrés, prolongée depuis
l'angle huméral jusqu'à l'extrémité et en remontant la suture
jusqu'à l'écusson : cette bordure égale latéralement au huitième ou au dixième de la largeur d'un étui, au niveau de
la partie postérieure du calus, graduellement un peu rétrécie,
plus large à l'extrémité, uniformément étroite à la suture;
ornées en outre d'une bande d'un duvet cendré, naissant de
la base, vers les trois cinquièmes de la largeur de celle-ci,
longitudinalement prolongée jusqu'aux neuf dixièmes environ
de la longueur, égale au cinquième environ de la largeur
d'un étui. *Dessous du corps* et *pieds* noirs, garnis de poils
cendrés.

Patrie : La Russie méridionale.

AA. Eperon externe des tibias postérieurs à peu près égal à l'interne. Antennes filiformes ou grossissant plus ou moins sensiblement vers l'extrémité chez les ♀ (s. g. *Isopentra*).

♂ Elytres noires, bordées de roux testacé.

6. E. ambusta ; Pallas.

Allongé ; médiocrement ponctué et garni de poils mi-hérissés sur la tête et sur le prothorax ; finement ruguleux snr les élytres ; noir. Prothorax orné d'une bande longitudinale médiane de poils d'un roux livide, garni de poils pareils sur son rebord basilaire. Elytres entourées, excepté à la base, d'une bordure d'un roux livide, plus développée à l'extrémité ; garnies sur les bordures suturale et marginale de poils concolores ; ornées chacune d'une bande longitudinale de poils d'un roux livide. Tête rayée d'une ligne médiane depuis le milieu du front jusqu'au vertex. Prothorax plus long que large.

♂ Antennes subfiliformes ; grossissant un peu vers l'extrémité ; à articles cylindriques, tronqués en ligne droite à l'extrémité. Dernier arceau du ventre entier. Articles des tarses non dilatés. Tibias antérieurs légèrement échancrés en dessous, vers le tiers basilaire ou un peu plus de leur longueur.

Meloe ambusta, Pallas, Icon. p. 102. E. 34, pl. E, fig. 34.

Lytta ambusta, Schœnh. Syn. ins. t. 3, p. 25. 26.

Cantharis ambusta, J.-B. Fischer, Tentam. Consp. Cantharid. p. 19. 41.

Long. 0,0067 à 0,0112 (3 à 5). Larg. 0,0011 à 0,0021 (1/2 à 1).

Corps allongé. *Tête* noire ou d'un noir brûlé ; marquée de points médiocres et médiocrement rapprochés ; hérissée de poils noirs, mi-couchés ; rayée d'une ligne longitudinale médiane plus prononcée sur le vertex et avancée jusqu'au milieu du front, où elle se termine ordinairement par une petite fossette. *Palpes* noirs, avec les deux premiers articles souvent en partie d'un roux testacé ou d'un brun testacé. *Yeux* échancrés. *Antennes* prolongées jusqu'aux deux cinquièmes ou un peu plus des élytres ; noires ou d'un noir brun, avec les trois premiers articles ordinairement en partie d'un roux testacé brunâtre ; hérissées de poils sur leurs cinq à sept premiers articles, brièvement pubescentes sur les autres : à articles 3e à 10e plus longs que larges : le 3e égal environ aux deux suivants réunis. *Prothorax* élargi depuis les côtés du cou jusqu'aux deux cinquièmes, parallèle ensuite ; plus long que large ; tronqué et rebordé à la base ; noir ; ponctué et garni de poils comme la tête ; rayé d'une ligne longitudinale médiane ; orné sur celle-ci d'une bande formée de poils d'un roux pâle ; garni de poils semblables plus courts et plus épais sur le rebord basilaire ; offrant ordinairement des poils pareils sur les côtés du repli. *Ecusson* garni de poils d'un roux pâle ou testacé. *Elytres* un peu élargies d'avant en arrière ; d'un noir brûlé, avec la suture, le bord externe et l'extrémité, d'un roux pâle : la bordure marginale de largeur presque uniforme, égale environ au neuvième ou dixième de la largeur d'un étui : la bordure suturale étroite vers l'écusson, graduellement élargie postérieurement : la bordure apicale inégale, couvrant un huitième ou un septième de la longueur des étuis : les bordures suturale et latérale garnies de poils d'un roux testacé ; finement granuleuses et garnies de poils noirs, fins, couchés, peu apparents ; ornées chacune d'une bande longitudinale de poils d'un roux pâle ou testacé, naissant vers les trois cinquièmes de la base de l'élytre, prolongée presque jusqu'à la bordure apicale. *Dessous du corps* et *pieds* noirs ; garnis de poils peu épais, d'un roux livide ou d'un testacé livide. Tibias postérieurs et premier article des tarses postérieurs ordinairement d'un roux livide à la base : tibias antérieurs garnis en dessous d'un duvet d'un flave testacé ou d'un roux livide : les autres mi-hérissés en dessous de poils noirs. Tarses garnis en dessous de poils un peu raides.

Patrie : La Daourie.

Obs. Dejean paraît l'avoir d'abord peu nettement distinguée de la suivante dans son Catal. de 1833. Il l'en sépara nettement dans celui de 1837.

DD. Elytres noires, non bordées de roux testacé.

7. **E. megalocephala**; Gebler.

Allongé ; garni en dessus de poils noirs, peu apparents surtout sur les élytres ; noir, avec une tache ponctiforme sur le front et la base du 1er article des tarses postérieurs d'un roux flave. Prothorax orné d'une bande longitudinale médiane de poils cendrés ; garni de poils pareils sur le rebord basilaire. Elytres parées, excepté à la base, d'une bordure de poils cendrés et d'une bande longitudinale de poils semblables.

♂ Antennes graduellement rétrécies à partir du 3e article : les 3e à 6e extérieurement subdentés, obliquement coupés et offrant une petite entaille à leur extrémité, vers le point d'insertion de l'article suivant : le 3e un peu renflé : les 7e à 10e tronqués à leur extrémité. 1er article des tarses antérieurs plus épais, dilaté inférieurement, arqué sur sa tranche inférieure : les suivants de moins en moins dilatés. 1er article des tarses intermédiaires un peu arqué en courbe rentrante. Dernier arceau du ventre entaillé jusqu'au tiers.

♀ Antennes filiformes ou graduellement à peine plus grosses vers l'extrémité. Articles des tarses antérieurs peu épais, peu dilatés en dessous : le 1er faiblement arqué sur sa tranche inférieure : le 1er des intermédiaires droit. Dernier arceau du ventre entier ou à peine échancré.

Lytta megalocephala, Gebler, insect. Sibir. decas. prima, *in* Mém. de la Soc. imp. des Natur. de Mosc. t. 3 (1812), p. 318. 5. — *Id.* Notice etc. *in* Nouv. Mém. de la Soc. i. d. Nat. d. Mosc. t. 2 (1832), p. 58. — J.-B. Fischer, Tentam. Consp. Cantharid. p. 20. 46.

Lytta megalocephala, Fischer de Waldh. Entomogr. de Russie, t. 2, p. 229, pl. 40, fig. 6.

Epicauta megalocephala, Dej. Catal. (1833), p. 225. — *Id.* (1837), p. 247.

Var. *A*. Elytres dépourvues du rebord marginal et de la bande longitudinale de duvet cendré.

Lytta maura, Falderm. Species Nov. Coleopter. Mongol. et Sibir. incol. *in* Bullet. de la Soc. imp. d. Nat. de Mosc. t. 6, 1833, p. 61 ?

Long. 0,0078 à 0,0100 (3 1/2 à 4 1/2). Larg. 0,0036 à 0,0039 (2/3 à 3/4).

Corps allongé. *Tête* noire; ornée d'une tache ponctiforme ou allongée sur le milieu de la moitié postérieure du front, c'est-à-dire ne dépassant pas le niveau du bord postérieur des yeux; ponctuée; mi-hérissée de poils noirs, fins et courts; sans traces ou presque sans traces de ligne longitudinale médiane. *Palpes* noirs. *Yeux* échancrés. *Antennes* prolongées presque jusqu'à la moitié de la longueur des élytres ou un peu moins; noires, avec le 1ᵉʳ et parfois le 2ᵉ article en partie d'un fauve testacé, translucide; subcomprimées; brièvement pubescentes : à articles 3ᵉ à 11ᵉ notablement plus longs que larges : le 3ᵉ, le plus grand, égal ou presque égal aux deux suivants réunis : le 4ᵉ, le plus court après le 5ᵉ, de moitié plus long que celui-ci : les 6ᵉ à 10ᵉ presque égaux, une fois au moins plus longs que larges. *Prothorax* sensiblement plus étroit que la tête; élargi presque en ligne droite depuis les côtés du cou jusqu'aux deux cinquièmes de sa longueur, subparallèle ensuite; tronqué et rebordé à la base; plus long que large; noir; ponctué et garni de poils noirs, courts et peu apparents, comme la tête; rayé d'une ligne longitudinale médiane transformée en sillon graduellement plus profond dans sa moitié postérieure; paré sur cette ligne d'une bande formée de poils d'un blanc cendré; garni sur le rebord basilaire de poils semblables, plus courts et plus serrés; offrant sur les côtés du repli des poils semblables. *Ecusson* noir; revêtu de poils cendrés. *Elytres* noires; finement granuleuses; garnies de poils noirs, fins, couchés, peu apparents; ornées dans leur périphérie, excepté à la base, d'une bordure d'un duvet cendré : la bordure suturale réduite au rebord : la postérieure étroite, peu serrée et parfois presque nulle : l'externe égale environ au septième de la largeur, au-dessous du calus, graduellement un peu rétrécie ensuite jusqu'à l'extrémité ; ornées chacune d'une bande longitudinale d'un duvet semblable, naissant du calus huméral et prolongée sur le milieu de l'élytre jusqu'aux huit neuvièmes de leur longueur. *Dessous du corps* et *pieds* noirs ; garnis de poils d'un blanc cendré : pieds grêles. Tibias antérieurs un peu échancrés en dessous vers la moitié de leur crête inférieure : tarses plus longs que le tibia : 1er article des tarses postérieurs d'un roux testacé à sa base, à peu près aussi long que les deux suivants réunis.

Patrie : La Sibérie.

Obs. Elle se distingue de l'*E. ambusta* par son front orné d'une tache ponctiforme d'un rouge jaune ; par sa tête sans traces de ligne médiane ; par ses élytres sans bordure d'un roux testacé, etc.

L'*E. maura* de Faldermann diffère, suivant cet auteur, de l'*E. megacephala* par une tête un peu plus petite, un prothorax moins étroit, moins rétréci antérieurement ; par des élytres moins étroites, moins arrondies postérieurement et dépourvues de bordure marginale et de bande longitudinale de duvet cendré. Quant à ces premières différences, elles peuvent être sexuelles ; les dernières peuvent être l'effet d'une dépilation. Vraisemblablement, suivant l'opinion de Dejean (Catal. 1837, p. 247), cette *E. maura* n'est qu'une variation de l'*E. megacephala*.

DEUXIÈME BRANCHE.

—

LES ZONITAIRES.

CARACTÈRES. *Elytres* offrant à leur côté externe, entre la moitié et les trois quarts de la longueur de celui-ci, une sinuosité ou courbe rentrante plus ou moins sensible; souvent en partie déhiscentes à la suture. *Tête* ordinairement aussi longue depuis l'extrémité des mandibules jusqu'à la partie postérieure de la base des antennes, que depuis ce point jusqu'au vertex. *Antennes* sétacées, au moins chez les ♂. *Ongles* généralement dentés ou pectinés.

Ces insectes se partagent en deux rameaux.

<table>
<tr><td></td><td></td><td align="right">*Rameaux.*</td></tr>
<tr><td rowspan="2">Elytres</td><td>aussi longuement prolongées que l'abdomen; non dépasssées postérieurement par les ailes; en ligne droite à la suture, au moins jusqu'aux trois cinquièmes de leur longueur; ordinairement contiguës jusque au-delà de ce point (du moins pendant la vie).</td><td align="right">ZONITATES.</td></tr>
<tr><td>un peu moins longuement prolongées que l'abdomen; dépassées postérieurement par les ailes qu'elles voilent incomplètement; déhiscentes et en ligne courbe ou sinuée à la suture, au moins à partir de la moitié de leur longueur et souvent presque depuis l'écusson.</td><td align="right">SITARATES.</td></tr>
</table>

PREMIER RAMEAU.

—

Les Zonitates.

CARACTÈRES. *Elytres* aussi longuement prolongées que l'abdomen; non dépassées postérieurement par les ailes; en ligne droite à la suture, au moins jusqu'aux trois cinquièmes de leur longueur; ordinairement contiguës jusque au-delà de ce point (du moins pendant la vie).

Ces insectes se répartissent dans les genres suivants :

Genres.

Prothorax — **moins long que large.**

- **Elytres munies d'un rebord marginal.** — plus long que large; élargi depuis les côtés du cou jusqu'aux deux cinquièmes ou trois septièmes de ses côtés, subparallèle ensuite. Elytres munies d'un rebord marginal très distinct. Mâchoires frangées, dépassant les mandibules. — MEGATRACHELUS.

- Elytres sans rebord marginal distinct. Mâchoires frangées, dépassant les mandibules. Palpes maxillaires notablement moins longs que les antennes. — ZONITIS.

- **Palpes maxillaires notablement moins longs que les antennes. Elytres un peu déhiscentes postérieurement à la suture.**
  - Palpes maxillaires offrant leurs trois derniers articles aussi longs ou à peu près que les antennes. — LEPTOPALPUS.
  - Mâchoires linéaires, ciliées, infléchies à leur extrémité, plus longuement prolongées que les palpes maxillaires. — NEMOGNATHA.
  - Mâchoires moins longuement prolongées que les palpes maxillaires. 1er article des antennes notablement plus court que le 3e, au moins chez le ♂. — APALUS.

Genre *Megatrachelus*, MEGATRACHÈLE; V. de Motschoulsky (1).

(μεγας, grand; τραχηλος, cou).

CARACTÈRES. *Prothorax* plus long que large; élargi depuis les côtés du cou jusqu'aux deux cinquièmes ou trois septièmes, subparallèle ensuite. *Elytres* munies d'un rebord marginal

---

(1) Lettre de V. de Motschoulsky à la Soc. impér. des Natur. de Moscou, *in* Bullet. de la Soc. imp. des Nat. de Mosc. t. 18 (1845), p. 83. 243. — *Id.* Tiré à part, p. 83. 243.

M. de Motschoulsky, dans sa concision souvent un peu trop grande, se borne à dire : Les *Megatrachelus* se distinguent des *Zonitis* par leur corselet plus ou moins globuleux.

très distinct et d'un rebord sutural souvent oblitéré postérieurement. *Labre* à peu près aussi long que large. *Mandibules* cornées, arquées vers leur extrémité. *Mâchoires* frangées, dépassant un peu les mandibules. *Palpes* filiformes ou à peu près. *Yeux* obliquement transverses, échancrés. *Antennes* allongées, grèles : à 1er article aussi long ou presque aussi long que le 3e : les 3e à 11e notablement plus longs que larges. *Pieds* allongés. *Eperon externe* des tibias postérieurs ordinairement épais : l'interne souvent peu grèle. *Ongles* offrant l'une des branches de chacun de leurs crochets pectinée ou dentée.

1. **M. politus**; GEBLER.

Allongé; d'un noir brillant, avec les élytres d'un roux jaune ou d'un flave roussâtre; parées chacune de deux taches ponctiformes, noires, disposées sur leur ligne longitudinalement médiane : l'une au tiers, l'autre aux deux tiers de leur longueur. Tête ponctuée en devant, presque lisse sur le vertex. Prothorax un peu plus long que large ; presque lisse ou superficiellement pointillé; glabre. Elytres rebordées latéralement et plus fortement à la suture.

♂ Antennes grèles; sétacées; prolongées environ jusqu'aux trois cinquièmes de la longueur des élytres; subdentées. Sixième arceau du ventre longitudinalement divisé en deux branches, séparées à la base, courbées en dedans à leur extrémité.

♀ Sixième arceau du ventre faiblement entaillé.

Zonitis polita, GEBLER, Notice sur les Coléopt. etc. *in* Nouv. Mém. de la Soc. des Natur. de. Mosc. t. 2, p. 58. 1.

Megatrachelus politus, V. DE MOTSCHOULSKY, Remarques, etc. *in* Bullet. de la Soc. imp. des Nat. de Mosc. t. 18 (1845), nº 1, p. 84. — *Id.* Tiré à part, p. 84.

Long. 0,0100 à 0,0123 (4 1,2 à 5 1/2). Larg. 0,0033 à 0,0039 (1 1/2 à 1 3/4).

Corps allongé; subcylindrique. *Tête* d'un noir luisant ou brillant; peu distinctement et parcimonieusement garnie de

poils courts et d'un livide flavescent; ponctuée sur le front;
superficiellement pointillée ou presque lisse sur le vertex;
marquée d'une fossette ou parfois d'une dépression transversale sur le milieu du front. *Epistome* noir; ordinairement
marqué d'une fossette. *Labre* aussi long que large; en ogive
en devant. *Antennes* prolongées jusque au-delà de la moitié
de la longueur des étuis; grêles, noires : à 1ᵉʳ article plus
court que le 3ᵉ : le 2ᵉ égal au deux cinquièmes du 1ᵉʳ : le 3ᵉ
trois fois aussi long que large, à peine aussi grand que le
suivant, au moins aussi long que le dernier : les 5ᵉ à 10ᵉ
graduellement un peu moins longs. *Prothorax* élargi en ligne
peu courbe depuis les côtés du cou jusqu'aux trois septièmes
de sa longueur, offrant dans ce point sa plus grande largeur,
un peu rétréci ensuite jusqu'aux angles postérieurs; tronqué
à la base et muni d'un rebord qui la déborde un peu aux
angles postérieurs; un peu plus long que large; médiocrement
convexe sur le dos; d'un noir brillant; lisse ou superficiellement pointillé; glabre. *Ecusson* assez grand; en triangle
obtusément arrondi à son extrémité; pointillé et pubescent
à la base; lisse et luisant à l'extrémité. *Elytres* légèrement
en courbe rentrante vers les deux tiers de la longueur de
leur bord externe; rebordées latéralement; obtusément et
un peu obliquement arrondies chacune à l'extrémité; plus
longuement prolongées en arrière, près de la suture, qu'à
l'extrémité opposée; presque semi-cylindriques; munies d'un
rebord sutural plus prononcé sur l'externe et prolongé presque jusqu'à l'extrémité; parcimonieusement pointillées près
de la base, ruguleusement pointillées sur le reste; peu distinctement garnies de poils fins, clair-semés, couchés et
souvent usés ou indistincts; d'un roux jaune, d'un rouge
jaune ou d'un jaune ou flave roussâtre; ornées chacune de
deux taches ponctiformes, noires : la première située vers le
tiers de leur longueur, occupant le quart médiaire de leur

largeur : la deuxième située vers les deux tiers de leur longueur, en ovale transverse, couvrant la moitié médiaire de
leur largeur. *Dessous du corps* et *pieds* noirs ; pointillés ; pubescents ; luisants. *Cuisses postérieures* un peu plus grosses
et un peu arquées en devant. *Eperon externe* des tibias postérieurs généralement épais. Premier article des tarses postérieurs flave à la base, presque égal aux deux suivants
réunis.

Patrie : La Sibérie.

2. M. caucasicus ; Pallas.

*Allongé ; noir, avec les élytres d'un rouge orangé, parées chacune de trois
points noirs : les 1er et 2e constituant avec leurs pareils une rangée transversale
ou à peine arquée en devant, un peu avant le tiers : le 3e un peu avant les deux
tiers de leur longueur, vers les deux tiers de leur largeur. Tête hérissée de poils
blancs ; densement ponctuée sur le front. Prothorax élargi depuis les côtés du
cou jusqu'aux trois septièmes, parallèle ensuite ; d'un quart plus long que large,
marqué de deux fossettes vers le tiers de sa longueur ; faiblement ponctué. Elytres
rebordées latéralement.*

Meloe caucasica, Pallas, Icon. p. 94. 24. pl. 6, fig. 24.

Mylabris sex-maculata, Fabr. Syst. Eleuth. t. 2, p. 84. 16. — Latr. Hist. nat.
t. 10, p. 372. 8. — Schoenh. Syn. ins. t. 3, p. 43.

Zonitis caucasica, Tauscher, Enum. etc. *in* Mémoir. de la Soc. imp. d. Natur. d.
Mosc. t. 3 (1812), p. 161. 6, pl. 11, fig. 9. — Saint-Fargeau et A. Serville,
Ency. méth. t. 10, p. 821. 7. — De Casteln. Hist. nat. t. 2, p. 275. 2. —
Küster, Kaef. Europ. 1. 52.

Megatrachelus caucasicus, V. de Motschoulsky, Remarques, etc. *in* Bullet. de la
Soc. i. d. Natur. de Mosc. t. 18 (1845), p. 84. — *Id.* Tiré à part, p. 84.

Long. 0,0123 à 0,0146 (5 1/2 à 6 1/2). Larg. 0,0033 à 0,0039 (1 1/2 à 1 3/4).

Corps allongé ; subcylindrique. *Tête* noire ; hérissée de
poils cendrés, médiocrement longs ; marquée de points très
serrés sur la moitié antérieure du front, moins rapprochés
sur le vertex et laissant ordinairement une trace ou quelques
espaces imponctués sur la ligne médiane. *Epistome* livide ou

d'un livide obscur à son bord antérieur. *Labre* aussi long
que large; faiblement échancré en devant; subsillonné ou
déprimé longitudinalement sur son milieu. *Antennes* grêles;
noires; à 1er article à peu près aussi long que le 3e : le 2e à
peine égal au tiers du 1er : le 3e trois fois aussi long que large,
à peine aussi grand que le suivant, moins long que le dernier : les 4e à 10e presque égaux. *Prothorax* élargi en ligne
peu courbe depuis les côtés du cou presque jusqu'aux trois
septièmes de sa longueur, parallèle ou à peine graduellement
élargi ensuite; tronqué et relevé à la base en un rebord qui
la déborde aux angles postérieurs; d'un quart au moins plus
long que large; médiocrement convexe sur le dos; noir,
luisant ou brillant; presque glabre; marqué de points peu
rapprochés et peu profonds; généralement creusé de fossettes
ponctiformes et profondes, transversalement situées vers le
tiers de sa longueur; noté au devant du milieu de la base
d'une dépression arquée en arrière. *Ecusson* en triangle à
côtés sinués et à extrémité subarrondie; noir; garni de poils
fins, cendrés et couchés. *Elytres* légèrement en courbe rentrante vers les trois cinquièmes de leur longueur; obtusément
arrondies chacune à l'extrémité; plus longuement en ligne
courbe et un peu plus prolongées en arrière près de la suture
qu'à l'extrémité opposée; presque semi-cylindriques; à peine
ruguleuses; munies d'un rebord marginal et d'un rebord
sutural s'oblitérant postérieurement; chargées de deux très
faibles nervures longitudinales; d'un rouge orangé; ornées
chacune de trois points noirs : les 1er et 2e formant avec leurs
pareils une rangée transversale ou à peine arquée en devant,
vers le quart de la longueur : le 1er ou interne situé du tiers
aux deux cinquièmes de la largeur : le 2e un peu plus postérieur vers les trois quarts de la largeur : le 3e ordinairement
le moins petit, souvent égal au cinquième au moins de la
largeur d'un étui, situé un peu avant les deux tiers de leur

longueur, des trois aux quatre cinquièmes de la largeur. *Dessous du corps* et *pieds* noirs; luisants; garnis de poils cendrés, assez longs; squammuleusement ponctués. *Cuisses postérieures* un peu arquées en devant et un peu plus grosses que les autres. *Eperons des tibias postérieurs* en général également épais. 1er article des tarses postérieurs d'un quart à peine plus long que le suivant. *Ongles* fauves.

Patrie : Le Caucase.

3. M. puncticollis; Chevrolat.

Allongé; peu convexe; presque glabre. Tête, disque du prothorax, élytres, dessous du corps et base des cuisses, verts ou d'un vert bleuâtre; périphérie du prothorax, majeure partie des cuisses et deux derniers arceaux du ventre, d'un rouge jaune; antennes, genoux, tibias et tarses, noirs.

Zonitis puncticollis, Chevrolat, *in* Guérin, Iconogr. du Règn. anim. p. 135 pl. 35. — Mulsant et Wachanru, Première Série de Coléopt. nouv. *in* Mulsant, Opuscules, t. 1, p. 173. 16. — *Id. in* Mém. de l'Acad. des sc. de Lyon, nouv. Série, t. 2 (1852), p. 13. 16.

Long. 0,0078 à 0,0095 (3 1/2 à 4 1/2). Larg. 0,0012 à 0,0024 (1 à 1 1/8).

Corps allongé; peu convexe. *Tête* d'un bleu vert ou d'un vert bleuâtre; marquée de points rapprochés et pointillée sur les intervalles étroits qui séparent ceux-ci; garnie de poils clair-semés, d'un livide cendré. *Epistome* et *labre* noirs : celui-ci plus long que large, arqué en devant, sillonné ou déprimé longitudinalement. *Palpes* noirs. *Antennes* noires; prolongées environ jusqu'aux quatre cinquièmes de la longueur du corps; grêles : à 1er article un peu plus grand que le 3e : le 2e à peine égal au tiers du 1er : le 3e trois fois aussi long que large, à peine aussi grand que le suivant : les 4e à 10e à peine aussi longs : le dernier un peu plus grand que le 3e. *Prothorax* tronqué en devant; émoussé aux angles de devant; élargi en ligne presque droite jusqu'aux trois sep-

tièmes de sa longueur; à peine élargi à partir de ce point
jusqu'à la base, où il offre sa plus grande largeur; tronqué à
cette dernière; transversalement déprimé au devant du milieu
de celle-ci, qui est relevé en un rebord épais; d'un cinquième
environ plus long que large; peu convexe; parcimonieusement
pointillé; ordinairement marqué d'une dépression transverse
vers le cinquième de sa longueur; d'un rouge jaune ou d'un
rouge rosé; orné sur son disque d'une tache verte, presque
en carré plus long que large, tantôt couvrant moins de la
moitié médiaire de la longueur et de la largeur, tantôt plus
développée et occupant la majeure partie de la surface, de
manière à ne laisser qu'une bordure périphérique d'un rouge
rosé : repli, de cette dernière couleur, avec une tache verte
près des hanches. *Ecusson* presque carré; un peu rétréci
d'avant en arrière; bleu vert, bleu obscur ou vert bleuâtre;
pointillé; offrant une trace longitudinale médiane. *Elytres*
sensiblement en courbe rentrante vers les deux tiers de leur
longueur; munies d'un faible rebord marginal et d'un rebord
sutural plus marqué; arrondies chacune à l'extrémité; peu
convexes; à peine ruguleuses; d'un vert bleuâtre; presque
glabres; peu distinctement garnies de quelques poils fins et
courts. *Dessous du corps* squammuleusement pointillé; garni
de poils livides; vert, d'un vert bleu ou bleu vert obscur,
avec les deux derniers arceaux du ventre d'un rouge jaune.
Pieds pubescents; grêles : hanches et base des cuisses d'un
bleu vert : majeure partie des cuisses jusque près du genou,
d'un rouge jaune ou d'un rouge flave : genoux, tibias et
tarses, noirs. *Eperon externe* des tibias postérieurs ordinairement un peu plus épais. *Premier article* des tarses intermédiaires et postérieurs presque aussi long que les deux
suivants réunis : celui des tarses de devant proportionnellement
un peu moins long.

PATRIE : La Turquie d'Asie.

Genre *Zonitis*, Zonite; Fabricius (1).

Caractères. *Prothorax* moins large que long. *Elytres* sans rebord marginal distinct. *Mâchoires* frangées, dépassant les mandibules. *Palpes maxillaires* notablement moins longs que les antennes. *Ongles* offrant une branche de chacun de leurs crochets pectinée ou dentée (2).

1. Z. Paulinae.

Allongé ; pubescent ; entièrement fauve ou d'un fauve testacé, avec les dix derniers articles des antennes noirs. Prothorax élargi en ligne courbe depuis les côtés du cou jusqu'au tiers ou aux deux cinquièmes, parallèle ensuite ; ponctué ; presque glabre ; déprimé transversalement vers le tiers de sa longueur. Elytres finement et squammuleusement ponctuées ; garnies de poils couchés d'un fauve testacé.

♂ Dernier arceau du ventre entaillé presque jusqu'à sa base, comme bilobé.

♀ Inconnue.

Long. 0,0112 à 0,0123 (5 à 5 1/2). Larg. 0,0033 (1 1/2).

Corps allongé ; très médiocrement convexe. *Tête* fauve ; ponctuée. *Antennes* noires, avec le 1er ou les deux 1ers articles fauves : le 1er un peu moins grand que le 3e : le 2e de moitié ou des trois cinquièmes aussi long que le suivant : ce 3e article trois fois aussi long que large, à peu près égal au suivant. *Prothorax* élargi en ligne courbe depuis les côtés du cou jusqu'au tiers ou aux deux cinquièmes de sa longueur, parallèle ensuite ; tronqué ou plutôt un peu arqué en arrière et

---

(1) Fabricius, System. Entom. p. 126.

(2) Voyez pour les autres caractères : Mulsant, Hist. nat. des Coléopt. de Fr. (*Vésicants*), p. 166.

rebordé à la base ; d'un cinquième au moins plus large à celle-ci que long sur son milieu ; médiocrement convexe ; fauve ; marqué de points médiocres, assez rapprochés, donnant naissance à un poil court, peu apparent, parfois usé ; transversalement déprimé vers le tiers de sa longueur. *Ecusson* grand ; en triangle presque aussi long que large ; pointillé ; pubescent ; fauve. *Elytres* sans rebord marginal ; obtusément et un peu obliquement arrondies chacune à l'extrémité ; médiocrement convexes ; d'un fauve testacé ; squammuleusement pointillées et finement ponctuées ; garnies de poils fins, assez longs, couchés, d'un fauve testacé ou flavescents. *Dessous du corps* et *pieds* fauves ; squammuleusement ponctués ; garnis de poils flavescents ou d'un fauve testacé.

PATRIE : La Gallilée.

OBS. Elle a été découverte en Gallilée par Mme Pauline Mulsant, religieuse à Nazareth, à qui nous l'avons dédiée.

2. **Z. praeusta** ; FABRICIUS.

Allongé ; ordinairement d'un flave rouge ou d'un jaune testacé, avec les palpes, l'extrémité des élytres, la majeure partie du postpectus, les hanches et les tarses, noirs ; parfois avec partie de la tête, du ventre et des pieds, également noirs ; plus rarement avec les élytres ou même tout le corps, noirs. Prothorax arqué en devant jusqu'au tiers de sa longueur, parallèle ensuite ou faiblement sinué ; plus large que long. Elytres pubescentes.

Zonitis praeusta, FABRICIUS, Voy. MULSANT, Hist. nat. des Coléopt. de Fr. (*Vésicants*), p. 169.

Long. 0,0067 à 0,0112 (3 à 5). Larg. 0,0022 à 0,0033 (1 à 1 1/2).

PATRIE : La France, etc.

3. **Z. mutica** ; FABRICIUS.

Allongé ; noir, avec le prothorax d'un flave rougeâtre et les élytres d'un jaune ou flave testacé. Prothorax presque tronqué en devant ; à angles antérieurs peu émoussés ; un peu rétréci d'avant en arrière depuis le cinquième de sa longueur ; d'un cinquième au moins plus large que long ; ponctué. Elytres pubescentes.

Zonitis mutica, Fabr. Voy. Mulsant, Hist. nat. des. Coléopt. de Fr. *(Vésicants)*, p. 167.

Long. 0,0090 à 0,0135 (4 à 6). Larg. 0,0029 à 0,0039 (1 1/3 à 1 3/4).

Patrie : La France et divers autres pays de l'Europe.

4. Z. sexmaculata ; Olivier.

Elytres d'un roux testacé, avec l'extrémité et deux taches sur chacune, noires : l'une de ces taches, au tiers : l'autre aux deux tiers de leur longueur ; parfois ponctiformes ; d'autres fois couvrant presque entièrement les étuis. Tête, prothorax, antépectus, cuisses et tibias, ordinairement d'un roux flave, rarement noirs : médi et postpectus et premiers arceaux du ventre, de cette dernière couleur. Prothorax presque tronqué en devant, avec les angles antérieurs arrondis jusqu'au quart ou au tiers de sa longueur, subsinuément parallèle ensuite.

Zonitis sexmaculata, Olivier, Voy. Mulsant, Hist. nat. des Coléopt. de Fr. (*Vésicants*), p. 173.

Long. 0,0090 à 0,0135 (4 à 6¹). Larg. 0,0026 à 0,0086 (1 1/5 à 1 2/8).

Patrie : Le midi de la France et diverses autres parties de l'Europe méridionale.

5. Z. quadripunctata ; Fabricius.

Suballongé ; très médiocrement convexe ; pubescent ; noir ; avec les élytres d'un roux testacé ou d'un flave orangé, ordinairement ornées chacune de deux taches noires, parfois presque ponctiformes, parfois presque en carré, situées : l'une peu après le tiers : l'autre peu avant les deux tiers, rapprochées de la suture, plus éloignées du bord externe. Tête et prothorax ponctués : le prothorax élargi en ligne courbe jusqu'au quart ou au tiers, parallèle ensuite ; plus large que long ; déprimé ou marqué de deux points fossettes, après le bord antérieur ; rayé postérieurement d'une ligne médiane. Epistome creusé d'une fossette. 1ᵉʳ article des antennes plus court que le 3ᵉ.

♂ Sixième arceau ventral divisé en deux branches graduellement rétrécies de la base à l'extrémité, arquées en dehors et convergentes postérieurement.

♀ Sixième arceau ventral entaillé à son extrémité.

Etat normal des élytres. *Elytres* rousses, d'un roux testacé ou d'un flave orangé; ornées chacune de deux taches noires, ordinairement presque égales ou variablement un peu inégales, presque carrées : la première un peu oblique, moins rapprochée de la suture d'avant en arrière, voisine du rebord sutural à son angle antéro-interne, étendue jusqu'aux trois cinquièmes de la largeur de chaque étui à son bord antérieur, et un peu plus au postérieur, depuis les deux septièmes jusqu'à un peu plus des trois septièmes de leur longueur : la seconde étendue depuis le huitième ou le septième voisin de la suture, jusqu'aux trois quarts environ de la largeur, depuis les quatre septièmes jusqu'à un peu plus des cinq septièmes de la longueur des étuis.

Variations (par défaut).

Var. *A*. Elytres sans taches.

Var. *B*. Elytres offrant d'une manière plus ou moins affaiblie la deuxième tache ponctiforme des élytres.

Var. *C*. Taches plus petites que dans l'état normal, ordinairement ponctiformes ou presque ponctiformes, ordinairement plus larges que longues, parfois à peine plus larges ou aussi larges que le tiers de la largeur d'un étui.

Mylabris quadripunctata, Fabric. Entom. Syst. t. 1. 2, p. 89. 10. — *Id.* Syst. Entom. t. 2, p. 84. 15.

Zonitis 4-punctata, Illig. Magaz. t. 3, p. 173. 15. — Saint-Fargeau et A. Serville, Encycl. méth. t. 10, p. 821. 4. — De Casteln. Hist. nat. t. 2, p. 725. 1.

Var. *D*. Tache antérieure subponctiforme : la postérieure en carré transverse.

Etat normal.

Obs. Parfois la partie postérieure de la suture est noire.

Variations (par excès).

Var. *E.* Taches postérieures plus développées que dans l'état normal : la postérieure surtout, subtransverse.

Obs. Souvent alors la suture est noire à son extrémité postérieure.

Long. 0,0100 à 0,0135 (4 1/2 à 6). Larg. 0,0033 à 0,0045 (1 1/2 à 2).

Corps allongé ou suballongé ; assez faiblement ou très médiocrement convexe ; garni en dessus de poils courts, mi-hérissés et noirs, sur la tête et sur le prothorax, concolores, soyeux, fins et couchés, sur les élytres. *Tête* élargie d'avant en arrière ; planiuscule sur le front ; marquée de points rapprochés et médiocres ou assez gros ; presque sans traces d'une ligne médiane ou n'en offrant que de faibles traces ; noire. *Epistome* en partie imponctué et creusé d'une fossette. *Antennes* noires ; allongées ; à 1er article d'un quart moins long que le 3e : le 2e égal aux deux tiers du 1er : le 3e trois fois au moins aussi long que large, faiblement plus grand que le suivant, plus long que le dernier : les 4e à 10e allongés : les 9e et 10e un peu moins. *Prothorax* élargi en ligne courbe depuis les côtés du cou jusqu'au tiers environ de sa longueur, parallèle ensuite ; tronqué et rebordé à la base ; d'un quart ou d'un tiers plus long que large ; très médiocrement convexe ; noir ; marqué de points un peu plus gros que ceux de la tête ; déprimé transversalement après le bord antérieur ou souvent seulement marqué de deux fossettes transversalement disposées ; rayé d'une ligne longitudinale médiane depuis cette dépression jusqu'au rebord basilaire. *Ecusson* grand ; en triangle au moins aussi long que large, obtus à son extrémité ; noir ; ponctué. *Elytres* légèrement en courbe rentrante vers la moitié de leur longueur ; obliquement et très obtusément tronquées ou subarrondies à leur extrémité ; plus prolongées et ordinairement plus arrondies à l'angle sutural qu'au côté opposé ; peu ou très médiocrement convexes ; à peu près sans rebord marginal ; munies d'un rebord sutural assez faible, qui s'efface avant l'extrémité ; colorées et peintes comme il a été dit. *Dessous du corps* et *pieds* noirs ; squammuleusement ponctués et garnis de poils fins. *Cuisses postérieures* un peu arquées à leur bord antérieur et plus grosses que les autres. *Eperon externe* des tibias postérieurs épais. *Premier article* de tous les tarses un peu moins long que les deux suivants réunis : le premier des postérieurs testacé à la base.

Patrie : La Russie méridionale.

6. Z. fulvipennis ; Fabricius.

Allongé ; peu convexe ; pubescent ; noir, avec les élytres d'un roux jaune ou d'un roux testacé, sans taches. Tête et prothorax assez densement ponctués : le prothorax presque en carré d'un quart au moins plus large que long ; élargi en ligne courbe depuis les côtés du cou jusqu'au quart, parallèle ensuite ; transversalement marqué de deux grosses fossettes vers le tiers de sa longueur ; rayé postérieurement d'une ligne médiane. Elytres sans rebord marginal ; relevées en rebord à la base sur les côtés de l'écusson et sillonnées après ce rebord.

♂ Inconnu.

♀ Sixième arceau du ventre échancré.

Zonitis *fulvipennis*, Fabr. Ent. Syst. t. 1. 2, p. 49. 4. — *Id*. Syst. Eleuth. t. 2, p. 24. 6. — Illig. Magaz. t. 3, p. 163. 6. — Schœnh. Syn. ins. t. 2, p. 340. 5. — Tauscher, Enum. etc. *in* Mém. de la Soc. i. d. Natur. de Mosc. t. 3 (1812), p. 163. 9, pl. 11, fig. 11. — Fischer (Gotthelf), Mém. de la Soc. imp. d. Natur. de Mosc. t. 3, p. 163, pl. 11, fig. 12. — Saint-Fargeau et A. Serville, Encycl. méth. t. 10, p. 821. 3. — Ménétriés. Catal. p. 211. 944.

Long. 0,0157 (7). Larg. 0,0045 (2).

Corps allongé ; planiuscule ou très peu convexe ; pubescent en dessus. *Tête* noire ; couverte de points assez petits ou médiocres et serrés ; hérissée de poils obscurs, courts et mi-relevés; offrant depuis le milieu du front jusqu'au vertex un sillon médian, obsolète. *Epistome* offrant sur sa moitié antérieure un espace carré d'un testacé livide; déprimé ou creusé d'une fossette. *Palpes* noirs. *Yeux* échancrés. *Antennes* grêles; sétacées; à 1er article à peine plus grand que les deux tiers du 3e : le 2e égal à la moitié du 1er : le 3e trois à quatre fois aussi long que large, au moins aussi grand que le suivant, à peu près égal au dernier : les 4e à 11e presque également allongés. *Prothorax* presque en carré transverse; élargi en ligne courbe depuis les côtés du cou jusqu'au quart de la longueur de ses côtés; subsinuément parallèle ensuite; tronqué et rebordé à la base; d'un quart ou d'un tiers plus large que long; planiuscule ou très peu convexe; ponctué et garni de poils comme la tête; creusé de deux grosses fossettes ponctiformes, transversalement disposées du quart au tiers de sa longueur, une de chaque côté de la ligne médiane; rayé, depuis les deux cinquièmes de sa longueur jusqu'au rebord basilaire, d'un sillon médian plus marqué vers les trois cinquièmes ou deux tiers. *Ecusson* assez grand; en triangle obtus ou subarrondi à son extrémité; aussi long que large; noir; ponctué et garni de poils courts; transversalement sillonné ou déprimé avant la moitié de sa longueur. *Elytres* très légèrement en courbe rentrante vers les trois cinquièmes de leur longueur; arrondies chacune à l'extrémité; peu convexes; d'un jaune testacé ou d'un roux jaune; squammuleuses; garnies de poils soyeux, fins, couchés et concolores; à fossettes humérales étendues jusqu'à l'écusson, avec la moitié interne de la base relevée en rebord et formant après celui-ci un sillon subbasilaire profond et nettement limité, un peu obliquement transverse, étendu jusqu'aux trois cinquièmes de la largeur de chaque étui. *Dessous du corps* et *pieds* noirs; garnis de poils fins et concolores; squammuleusement ponctués. *Cuisses postérieures* plus grosses et sensiblement arquées en devant. *Eperon externe* des tibias postérieurs épais, près d'une fois plus long que l'interne. *Premier article des tarses* un peu moins long que les deux suivants réunis : le premier des postérieurs brièvement flavescent à la base.

PATRIE : La Russie méridionale, la Perse, la Turquie d'Asie.

OBS. Nous n'avons eu sous les yeux qu'un exemplaire de cette espèce et nous ne saurions ainsi être assurés si le caractère indiqué par les élytres d'avoir leur rebord relevé à la base sur les côtés de l'écusson, et d'offrir après ce rebord un sillon transverse, est constant. A part ce caractère, qui serait très distinctif s'il existait toujours, le *Z. fulvipennis* s'éloigne des variétés sans taches du *Z. 4-punctata* avec lequel il a beaucoup d'analogie, par une taille plus avantageuse; par son corps plus large et un peu moins convexe; par sa tête sans traces de ligne médiane; par son labre un peu échancré en devant; par son prothorax proportionnellement un peu plus large; par le premier article des tarses postérieurs brièvement flavescent à la base.

7. **Z. bifasciata** ; SCHOENHERR.

Allongé; très peu convexe; pubescent; noir, avec les élytres d'un roux orangé, avec deux bandes transversales et l'extrémité, noires : la première couvrant ordinairement sur la suture presque depuis l'écusson jusqu'aux deux cinquièmes de leur longueur, moins développée en se rapprochant des bords latéraux : la deuxième, des trois cinquièmes aux trois quarts de leur longueur. Tête et prothorax marqués de points serrés et médiocres : le prothorax planiuscule; presque en carré d'un tiers plus large que long; offrant une ligne médiane ordinairement incomplète; déprimé transversalement après son bord antérieur. Epistome creusé d'une fossette. 1er article des antennes plus court que le 3e.

Zonitis bifasciata, SCHOENHERR, Syn. ins. t. 2, p. 340. 13. (décrit par Swartz).
— SAINT-FARGEAU et A. SERVILLE, Encycl. méth. t. 10, p. 821. 5.

Long. 0,0135 à 0,0157 (6 à 7). Larg. 0,0045 (2).

Corps allongé ; planiuscule ou très peu convexe sur le dos ; garni sur la tête et sur le prothorax de poils noirs, assez courts, mi-relevés, parfois en partie usés, et sur les élytres de poils fins, couchés, concolores, peu apparents. *Tête* noire ; marquée de points serrés et médiocres ; offrant à peine les traces d'une ligne longitudinale médiane. *Epistome* en partie imponctué et creusé d'une fossette. *Antennes* prolongées un peu plus longuement que la moitié des élytres ; noires ; grêles ; subfiliformes : à 1er article d'un quart moins long que le 3e : le 2e plus grand que la moitié du 1er : le 3e à peine plus grand que le 4e, trois ou quatre fois aussi long que large, à peu près aussi long que le dernier : les 4e à 11e allongés : les 9° et 10e un peu moins. *Prothorax* presque en carré ; d'un tiers ou de moitié plus large que long, émoussé aux angles ; tronqué et rebordé à la base ; planiuscule ; ponctué comme la tête ; rayé d'une ligne longitudinale médiane, ordinairement indistincte postérieurement ; transversalement déprimé après le bord antérieur jusqu'aux deux cinquièmes de sa longueur ; noir. *Ecusson* grand ; en triangle aussi long que large ; noir ; ponctué. *Elytres* faiblement en courbe rentrante vers les deux tiers de leur bord externe ; arrondies chacune à l'extrémité ; planiuscules sur le dos ; ruguleuses ou ruguleusement ponctuées ; à peu près sans rebord marginal ; munies d'un rebord sutural postérieurement affaibli ; d'un roux orangé ; ornées chacune de deux bandes transversales, noires ou d'un noir brûlé : la première commençant sur la suture presque immédiatement après l'écusson, et prolongée jusqu'aux deux cinquièmes ou un peu moins de leur longueur, graduellement moins développée longitudinalement en se rapprochant du bord latéral qu'elle atteint à peine : la seconde couvrant environ depuis les trois cinquièmes jusqu'aux trois quarts de

leur longueur, offrant en outre, depuis cette seconde bande
et brièvement le bord apical, noirs. *Dessous du corps* et *pieds*
noirs; garnis de poils concolores. *Cuisses postérieures* comprimées, un peu arquées à leur bord antérieur et plus grosses
que les autres. *Eperon externe* des tibias postérieurs, épais.
Premier article des tarses antérieurs un peu plus long que le
suivant : le premier des postérieurs un peu moins long que
les deux suivants réunis.

Patrie : La Hongrie (collect. Reiche).

Obs. Elle paraît avoir été découverte par de Koy.

8. Z. atra; Schœnherr.

Allongé; peu convexe; brun, brun noir ou noir; pubescent. Tête et pro-
thorax marqués de points médiocres, assez serrés : le prothorax élargi en
ligne courbe depuis les côtés du cou jusqu'au tiers de sa longueur, parallèle
ensuite; plus large que long; transversalement déprimé après le bord anté-
rieur; rayé, après cette dépression, d'une ligne médiane. Epistome creusé
d'une fossette. 1ᵉʳ article des antennes plus court que le 3ᵉ.

Zonitis atra, Schœnherr, Syn. ins. t. 2, p. 340. 12 (décrite par Swartz). — Saint-
Fargeau et A. Serville, Encycl. méth. t. 10, p. 821. 6.

Long. 0,0112 à 0,0123 (5 à 5 1/2). Larg. 0,0033 à 0,0036 (1 1/2 à 1 2/3).

Corps allongé; peu convexe; entièrement brun, brun noir
ou noir; garni en dessus de poils concolores, assez courts et
mi-relevés sur la tête et sur le prothorax, fins, couchés,
soyeux, médiocrement apparents sur les élytres. *Tête* élargie
d'avant en arrière; planiuscule sur le front; marquée de
points rapprochés et assez petits; sans trace ou presque sans
trace de ligne longitudinale médiane. *Epistome* en partie
imponctué et creusé d'une fossette. *Antennes* prolongées
environ jusqu'à la moitié des élytres; sétacées, au moins
chez le ♂ : à 1ᵉʳ article d'un tiers moins grand que le 3ᵉ : le
2ᵉ égal aux deux tiers au moins du 1ᵉʳ · le 3ᵉ trois fois au

moins aussi long que large, au moins aussi grand ou plus
grand que le dernier : les 4e à 10e allongés : les 9e et 10e un
peu moins. *Prothorax* élargi en ligne courbe depuis les côtés
du cou jusqu'au tiers ou un peu plus de sa longueur, parallèle ensuite ; tronqué et rebordé à la base ; peu convexe ;
ponctué un peu moins finement que la tête ; déprimé transversalement presque depuis le bord antérieur jusqu'au tiers
de sa longueur ; rayé d'une ligne ou d'un sillon longitudinal
peu profond, depuis la dépression transversale jusque près
du rebord basilaire. *Ecusson* grand ; en triangle à côtés un
peu curvilignes ; ponctué. *Elytres* à peine en courbe rentrante
vers les deux tiers de leur bord externe ; obtusément arrondies chacune à leur extrémité ; plus prolongées près de la
suture que du côté externe ; peu convexes ; sans rebord externe ; munies d'un rebord sutural graduellement affaibli
postérieurement ; squammuleusement ponctuées. *Dessous du
corps* et *pieds* squammuleusement ponctués et garnis de poils
concolores. *Cuisses postérieures* un peu arquées à leur bord
antérieur et plus grosses que les autres. *Eperon externe* des
tibias postérieurs épais. *Premier article* de tous les tarses un
peu moins grand ou presque aussi grand que les deux suivants
réunis.

Patrie : La Hongrie (collect. Reiche).

Obs. Elle paraît avoir été également signalée pour la première fois par Koy.

Genre *Leptopalpus*, Leptopalpe ; Guérin (1).

(λεπτός, grêle ; *palpus*, palpe).

Caractères. *Prothorax* un peu moins long que large. *Palpes
maxillaires* offrant leurs trois derniers articles aussi longs ou

---

(1) Guérin, Iconogr. du Règn. anim. p. 136, pl. 35, fig. 13.

à peu près que les antennes ; inclinés sur la poitrine dans l'état de repos ; prolongés jusqu'au 1er ou jusqu'au 2e arceau ventral. *Palpes labiaux* quatre fois moins longs. *Mandibules* allongées, arquées et simples à leur extrémité. *Mâchoires* un peu plus longuement prolongées que les mandibules. *Labre* à peu près aussi long que large, entier. *Antennes* filiformes ; assez longues : à 2e article à peu près aussi grand que le 1er, un peu moins long que le 3e : celui-ci un peu plus grand que le suivant : les 4e à 10e plus longs que larges, presque égaux. *Yeux* un peu obliquement transverses ; presque d'égale longueur ; à peine échancrés ; près d'une fois plus longs que larges. *Elytres* médiocrement ou peu flexibles ; peu ou point déhiscentes à la suture. *Pieds* médiocres. *Tibias postérieurs* à peine aussi longs que la cuisse ; au moins aussi longs que le tarse ; à éperon interne ordinairement un peu moins épais que l'externe. *Ongles* offrant l'une des branches de chacun de leurs crochets, pectinée ou dentée.

1. **L. rostratus** ; Fabricius.

Suballongé ; faiblement pubescent ; d'un rouge jaune, avec les antennes, l'extrémité des mandibules, des palpes et des tarses, le dessous du corps moins les derniers arceaux, et trois taches ponctiformes sur chaque élytre, noirs : ces taches situées sur la ligne longitudinalement médiane de chaque étui, à la base, aux deux cinquièmes et aux deux tiers de leur longueur.

♂ Cinquième arceau ventral un peu entaillé : le sixième longitudinalement fendu.

♀ Sixième arceau ventral entier ou à peine échancré.

Zonitis rostrata, Fabr. Entom. Syst. t. 1. 2, p. 50. 7. — *Id.* Syst. Eleuth. t. 2, p. 24. 10. — Latr. Gener. t. 2, p. 224, *obs.* pl. 10, fig. 12. — Schœnh. Syn. ins. t. 2, p. 540. 10.

Nemognatha rostrata, Olivier, Encycl. méth. t. 8 (1811), p. 175. 1. — Rosenbauer, Die Thier. Andalus. p. 232.

Nemognatha quadrinotata, (Dejean), Catal. (1833), p. 227. — *Id.* (1837), p. 249.

Leptopalpus chevrolati, GUÉRIN, Icon. du R. anim. (planches), pl. 35, fig. 15.

Leptopalpus rostratus, GUÉRIN, Iconogr. du Règn. anim. (texte), p. 136, pl. 35.
   fig. 13, a, tête; fig. 13, b, mâchoire et palpe; fig. 13, c, crochets des tarses,
   — LUCAS, Explor. sc. de l'Algér. p. 395. 1026, pl. 34, fig. 7, et 7 a, à c,
   détails.

Long. 0,0090 à 0,0095 (4 à 4 1/4). Larg. 0,0033 (1/2).

Corps suballongé; médiocrement convexe. *Tête* d'un rouge
jaune; faiblement ou presque obtusément ponctuée; peu distinctement hérissée de poils courts, fins, d'un blanc cendré;
un peu déprimée sur le milieu du front; montrant souvent
sur la ligne médiane une trace lisse et imponctuée. *Mandibules* d'un rouge testacé, avec l'extrémité noire. *Palpes* d'un
roux testacé ou d'un roux brunâtre, ordinairement d'un brun
noirâtre à l'extrémité et sur une partie de leur longueur.
Antennes prolongées jusqu'aux deux cinquièmes ou un peu
plus des élytres; noires: à 1er article à peine aussi grand que
le 2e : celui-ci et le suivant à peu près égaux, deux fois et
quart environ aussi longs que larges : les 4e à 10e un peu
moins grands, surtout les premiers : le dernier aussi long
que le 3e, rétréci dans sa seconde moitié. *Prothorax* arrondi
ou élargi en ligne courbe depuis les côtés du cou jusqu'aux
deux cinquièmes de sa longueur, subsinuément un peu rétréci
ensuite jusqu'aux angles postérieurs; à peine rebordé à la
base; un peu plus large que long; d'un rouge jaune; presque
glabre; ponctué; offrant les traces d'un sillon longitudinal
médian; parfois marqué d'une fossette de chaque côté de
cette ligne, du quart au tiers de sa longueur. *Ecusson* grand;
en triangle obtusément arrondi à son extrémité; pointillé;
parcimonieusement pubescent; d'un rouge jaune ou roux
flave. *Elytres* parallèles; obtusément arrondies à l'extrémité,
prises ensemble; médiocrement convexes; d'un rouge jaune
ou d'un roux flave; finement ponctuées; garnies de poils fins,
couchés, d'un livide cendré; ornées chacune de trois taches

ponctiformes, noires : la première ovalaire, vers le milieu de
la base : la deuxième ovale, du tiers aux trois septièmes de
la longueur, vers le milieu de la largeur, dont elle égale le
quart : la troisième arrondie, égale en largeur à la deuxième,
sur la même ligne longitudinale que celle-ci, vers les deux
tiers de leur longueur. *Dessous du corps* pubescent; noir, avec
le repli prothoracique et les deux derniers arceaux du ventre,
d'un rouge jaune ou d'un roux testacé : le 4ᵉ arceau ventral
souvent brunâtre. *Pieds* pubescents; d'un roux flave, avec
les deux ou trois derniers articles des tarses obscurs ou noirâtres. *Eperon* des tibias postérieurs épais, surtout l'externe.

Patrie : L'Algérie.

Obs. Cette espèce a été découverte par Desfontaines.

Genre *Nemognatha*, Nemognathe; Illiger (1).

(γνημα, fil ; γναθος, mâchoire).

Caractères. *Prothorax* presque en carré; plus large que
long. *Elytres* munies d'un rebord marginal très distinct;
assez fortement en courbe rentrante à leur bord externe;
flexibles; un peu déhiscentes postérieurement à la suture
Mâchoires linéaires; à lobe interne presque nul : l'externe
allongé en forme de lanière ciliée, infléchie à son extrémité;
plus longuement prolongées que les palpes maxillaires, etc.

Voy. Mulsant, Hist. nat. des Coléopt. de Fr. *(Vésicants)*, p. 177.

1. N. nigripes ; Suffrian.

Antennes, bouche, écusson, dessous du corps et pieds, noirs. Tête et
prothorax d'un rouge jaune : la première, noirâtre postérieurement sur

---

(1) Illiger, Magaz. t. 6 (1807), p. 333. — Voyez aussi : Latreille, Considérat.
sur l'Ordre nat. des anim. (1810), p. 216. — Olivier, Encycl. méth. t. 8 (1811),
p. 174, etc.

les côtés du cou : le second, orné, un peu avant le milieu de la ligne médiane, d'une tache orbiculaire noire. Elytres d'un jaune testacé, avec l'extrémité noire sur le tiers postérieur du bord externe, et parées chacune sur le milieu de leur largeur, vers les trois huitièmes de leur longueur, d'une tache noire, arrondie, ordinairement plus ou moins développée.

Nemognatha nigripes, Suffrian, Voy. Mulsant, Hist. nat. des Coléopt. de Fr. (*Vésicants*), p. 178.

Long. 0,0061 à 0,0122 (2 3/4 à 5). Larg. 0,0018 à 0,0045 (7,8 à 2).

Patrie : Le midi de la France, l'Espagne, etc.

2. **N. chrysomelina** ; Fabricius.

Poitrine et ventre, moins l'extrémité de ce dernier, et ordinairement antennes et tarses, noirs. Tête et prothorax d'un roux flave : le second orné, un peu avant le milieu de la ligne médiane, d'une tache orbiculaire noire. Ecusson, élytres, cuisses et tibias, d'un flave testacé : le premier ordinairement marqué d'une bande longitudinalement médiane plus ou moins large, noirâtre : les élytres avec l'extrémité noire, et parées chacune sur le milieu de leur largeur, vers les trois huitièmes de leur longueur, d'une tache noire, en carré obliquement disposé.

Nemognatha chrysomelina, Fabricius, Voy. Mulsant, Hist. nat. des Coléopt. de Fr. (*Vésicants*), p. 180.

Long. 0,0090 à 0,0135 (4 à 6). Larg. 0,0028 à 0,0039 (1 1/5 à 2)

Patrie : La Russie méridionale, etc.

Genre *Apalus*, Apale ; Fabricius (1).

(ἀπαλός , mou).

Caractères. *Prothorax* moins long que large. *Elytres* munies d'un rebord marginal; un peu déhiscentes postérieurement à la suture; flexibles. *Palpes maxillaires* visiblement

---

(1) Fabricius, Syst. Entomol. p. 127.

moins longs que les antennes; filiformes. *Tête* inclinée; triangulaire. *Mandibules* cornées; fortement arquées à l'extrémité. *Mâchoires* à deux lobes : l'interne court, presque nul: l'externe allongé, cilié. *Languette* membraneuse, tronquée. *Lèvre* échancrée. *Yeux* un peu obliquement transverses; étroits; un peu échancrés vers le milieu de leur côté interne. *Antennes* insérées près de l'échancrure des yeux; allongées ou assez allongées; sétacées et comprimées chez le ♂. *Ongles* offrant l'une des branches de chacun de leurs crochets pectinée ou dentée. *Corps* suballongé; peu convexe.

1. A. bimaculatus ; Linné.

Suballongé; peu convexe; noir, avec les élytres d'un jaune pâle, ornées chacune, vers les trois quarts de leur longueur, d'une tache ponctiforme, noire, plus rapprochée de la suture que du bord externe. Tête et prothorax densement et assez finement ponctués et hérissés de poils noirs.

♂ Antennes sétacées; prolongées environ jusqu'aux quatre cinquièmes de la longueur du corps : à 1er article graduellement renflé, à peine égal aux deux tiers de la longueur du 3e article : les 3e à 10e comprimés, sensiblement élargis de la base à l'extrémité, subdentés : le 11e plus long que le 3e, presque également grêle. Sixième arceau ventral fendu longitudinalement, divisé en deux parties graduellement rétrécies de la base à l'extrémité et courbées en dedans vers l'extrémité.

Cerambyx, Uddin. Nov. Spec. ins. p. 17. 32.

Meloe bimaculatus, Linn. Faun. Succ. p. 228. 828. — *Id.* Syst. Natur. t. 1,
    p. 680. 9. — Müller (P. L. S.), C. Linn. Naturs. t. 5, 1re part. p. 382. 9. —
    Goeze, Entom. Beytr. t. 1, p. 699. 9. — De Villers, C. Linn. Entom. t. 1,
    p. 400. 6.

Apalus bimaculatus, Fabr. Syst. Entom. p 127. 1. — *Id.* Spec. ins. t. 1, p. 161. 1.
    — *Id.* Mant. t. 1, p. 95. 1. — *Id.* Ent. Syst. t. 1. 2, p. 50. 1. — *Id.* Syst.
    Eleuth. t. 2, p. 24. 1. — Gmel. C. Linn. Syst. Nat. t. 1, p. 1738. 1. — Oliv.

Encycl. méth. t. 4, p. 166. 1. — *Id.* Entom. t. 3, n° 52, p. 5. 1, pl. 1, fig. 2, a, b. — *Id.* Nouv. Dict. d'Hist. nat. t. 2 (1803), p. 2. — Panz. Faun. Germ. 104. 4. — Roemer, Gener. p. 44, pl. 34, fig. 5. — Payk. Faun. Suec. t. 2, p. 127. 1. — Tigny, Hist. nat. t. 7, p. 146, pl. , fig. 1. — Schœnh. Syn. ins. t. 2, p. 341. 1. — Gyllenh. Ins. Suec. t. 2, p. 487. 1. — Latr. Nouv. Dict. d'Hist. nat. t. 2 (1816), p. 225. — Duméril, Dict. des sc. nat. t. 2 (1816), p. 269. — Lamarck, Anim. S. vert. t. 4, p. 427. 1. — Sahlb. Ins. Fenn. p. 457. 1. — Küster, Kaef. Europ. 1. 53.

Pyrochroa bimaculata, de Geer, Mém. t. 5, p. 23. 2, pl. 1, fig. 18. 19. — Retz. Gen. p. 133. 820.

Zonitis bimaculata, Illig. Magaz. t. 3, p. 167. — Latr. Hist. nat. t. 10, p. 405. 1. — Gebler, Ledebour's, Reise, t. 2, p. 142. 1. — De Casteln. Hist. nat. t. 2, p. 276. 9.

Long. 0,0112 à 0,0123 (5 à 5 1/2). Larg. 0,0045 (2).

Corps suballongé; peu convexe. *Tête* élargie d'avant en arrière jusqu'à son bord postérieur; d'un noir presque mat; ruguleuse; marquée de points contigus, médiocres; assez densement hérissée de poils noirs, assez longs. *Mandibules* brunes. *Palpes* noirs : les maxillaires allongés. *Yeux* un peu obliquement transverses; étroits; subéchancrés. *Antennes* noires : à 2° article court : le 3° trois fois aussi long que large, au moins aussi grand que le suivant : les suivants presque également allongés. *Prothorax* parfois presque tronqué, d'autrefois arqué en devant; émoussé aux angles antérieurs ou élargi en ligne un peu courbe depuis les côtés du cou jusqu'au tiers de sa longueur; faiblement rétréci ensuite jusqu'aux angles postérieurs en formant une assez faible sinuosité dans le milieu de cette partie rétrécie; tronqué et à peine relevé en rebord très étroit, à la base; plus large que long; peu convexe; d'un noir presque opaque; couvert de points serrés, un peu plus petits que ceux de la tête; hérissé, comme elle, de poils noirs, assez longs; offrant souvent les traces d'une ligne ou d'un sillon médian. *Ecusson* noir; rétréci d'avant en arrière; arrondi à sa partie postérieure; pointillé et un peu pubescent en devant; glabre; luisant et presque impointillé postérieurement. *Elytres* de deux cinquièmes plus larges que le prothorax ; près de quatre fois aussi longues que lui ; sensiblement en ligne rentrante vers les deux tiers de son bord externe ; rebordées à ce dernier ; subarrondies ou en ogive chacune à l'extrémité ; peu convexes ou planiuscules ; postérieurement déhiscentes à la suture ; munies à celle-ci d'un rebord graduellement affaibli ; offrant les traces de deux faibles nervures longitudinales : la seconde ou externe, naissant de l'extrémité d'un striole ou fossette humérale à peine marquée ; glabres ; rugueusement ponctuées ; d'un jaune pâle ou flave testacé ; ornées chacune d'une tache noire, tantôt ponctiforme, tantôt un peu plus développée, souvent arrondie, quelquefois ovale, droite ou oblique, située presque aux trois quarts de la longueur, plus rapprochée de la suture que du bord externe. *Dessous du corps* et *pieds* noirs ; ponctués et garnis de poils noirs : tarses et parfois tibias en partie moins obscurs. *Eperon externe* des tibias postérieurs généralement plus épais. *Premier article* des tarses antérieurs de moitié plus long que le suivant : le premier des postérieurs presque aussi long que les deux suivants réunis.

Patrie : La Suède, l'Allemagne, etc.

Obs. Les derniers arceaux du ventre sont quelquefois bruns ou d'un brun rougeâtre quand la matière colorante noire s'est incomplètement développée. Mais cette variation ne paraît pas être particulière à la ♀, comme l'a dit Linné. Les tibias et les tarses, au lieu d'être noirs, sont souvent moins obscurs.

2. **A. bipunctatus** ; Germar.

Suballongé ; peu convexe ; noir, avec les quatre derniers arceaux du ventre, les tibias, les premiers articles des tarses et les élytres, d'un rouge rosé : celles-ci ornées chacune d'une tache noire, un peu obliquement transverse, située des deux tiers aux cinq sixièmes de leur longueur, couvrant ordinairement du huitième interne aux trois quarts de leur largeur. Tête et prothorax densement et finement ponctués et hérissés de poils noirs.

♂ Antennes sétacées; prolongées environ jusqu'aux quatre cinquièmes de la longueur du corps : à 1er article graduellement renflé, à peine plus grand que la moitié du 3e : les 3e à 10e comprimés, sensiblement élargis de la base à l'extrémité, subdentés : le 11e plus long que le 3e. Sixième arceau ventral fendu presque jusqu'à la base.

♀ Nous ne l'avons pas vue.

Apalus bipunctatus, (ZIEGLER) (DEJEAN), Catal. (1821), p. 76. — (DAHL), Catal. (1823), p. 49. — GERMAR, Faun. insector. Europ. 14. 6. Voy. MULSANT, Hist. nat. d. Coléopt. de Fr. (*Vésicants*), p.

Long. 0,0112 à 0,0123 (5 à 5 1/2). Larg. 0,0033 à 0,0036 (1 1/2 à 1 2/3).

PATRIE : La Hongrie, la Turquie.

DEUXIÈME RAMEAU.

—

Les Sitarates.

CARACTÈRES. *Elytres* un peu moins longuement prolongées que l'abdomen; dépassées postérieurement par les ailes qu'elles voilent incomplètement; déhiscentes et en ligne courbe ou sinuées à la suture, au moins à partir de la moitié de leur longueur et souvent presque depuis l'écusson. *Ongles* offrant le plus souvent l'une des branches de chacun de leurs crochets dentée ou pectinée.

Ces insectes se répartissent dans les deux genres suivants :

Genres.

Elytres {

non sinuées ou en courbe rentrante à la suture, peu après l'écusson ; d'un tiers à peine moins étroites vers la moitié de leur longueur qu'à la base ; graduellement rétrécies à partir de cette moitié jusque près de leur extrémité. Mandibules, ou du moins l'une d'elles, arquée seulement vers son extrémité.   STENORIA.

sinuées ou en courbe rentrante un peu après l'écusson ; plus d'une fois plus étroites vers la moitié de leur longueur qu'à la base ; subparallèles ou faiblement moins étroites dans le milieu de leur seconde moitié. Mandibules courbées presque à angle droit, vers la moitié de leur longueur.   SITARIS.

Genre *Stenoria*, STENORIE ; Mulsant (1).

CARACTÈRES. *Elytres* non sinuées ou en courbe rentrante à la suture, peu après l'écusson ; d'un tiers à peine moins étroites vers la moitié de leur longueur qu'à la base ; graduellement rétrécies à partir du tiers ou de la moitié jusqu'à leur extrémité. *Mandibules* ou du moins l'une d'elles, arquée seulement vers son extrémité. *Mâchoires* à deux lobes, finement ciliés, presque égaux : l'externe ou supérieur arqué sur l'interne.

1. S. apicalis ; LATREILLE.

Noir, avec la moitié postérieure du ventre, les pieds et la majeure partie du prothorax et des élytres, flaves : les élytres noires sur leur sixième postérieur : le prothorax creusé d'une fossette triangulaire vers l'extrémité de la ligne médiane ; le plus souvent orné sur cette ligne d'une bande longitudinale noire, ordinairement raccourcie en devant, parfois accompagnée de chaque côté d'un point noir, ou couvrant la majeure partie de la surface de ce segment.

Stenoria apicalis, LATREILLE, Voy. MULSANT, Hist. nat. des Coléopt. de France (*Vésicants*), p. 186.

Long. 0,0067 à 0,0078 (3 à 3 1/2). Larg. 0,0022 à 0,0024 (1 à 1 1/8).

---

(1) MULSANT, Hist. nat. des Coléopt. de Fr. (*Vésicants*), p. 186.

Patrie : Le midi de la France et quelques contrées de l'Europe méridionale.

Genre *Sitaris*, Sitaris; Latreille (1).

Caractères. *Elytres* sinuées ou en courbe rentrante à la suture, peu après l'écusson; plus d'une fois plus étroites vers la moitié de leur longueur qu'à la base; subparallèles dans leur seconde moitié ou à peine moins étroites vers les quatre cinquièmes de leur longueur. *Mandibules* courbées presque à angle droit, vers la moitié de leur longueur.

1. S. Solieri ; Pecchioli.

Noir ou d'un noir brun : deux cinquièmes basilaires des élytres et ventre, d'un roux flave ou testacé : tibias des quatre pieds antérieurs parfois de même couleur.

Sitaris solieri, Pecchioli, Voy. Mulsant, Hist. nat. d. Coléopt. de Fr. (*Vésicants*), p. 189.

Long. 0,0090 à 0,0112 (4 à 5). Larg. 0,0033 à 0,0045 (1 1/2 à 2).

Patrie : Le midi de la France, l'Italie, l'Espagne.

2. S. muralis ; Forster.

Noir ou d'un noir brun : cinquième basilaire des élytres et base du premier article des tarses postérieurs, d'un flave testacé.

Sitaris muralis, Forster, Voy. Mulsant, Hist. nat. des Coléopt. de Fr. (*Vésicants*), p. 191.

Long. 0,0078 à 0,0123 (3 1/2 à 5). Larg. 0,0033 à 0,0042 (1 1/2 à 1 7/8).

Patrie : La France et diverses autres contrées de l'Europe.

----

(1) Latr. Hist. nat. t. 10, p. 402.

Probablement il faut rapporter à ce genre l'espèce suivante, que nous n'avons pas vue :

S. melanura, Küster, pubescent; d'un roux jaune luisant : extrémité des mandibules, antennes, extrémité des élytres et milieu de la poitrine, noirs.

Sitaris melanura, Küster, Kaef. Europ. 16. 84.

Patrie : L'Espagne. Elle est aussi indiquée du midi de la France; mais elle n'y a pas été trouvée jusqu'à ce jour, à notre connaissance, du moins.

EXPLICATION DE LA PLANCHE Iʳᵉ.

Fɪɢ. 1. Base des antennes du *Bruchus obscuripes*....a. ♂ — b. ♀.
— 2. id. id. » *biguttatus*....a. ♂ — b. ♀.
— 3. id. id. » *variegatus* ...a. ♂ — b. ♀.
— 4. id. id. » *dispar*.......a. ♂ — b. ♀.
— 5. id. id. » *marginellus* ..a. ♂ — b. ♀.
— 6. id. id. » *varius*.......a. ♂ — b. ♀.
— 7. id. id. » *imbricornis*...a. ♂ — b. ♀.
— 8. id. id. » *canaliculatus* .a. ♂ — b. ♀.
— 9. id. id. » *canus*........a. ♂ — b. ♀.
— 10. id. id. » *olivaceus* ....a. ♂ — b. ♀.
— 11. id. id. » *debilis*.......a. ♂ — b. ♀.
— 12. id. id. » *nanus* ....a. ♂ — b. ♀.
— 13. id. id. » *cinerascens*...a. ♂ — b. ♀.
— 14. id. id. » *misellus* .....a. ♂ — b. ♀.

EXPLICATION DE LA PLANCHE IIe.

Fig. 1. Derniers arceaux du ventre de quelques *Bruchus*. ♂.
— 2. id. id. id. des *Bruchus* ♀ en général.
— 3. Base des antennes du *Bruchus tarsalis*. ♀.
— 4. id. id. » *tibialis*. ♀.
— 5. id. id. » *pauper*. ♂.
— 6. id. id. » *inspergatus*. ♂♀.
— 7. id. id. » *pygmœus* ....a. ♂ — b. ♀.
— 8. id. id. » *oblongus*.....a. ♂ — b. ♀.
— 9. id. id. » *anxius* ......a. ♂ — b. ♀.
— 10. id. id. » *tibiellus*......a. ♂ — b. ♀.
— 11. id. id. » *miser* ....a. ♂ — b. ♀.
— 12. id. id. » *murinus* .....a. ♂ — b. ♀.
— 13. id. id. » *sericatus*. ♀.
— 14. id. id. » *pisi*. ♂♀.
— 15. id. id. » *longicornis* ...a. ♂ — b. ♀.
— 16. id. id. » *histrio*.......a. ♂ — b. ♀.
— 17. id. id. » *jocosus*.......a. ♂ — b. ♀.

EXPLICATION DE LA PLANCHE IIIe.

Fig. 1. Tibia intermédiaire du *Bruchus pisi*. ♂.

— 2. id. id. » *pisi*. ♀, et de tous les *Bruchus* ♀ en général.

— 3. Tibia intermédiaire du *Bruchus rufimanus*. ♂.

— 4. id. id. » *flavimanus*. ♂.

— 5. id. id. » *nubilus*. ♂.

— 6. id. id. › *luteicornis*. ♂.

— 7. id. id. » *granarius*. ♂.

— 8. id. id. › *brachialis*. ♂.

— 9. id. id. » *tristis*. ♂.

— 10. id. id. › *tristiculus*. ♂.

— 11. Tibia antérieur » *serratus*. ♂.

— 12. Tibia intermédiaire › *serratus*. ♂.

— 13. id. id. › *pallidicornis*. ♂.

— 14. id. id. » *ulicis*. ♂.

— 15. id. id. » *viciæ*. ♂.

— 16. id. id. › *griseomaculatus*. ♂.

— 17. id. id. » *loti*. ♂.

— 18. id. id. › *laticollis* ♂.

HYDROGRAPHIE

SOUTERRAINE

Par M. J. FOURNET,

Correspondant de l'Institut, Professeur à la Faculté des Sciences de Lyon.

Présenté à l'Académie des Sciences, Belles-Lettres et Arts de Lyon, dans la séance du 4 mai 1858.

Jusqu'à ce jour la plupart des phénomènes dont je me propose de donner une idée sommaire se trouvent négligemment relégués parmi les récréations des touristes, parmi les distractions agréables qu'un guide peut procurer à l'oisif dont il se charge de tempérer les vagabonds ennuis. Les savants du moment les abandonnent trop souvent aux descriptions ampoulées de certains écrivains dont les récits, discordants avec la réalité, ne se prêtent point aux considérations pratiques. Enfin, parmi nos récents traités de géologie, il en est qui en parlent avec tant d'incohérence, que toute lecture faite, l'on s'empresse de reconnaître le fouillis du paternel Depping, du compilateur des *Merveilles et Beautés de la Nature en France*, comme étant préférable à leurs insuffisants détails.

Il faut pourtant excepter de ce jugement les *Descriptions géologiques* et les *Histoires naturelles* de nos provinces. Ces patientes élaborations des Gensanne, Darluc, Astruc, Giraud de Soulavie, Razoumowsky, De Saussure, Girod-Chantrans, Deluc, La Tourette, Alléon-Dulac, Risso, Ladoucette, d'Hombres-Firmas, Thurmann, de Villeneuve, Lequinio, Gras,

Gueymard, Thirria, et celles des rédacteurs de nos annuaires départementaux, nous apprennent qu'au point de vue de la variété et de l'importance de ses accidents de tous genres, la France est au moins aussi heureusement dotée qu'aucun des autres pays dont on s'empresse d'aller admirer les curiosités classiques. Pour qu'ils eussent pu aboutir à une coordination systématique des faits, il n'a manqué à ces observateurs qu'un champ plus développé, qu'un espace capable d'en offrir au moins les traits fondamentaux. L'exploration de diverses parties de notre contrée m'ayant au contraire mis à même de voir, sinon la totalité, du moins une partie notable d'entre eux, je tendrai au but en établissant dans diverses notices certaines filiations assez vagues jusqu'à présent.

En cela, je débuterai par l'exposé du rôle spécial des cavernes, ainsi que des crevasses du sol, et j'insisterai de préférence sur les phénomènes du bassin de la Saône, sans cependant m'astreindre à cette règle d'une manière absolue. Toutefois, l'on concevra facilement qu'avant d'entrer dans ces détails, il convient d'exposer quelques notions préliminaires, ainsi qu'une classification suffisamment générale pour embrasser l'ensemble des faits et pour servir de guide au lecteur. C'est donc par là que je vais entrer en matière.

Ire PARTIE.

—

1° Aperçus au sujet de la classification des sources.

Dans l'état actuel de la science, il n'est pas nécessaire de recourir à de longs préambules pour faire comprendre que le régime des sources dépend d'abord d'un état atmosphérique plus ou moins pluvieux, puis de quelques causes accessoires.

En partant de ces notions élémentaires, elles ont été classées de la manière suivante :

Fontaines uniformes, pérennes ou continues.

Fontaines temporaires, accidentelles ou éphémères, { maïales. / diurnes.

Fontaines périodiques, { intermittentes. / intercalaires, à maxima et à minima. / intercalaires composées, alternatives ou réciproques.

Tout bien considéré, cette ordonnance n'est plus en harmonie avec les connaissances du moment. En effet, les *fontaines pérennes ou continues* ne sont pas pour cela constamment *uniformes*. Il y a donc ici une différence qu'il importe d'autant plus de signaler qu'il est à croire que le débit d'aucune fontaine n'est réellement invariable.

D'un autre côté, la distinction entre les *fontaines temporaires* et les *fontaines périodiques* n'est pas clairement établie : car on se contente assez habituellement d'indiquer à la suite des sources à courtes périodes, dues à des jeux de siphons, d'autres sources qui ne jaillissent qu'à de longs intervalles, et dont les apparitions, n'étant pas liées aux mêmes causes, sont souvent laissées sans explication.

Ajoutons à cela que l'on a fréquemment omis de faire la part des sources modestes pour ne tenir compte que de celles qui surgissent avec une certaine pompe. Cependant, dans un système raisonné, on doit réunir les unes et les autres ; en effet, les petites émissions, multipliées à chaque pas, finissent par égaler la masse des plus belles fontaines. Pour atteindre leur volume, celles-ci assèchent parfois un district entier. Les légers suintements sont au contraire des causes de fertilité, et dans les cas où ils donnent naissance à des terrains humides, marécageux, goutteux, il suffit de recourir à l'ancien, mais durable système, éminemment français, des *revourses*, des *rases-sourdes*, ou bien à l'application très probablement plus chanceuse des *drains*, que l'attrait de la nouveauté a momentanément fait prévaloir dans le pays.

Outre cela, on ne s'est guère attaché à faire ressortir l'influence de la texture et de la structure des terrains.

Les uns, à peu près imperméables, ne permettent guère un établissement différent de celui des sources superficielles.

D'autres roches, essentiellement poreuses, absorbent les eaux pluviales dans leur masse. Elles s'en saturent, comme pourrait le faire une éponge, pour n'en laisser échapper qu'un excès que la pesanteur entraîne jusqu'à la rencontre d'une masse compacte qui, à son tour, les dirige selon son inclinaison vers divers débouchés. Elles y forment des sources, sinon très abondantes, du moins assez régulières.

Certains dépôts détriques, caillouteux; certaines assises fortement fissurées, crevassées, caverneuses, laissent tamiser rapidement ces mêmes eaux. Mais bientôt une couche douée d'un tissu serré et impénétrable les dispose en nappes qui, trouvant çà et là des débouchés, constituent des fontaines dont le volume est proportionné à l'amplitude des pertuis souterrains.

Enfin, dans quelques-unes de ces formations, l'ordonnance et l'agencement des canaux profonds donnent naissance à des émissions bizarres, à diverses combinaisons singulières, complexes, dans tous les cas très remarquables et dont on ne saurait se dispenser de faire une classe distincte des précédentes.

Ces diversités m'amènent définitivement à classer les sources de la manière suivante :

Fontaines normales et simples. . .	continues ou pérennes,	uniformes. variables.
	temporaires, accidentelles ou éphémères,	raisins, gouttes, suintements. maïales. diurnes. bramafans.

Fontaines anormales, complexes ou singulières. . .	continues ou pérennes.	Abîmes verticaux émissifs, fontaines sans fond. Bouillons. Jets d'eau naturels. Colonnes oscillantes et colonnes à niveaux invariables. Sources négatives, orifices absorbants. Scialets. Eaux absorbées reparaissant à l'extrémité des canaux souterrains. Katabothrons.
	périodiques à peu près régulières :	intermittentes. intercalaires, à maxima et minima. intercalaires composées, alternatives ou réciproques.
	périodiques irrégulières, sujettes à des interruptions prolongées. Estavelles.	

2° *Fontaines variables selon les saisons.*

Quelques-unes des spécifications précédentes n'exigent pas de plus amples commentaires. D'autres seront suffisamment discutées par la suite. Cependant, pour éviter de fastidieux retours sur certaines questions, je dois immédiatement, à l'égard des *fontaines temporaires*, faire remarquer que dans nos contrées les saisons pluvieuses développent une foule de *suintements* superficiels, que les saisons sèches voient tarir ou s'amoindrir singulièrement. Ils sont désignés sous les noms de *gouttes* ou de *raisins*.

Les *fontaines maïales* sont plus spécialement propres aux montagnes couronnées de neiges éternelles. Elles sont ainsi nommées parce que leur écoulement commence en mai avec la fonte des glaces, pour finir en automne quand le froid vient de nouveau fixer les eaux.

D'ailleurs, dans des positions encore plus impressionnables, ces mêmes sources peuvent dégénérer en simples *fontaines journalières*, parce qu'alors le refroidissement nocturne suffit pour suspendre la fusion des masses neigeuses dont elles s'alimentent. Bien plus, je suis porté à admettre que dans un très grand nombre de cas, les seules différences des températures du jour et de la nuit sont capables de modifier la cubature de certaines sources pérennes; et l'importance de

cet aperçu me paraît assez grande, pour que je n'aie pas dû
hésiter à en proposer la vérification aux observateurs qui se
croiront en position de procéder aux mensurations exigibles
en pareils cas. Quant aux demi-savants qui trouveraient à
propos de mettre en doute l'utilité de s'occuper de pareilles
minuties, il suffira de leur répondre que les rivières alpines,
déjà fort loin de leurs sources, se ressentent encore de ces oscil-
lations thermiques et hydrométriques. Combien de fois ne
m'est-il pas arrivé de voir, dans les soirées des plus belles journées, un torrent sordide, là où le matin je n'avais rencontré que
les eaux les plus cristallines? C'est qu'alors les fontaines
maïales et diurnes avaient gonflé les courants. Et ces observations ont été faites par bien d'autres! De Saussure a signalé les
variations quotidiennes de l'Arve. M. l'ingénieur des ponts et
chaussées de Mont-Rond a fait ressortir non moins nettement
celles de l'Isère, prise sur diverses parties de son trajet, d'a-
bord sur la frontière de la Savoie, à 100 kilom. environ de sa
source, puis dans Grenoble, qui se trouve à 50 kilom. plus
loin en aval. Qui donc, après cela, oserait affirmer que les
débits de certains cours d'eau émanés des montagnes neigeuses du bassin, n'ont pas été atténués ou exagérés selon les
heures durant lesquelles les jaugeages ont été effectués? En
somme, n'oublions pas que dans la nature aucun effet n'éclot
en vain. Quelque microscopique qu'il puisse paraître, il ne
doit pas être négligé, et si nous le croyons perdu, c'est
uniquement parce que notre manque de clairvoyance nous
empêche d'en suivre les diverses évolutions.

Au surplus, pérennes ou éphémères, uniformes ou variables, ces sources superficielles, si exiguës qu'elles soient,
sont encore dignes d'attention à d'autres titres. Nous avons
déjà fait ressortir leur influence au point de vue agricole.
Ajoutons actuellement qu'à celui de la simple théorie, leur
multiplicité sur de très vastes surfaces, démontre la perméa-

bilité générale du sol végétal. Contrairement aux conclusions déduites de quelques anciennes observations, elle fait voir que les produits des pluies ne tendent pas si souvent qu'on le croit à s'écouler à l'état d'*eaux sauvages*. Une partie du liquide tombé du ciel, s'enmagasinant à une certaine profondeur, s'y trouve à l'abri des effets d'une trop forte irradiation solaire, et par suite elle ne retourne pas immédiatement en vapeurs dans l'atmosphère. Elle est pour ainsi dire acquise à la terre, et, profitant de tous les méats qu'elle rencontre dans le sous-sol, elle contribue insensiblement à l'alimentation des sources profondes, dont nous avons spécialement à nous occuper. Ce sont donc en grande partie ces considérations qui ont motivé l'étendue de nos aperçus préliminaires. Encore, pour atteindre plus sûrement notre but, importe-t-il d'insister sur le jeu d'autres fontaines dont les apparitions ont un caractère plus remarquable que ne l'est celui des précédentes.

Abstraction faite des minutieuses influences provenant des textures spéciales du sol, les modifications du débit étant liées aux pluies, et le jaillissement de plusieurs sources exigeant des chutes d'eau calamiteuses, leur apparition temporaire est regardée comme un funeste présage pour les récoltes. De là les noms de *fontaine de disette, fontaine de famine, font-famineuse, fontaine de malheur, fouën de carestié, fontaine de cher temps, bramafan* (crie la faim), sous lesquels on les désigne dans nos provinces.

Les sécheresses extrêmes sont également nuisibles, de façon que certaines *bramafans* présentent le phénomène inverse des précédentes, et ce fait avait également été remarqué par les anciens. Ainsi, en 1642, Briet, dans un des chapitres de son traité intitulé : *De mirabilibus galliæ locis*, dit :

In Normaniæ agro fontes quidam, si largiter fluant, miram portendunt fertilitatem ; si maligne, sterilitatem ; si deficiunt omnino, magnam annonæ penuriam.

Je profiterai d'une autre occasion pour faire connaître une combinaison mixte, en ce sens que l'écoulement de certaines sources coïncide avec d'abondantes récoltes de foin et de pauvres produits en vin, en blé. On dit :

Année d'herbe
Jamais superbe.

La réciproque est également vraie; mais pour le moment je me borne à des indications générales, en rangeant ici les fontaines suivantes, qui sont les plus dignes d'attention à l'égard des irrégularités de leurs émissions, bien qu'elles ne soient pas toutes influencées au même degré par les vicissitudes météorologiques.

Dans le département de Saône-et-Loire, sur le territoire de Ferlan près de Cortiamble et de Pensey, aux environs de Givry, station si remarquable par ses belles sources, on en voit une qui n'émet ses eaux qu'après les grandes pluies.

Le même département présente encore la *Fontaine-de-la-Gueule-du-Loup* qui donne parfois un volume d'eau considérable. Elle est la principale parmi celles qui arrosent le territoire de Bissy-la-Mâconnaise, village situé au pied d'un coteau.

Les *Sept-Fontaines* près de Rupt (Haute-Saône), donnant naissance au ruisseau connu sous le nom de Ru-de-Vaux, se composent en été de sept filets d'eau distincts. En hiver leur nombre augmente.

Le *Creux-Gena* près de Porrentruy, découle du pied d'un rocher découpé en demi-cercle, contre lequel, en temps normal, son eau est contenue par un bourrelet graveleux dont le bord est à peu près au niveau des prairies voisines. D'après les observations qui me sont communiquées par M. Trouillat, ses débordements s'effectuent au moins une fois et jusqu'à quatre fois par an, à la fonte des neiges, au printemps, et dans toute autre saison quand il survient des pluies de 8, 10 ou

15 jours. Il peut alors émettre son eau à deux ou trois reprises durant cet intervalle, ainsi que cela est arrivé en mai et juin 1856. L'écoulement dure 2 ou 3 jours en donnant souvent naissance à une rivière flottable dans la prairie, et son lit y est marqué, bien qu'il soit tapissé de verdure. Dans les autres moments, on ne voit qu'un peu d'eau stagnante dans son entonnoir de 13^m de diamètre sur 12^m de profondeur, et dans lequel il est très facile de descendre.

La *Source-des-Capucins*, à Porrentruy, se montre au contraire très rarement. D'aussi loin qu'on se le rappelle, elle n'a déversé que quatre fois, y compris la désastreuse saison de 1856. Alors elle vomit son eau avec une force extrême, de manière à inonder tout le quartier du faubourg de France. La même ville possède encore, dans ses parties supérieures, le *Creux-Belin*, fontaine également intermittente à longues périodes. Nous reviendrons d'ailleurs avec détail sur cette station, quand il s'agira de faire ressortir l'enchaînement de divers phénomènes dont il importe de préciser d'abord les caractères particuliers.

Le *Trou-de-la-Lutinière* ou du *Tambourin* près d'Amancey (Doubs), jette son eau avec force, dans les mêmes circonstances, hors d'un trou d'un petit diamètre. Son nom provient du bruit que l'on entend parfois dans la cavité dont elle débouche.

Le *Puits-de-la-Brême*, à 3 ou 4 kilomètres d'Ornans (Doubs), n'est également qu'une source accidentelle dont l'ouverture est un entonnoir établi dans le roc et dont on ne connaît ni la profondeur, ni la direction. L'eau s'y maintient souvent au-dessous du bord du puits. A la suite des pluies considérables, elle sort vivement et avec une abondance telle qu'il en résulte un torrent limoneux de 15 à 18 mètres de largeur, capable de faire rouler des pierres d'un assez grand volume. Elle inonde alors le vallon.

Le *Puits-Noir* et le *Puits-Blanc* près de l'ancienne ville d'Antre, dans le Jura, fournissent un torrent dans les temps de pluie et de neige. On peut y descendre, pendant les sécheresses, jusqu'au niveau de l'eau qui est à une dizaine de mètres au-dessous du sol.

Auprès du village de Certines, à l'extrémité du Revermont (Ain), on voit un lac souterrain qui monte et déborde par intervalles. En 1811, son écoulement fut considérable.

Ces phénomènes d'intermittence en question se font encore remarquer sur des sources pérennes très puissantes, et l'on arrive par gradations insensibles à celles dont le régime paraît fort peu variable.

Ainsi, au fond de la grotte de la Balme, près de Crémieu, l'eau du lac est habituellement assez basse pour ne filtrer qu'au travers des éboulis jusqu'à l'entrée où elle reparaît. S'il survient de fortes pluies soutenues durant deux ou trois jours, le débordement s'effectue ; il s'établit çà et là de fortes cascades dans l'intérieur de la caverne et l'eau s'élève presque au niveau du seuil de l'orifice. Ce régime est d'ailleurs habituel en hiver et au printemps.

La source de la grotte de Rougemontot (Doubs) devient parfois abondante au point de former une jolie cascade sur les gradins qu'alors ses eaux couvrent entièrement.

Les deux sources de la Cusanne, savoir la *Tournée* et celle du *Bout-du-Monde*, débordent quelquefois. Elles inondèrent Nolay en 1757.

Le *Lison* et le *Sarrazin* sortant des rochers placés au fond d'une gorge, au SE de Salins, se troublent et croissent en même temps ; l'on en a conclu que leurs réservoirs sont en communication malgré la différence du niveau des points d'émission. Pendant les basses eaux, on peut pénétrer dans la grotte majestueuse du Lison qui est percée au milieu de rochers en amphithéâtre, et ressemblant de loin aux restes d'une antique architecture. Hors de là, le courant se précipite de rochers en rochers; mais en temps de pluie la nappe, large d'environ 16 mètres, ne fait plus qu'une seule chute de 10 mètres de hauteur, pour arriver à la vallée qu'elle doit arroser.

La source du Drouvenant, qui découle des rochers de la Franée (Jura), est très bouillonnante et tumultueuse dans le moment des grandes eaux.

Malgré les assertions au sujet de la constance de la *Fontaine-de-Bèze* (Côte-d'Or), il est certain qu'elle peut tarir. Ainsi, elle se dessécha en 1681, selon le rapport de Lamarre; il en fut de même en 1719, d'après Courtépée. Dans le fameux hiver de 1788-89, pendant lequel le thermomètre descendit à Dijon à -21°,9, elle n'arriva qu'à $1^m,7$ en contrebas de son orifice. Il en fut de même à la fin de septembre 1802; le lit en aval ne contenait plus qu'un faible ruisseau. Réciproquement, le 19 septembre 1816, une nuée qui creva sur Véronne, ayant inondé les champs et plusieurs maisons, la fontaine augmenta de près d'un tiers le lendemain, donnant une eau trouble quoiqu'il ne fut point tombé de pluie dans ses alentours.

Au surplus, on sait parfaitement qu'il en est de même pour les *fontaines de Vaucluse*, de *Nîmes*, de la *Tourne* à Bourg-Saint-Andéol. Et, après cela, que dirons-nous des sources réputées constantes de la *Loue* (Doubs), de l'*Ain*, de la *Vallière*, sortant du grand ceintre des rochers de *Ceuille* à Revigny, du *Verjon* en Bresse, de la *Reyssouse* (Ain), des sources d'*Arcier*, de la *Mouillère*, près de Besançon, et surtout de la fontaine de Sirod, à laquelle on a donné le nom de *Torrent-Perpétuel*, parce qu'elle fournit toute l'année une quantité d'eau égale? Des données plus précises nous apprendront sans doute bientôt qu'elles sont assujetties, à divers degrés, aux mêmes vicissitudes que les autres.

II° PARTIE.

—

RÔLE DES CAVERNES ET DES CREVASSES DU SOL.

—

*3° État généralement crevassé, perforé, de certaines roches
et spécialement des calcaires.*

Dans l'ensemble du système hydrographique du bassin de
la Saône, les cavernes, les fissures et les pores des roches
exercent une influence tellement prononcée, les phénomènes
provenant de leur multiplicité sont si complexes, qu'il devient
impossible de résister au désir d'anatomiser en quelque sorte
ces masses, pour arriver à se rendre compte de l'originalité,
de l'étrangeté même de certaines apparitions qui surgissent
de leur sein.

Pour les calcaires en particulier, la portée de ces excavations, de ces crevasses, sera immédiatement saisie quand on
aura rappelé qu'elles dominent dans les terrains jurassiques
qui occupent, à eux seuls, environ la moitié de la surface
du bassin. On peut également les rencontrer parmi les calcaires de transition et les crétacés, parmi les dépôts gypseux;
mais les phénomènes étant communs aux uns et aux autres,
la question sera envisagée d'une manière générale.

Les diverses formations calcaires sont habituellement composées d'assises plus ou moins épaisses, solides, mais fissurées, entre lesquelles gisent des couches marneuses, tendres,
peu perméables et pourtant facilement délayables. Il arrive

donc que les eaux qui pénètrent au travers des premières, se
trouvant arrêtées par les autres, constituent, à la surface de
ces dernières, des nappes liquides dont l'écoulement doit
s'effectuer suivant les lignes les plus commodes, tracées par
des crevasses et par le pendage des couches. Ce ruissèlement
entraîne des parties marneuses, et, avec le laps des siècles, il
se forme des grottes souterraines de très grandes dimensions,
des antres, des cavernes, des *balmes* ou des *baumes*, et même
des canaux profonds. Ajoutons que les voûtes calcaires
superposées s'éboulent du moment où leur portée devient
trop considérable ; que ces éboulements sont facilités par la
nature fendillée des roches ; que le calcaire lui-même, no-
nobstant son degré de résistance, n'étant pas inattaquable,
finit par se dissoudre, surtout sous l'influence des eaux souterraines d'ordinaire plus chargées d'acide carbonique que
celles de la surface. Il est donc facile de comprendre comment les tassements, les *fondis* peuvent s'étendre jusqu'au
jour et pourquoi il se forme alors des ouvertures cylindriques,
coniques ou béantes de diverses manières, plus ou moins
obstruées et désignées dans nos provinces, suivant leurs
rôles, sous les noms de *abîme, gouffre, goule, gouille, gour,
pot, trou, creux, puits naturel, béloir, bois-tout, entonnoir,
anselmoir, emposieu, avens, scialet, embuc, fondrière, ragagés
et garagaï.*

Ces pertuis étant établis, doivent nécessairement absorber
les eaux superficielles qui sont à leur portée, et alors, arrivant
dans les rigoles de l'intérieur, elles s'y réunissent en masses
suffisantes pour donner ensuite naissance à des sources peu
nombreuses, mais très abondantes. D'ailleurs, activant le
creusement de leur chenal en raison de l'augmentation de
leur volume, elles tendent à accroître le nombre de leurs
affluents, et ces progrès aboutissent parfois à procurer de
nouvelles issues à la rivière intérieure.

On peut expliquer ainsi la formation des cavernes et leurs divers progrès, les unes étant asséchées, les autres contenant des lacs, d'autres encore étant munies de leurs cours d'eau, qui, tantôt demeurent souterrains, tantôt aboutissent à la surface avec l'accompagnement de divers phénomènes de débit et même d'intermittence. Au surplus, n'oublions pas qu'indépendamment des nappes que l'on sait exister çà et là, les sondages artésiens ont démontré l'existence de courants très rapides se mouvant dans des canaux inconnus. A Selongey (Côte-d'Or) et à la distance d'environ 20 à 30 mètres de la rivière qui traverse l'endroit du NO au SE, on a découvert, dans un calcaire vif et de couleur bleuâtre, à 11 mètres au-dessous de l'emplacement dit *les Tanneries*, un cours d'eau marqué dont la profondeur est de 2^m à $2^m,30$. La largeur de ce canal paraît moindre que celle de la rivière voisine dont les eaux ont à peu près la même densité, et dont la direction est parallèle.

Une revue sommaire de l'état des cavernes ne sera donc pas superflue pour la parfaite intelligence des effets qu'il s'agit de coordonner. Ces détails feront l'objet du chapitre suivant.

4° *Cavernes sèches.*

Dans le département de la Haute-Saône, M. Thirria compte parmi les cavernes sèches, ou à peu près sèches, celles d'Echenoz, Fouvent, Quincey, Leugnelcy, Villers-sur-Saulnot, Coulevon, Charriez, Beaumotte-les-Montbozon, Frétigny, Beaumotte-les-Pins, Charcenne, Calmoutiers et Chenebié. D'un autre côté, pour le département du Doubs, Girod-Chantrans cite celles d'Osselle, de Chenecey, St-Vyt, Mouthiers, Gevresin, Combe-Ragot, Buin, Gros-Bois, Fourbonne, Rosureux, Chazot, Bonnevaux, Gondenans et Pugey. On

peut y ajouter les glacières naturelles de la Grâce-Dieu,
de Pierrefontaine, de Luisans et d'Arc-sous-Cicon.

Voilà donc, pour deux départements, une trentaine de
grottes. Sans doute, c'est peu; mais il ne faut pas perdre de
vue que quelques-unes sont cachées et qu'un éboulement
peut les mettre en évidence, témoin entre autres celle de
Gros-Bois (Doubs) qui fut ouverte de cette manière en 1798.
D'ailleurs, beaucoup de cavités seront mentionnées successivement, et encore dans ces énumérations ne s'est-on
attaché qu'à celles qui ont paru mériter quelque attention à
cause de leurs singularités; mais, envisageant la question à
notre point de vue, nous allons résumer aussi brièvement
que possible leurs caractères essentiels, abstraction faite du
prestige de leurs ornementations stalactitiques.

Le sol de ces grottes est souvent jonché de blocs détachés
des parois et des voûtes. Plusieurs d'entre elles ont été habi-
tées par les primitives peuplades de nos contrées. Dans certains cas, une couche de cailloutis, mélangée de terre argileuse,
fine, rougeâtre, égalise le fond, et les mêmes argiles sont
assez souvent ossifères. Les cailloux roulés, ainsi que les
ossements provenant d'animaux dont les races n'existent
plus, ont permis d'affirmer que ces catacombes datent d'une
période antérieure aux phénomènes diluviens. Il faut même
ajouter que les torrents de cette époque en ont évidemment encombré un grand nombre, dont l'existence se décèle
chaque jour, notamment par suite de l'exploitation des
minerais de fer en grain, accumulés dans leur intérieur.

Ordinairement, ces cavernes sont divisées en chambres
séparées par des couloirs diversement inclinés; mais à côté
de ces passages plus ou moins horizontaux, il faut ranger
les tubulures verticales, car ces cavités passent les unes aux
autres par divers angles intermédiaires, et souvent d'une salle
de niveau il faut descendre dans un couloir à pic. D'autres

montrent dans leur intérieur de profondes crevasses, des
déchirures, des lézardes, des entonnoirs communiquant avec
plusieurs canaux inférieurs, par lesquels les eaux ont pu
s'engouffrer à des époques plus anciennes. D'ailleurs, les entonnoirs en question sont parfois établis au toit même de la
grotte, de manière à indiquer les points par lesquels affluaient
les eaux superficielles, et de plus, les régions où les pots
abondent sont également celles où l'on rencontre les plus
belles cavernes. Parmi celles-ci, il en est encore qui se ter-
minent par des boyaux ou corridors subdivisés, à leur tour,
en galeries, en crevasses trop étroites pour pouvoir être par-
courues. On en connaît dont la longueur est de 1000 à 1100
mètres. Enfin, si l'on examine les parois verticales de ces
cavités, on voit à leur surface une série de stries ou de can-
nelures à peu près horizontales, indiquant les divers niveaux
de l'eau, et l'on peut les considérer comme autant de repères
fluviométriques naturels, conservant les traces des exhaus-
sements et des abaissements alternatifs de ces rivières souterraines. Plusieurs anciens titres font mention de sources qui
n'existent plus ; de même certaines remarques établissent
l'affaiblissement de quelques autres; j'ai pu en rencontrer
dont les orifices se sont déplacés. Si ces vérités avaient besoin d'être appuyées par une démonstration d'un genre différent, elle se déduirait très facilement de l'état rubanné des
parois de quelques cavernes.

5° *Cavernes aquifères.*

Les indications précédentes au sujet des cavernes sèches
suffisent pour établir qu'à notre point de vue actuel, elles
doivent être considérées comme n'étant autre chose que des
égouts naturels mis en communication avec la surface, et
dont les diverses parties sont liées entre elles par des tubu-

lures ou par des fentes. Si donc, par un moyen quelconque, on y faisait engouffrer un cours d'eau, celui-ci pourrait trouver dans leur intérieur des issues qui lui permettraient de reparaître quelque part au jour. La suite des faits démontrera surabondamment cette vérité, et, d'ailleurs, les transitions de l'état sec à celui des cavités à sources sont assez nombreuses pour mettre à même de suivre parfaitement la filiation des phénomènes.

Quelques grottes, par exemple celles de la Balme près de Lyon, et de Darcy, aux environs de Montbard, sont munies de lacs souterrains sur lesquels ont peut naviguer.

La caverne du *Bief-Sarrazin* s'ouvre en une voûte énorme de 150 mètres de hauteur. Elle forme l'entrée d'une grotte très vaste, renfermant un lac dont l'eau se perd latéralement sous terre en sautant sur une pente très rapide, et va sortir dans le vallon à l'état de rapides, qui se réunissent au Lison.

La *Vallière* se fait également jour sous un grand ceintre de rochers, à Ceuille près de Revigny (Jura).

Il en est encore qui présentent des ruisseaux souvent sujets à s'écouler par l'orifice d'entrée. Le *Verjon* en Bresse, ainsi que la *Reyssouse*, s'épanchent hors de cavernes.

La source d'*Arcier* près de Besançon, que son adondance rend si remarquable, jaillit de deux issues placées dans une enceinte de rochers. La source de la *Mouillère*, dans la même contrée, offre des conditions analogues.

 Ces ruisseaux peuvent être habituellement à peu près insignifiants. Tel est l'état de ceux des cavernes de *Remonnot*, de *Gonsans*, du *Gros-Bois*, du *Château-de-la-Roche*, de *Sainte-Suzanne*, de *Rougemontot*, dans le département du Doubs, et de ceux que l'on voit dans les grottes de la *Chaux* ainsi que de *Percey-le-Grand*, dans la Haute-Saône.

Dans d'autres cas, le débit des réservoirs intimes est énorme. Il donne naissance aux *fontaines vauclusiennes*, dont

se compose la partie vraiment pittoresque de l'hydrographie
souterraine, par suite de l'animation qu'elles impriment aux
gorges, du fond desquelles jaillissent leurs ondes.

Au surplus, ayant déjà suffisamment expliqué comment
les alternances, les diverses particularités des émissions, soit
par de larges gueulards, soit par de simples fissures, obligent
à établir une série de subdivisions, afin de préciser les allures
respectives et d'éviter les confusions, je vais entrer définitivement en plein dans mon sujet, en débutant par les faits les
plus simples pour arriver graduellement aux plus complexes.

6° *Abîmes verticaux avec sources. Bouillons.*

Parmi les dispositions variées des embouchures, il en est
une qui impressionne le commun des hommes plus vivement
que les cavernes à peu près horizontales, placées à diverses
hauteurs au-dessus des vallées. C'est celle qu'affectent certains entonnoirs verticaux, dont les orifices, disposés au
niveau du sol, émettent des eaux plus ou moins tumultueuses,
selon leur abondance et leur force ascensionnelle. Il convient
donc d'ajouter aux aperçus précédents quelques détails sur
ces abîmes émissifs, qui sont assez communs dans le Jura
ainsi que dans d'autres parties du bassin de la Saône, et
que nous avons distingués sous les noms de *bouillons*, de
puits sans fond et de *jets d'eau naturels*.

Commençons par les premiers.

La *fontaine de Sirod* est un vaste puits naturel, ressemblant
à un cône renversé, de 23 mètres de large, duquel l'eau s'é-
lève en masse. Elle est placée à 7 mètres au-dessus de l'Ain
et à peu de distance de ses bords.

La *source de l'Ain*, à peu de distance du bourg de Sirod,

lance, en bouillonnant, une très grande masse d'eau de son orifice elliptique et profond.

La *fontaine de Courboux*, canton de Rioz (Haute-Saône), est très volumineuse, mais sujette à des amoindrissements selon les saisons. Elle sort d'un puits naturel dont l'orifice supérieur a un diamètre de 50 mètres.

Pendant une courte navigation entre Biaufond et le Moulin-du-Refrain, mon batelier fit une évitée au contour du Doubs, près de la maison dite *chez Mauvais*. Questionné sur sa manœuvre, il me fit remarquer, sur la rive droite et dans le lit même de la rivière, une large rotation des eaux qu'il prétendit être dangereuse pour sa nacelle. Suivant lui, la combinaison du torrent qui débouche d'un *puits sans fond*, avec le courant passant pardessus, occasionne ce mouvement giratoire. Le corps d'un homme, tombé naguère accidentellement dans ce gouffre, n'aurait reparu qu'au bout de quelques semaines. En tous cas, le nom donné à ce tourbillon vient à l'appui des dires du patron : c'est la *Peute-Fontaine*. Le mot *peute*, signifiant *laide* en patois du pays, indique suffisamment la répugnance qu'elle inspire aux riverains.

Ayant déjà fait connaître plusieurs autres abîmes du même ordre (chap. 10), je regarde comme superflu de m'étendre plus longuement sur ce sujet. Par contre, il importe de faire remarquer que les puits en question ne sont pas toujours d'une grande profondeur, en ce sens que leur cavité est fréquemment remplie, jusqu'à une certaine hauteur, de débris de roches, de cailloux et de sables trop pesants pour être emportés par le torrent. Alors surtout, l'on peut voir l'eau divisée en une multitude de filets soulever les grains pierreux, qui, tombant pour remonter et redescendre aussitôt, sont entretenus dans une agitation perpétuelle autour de chacun des petits orifices par lesquels s'échappent les diverses veines liquides. Ce phénomène constitue les *bouillons* proprement dits, à cause de sa ressemblance avec celui que présenterait une chaudière en ébullition. Il est encore permis de le comparer avec les effets des sources acidules dont l'effervescence est bien connue, pourvu que l'on ait soin de faire observer qu'il ne s'agit pas du dégagement des bulles de gaz ou de vapeur, mais de simples projections déterminées par le mouvement ascensionnel de l'eau. Si la force de ces petits courants est assez grande, ils s'élèvent au-dessus de la surface, qu'ils mettent dans un état d'agitation tumultueuse. Dans le cas contraire, le sable seul peut être balloté sur son lit, sans que la moindre ride, de nature à déceler ce mouvement, vienne troubler le cristallin miroir de la fontaine.

En fait d'exemples de ce genre, je puis signaler celui que j'ai vu à Biaufond, endroit situé dans la portion de la vallée du Doubs qui avoisine la Chaux-de-Fonds. La cavité, établie à fleur de terre, a un diamètre d'environ 10 mètres, et il en sort une assez forte quantité d'eau d'une parfaite limpidité. Un autre bassin de la même catégorie, situé à quelques pas en aval, offre une allure plus calme, et les eaux réunies des deux trous forment un beau ruisseau qui se perd bientôt dans la rivière.

Plus loin, dans la section du Doubs qui porte le nom de *Vallée du Bief-d'Etoz*, une petite prairie placée sur la rive gauche possède également deux larges entonnoirs, pour ainsi dire juxtaposés, et dont l'eau très paisible s'enrichit du tribut d'une petite source voisine avant de se jeter dans la rivière. Ces bassins, connus sous le nom de *Creux-de-la-Verrière* à cause de l'ancienne verrerie près de laquelle ils sont placés, représentent le régime le plus calme de ces bouillons. Il est réduit à l'état d'une simple filtration au travers des sables, filtration d'ailleurs ascendante et forcée par la pression, de même que les précédentes. Cependant le touriste devra ici, de même que pour les autres cas susmentionnés, tenir compte de l'intempérie des saisons. Pour ma part, je n'ai vu les lieux qu'en septembre 1858, à la suite d'une longue période de sécheresses.

7° *Jets d'eau naturels.*

La hauteur des colonnes d'eau exerce une grande influence dans les phénomènes hydrodynamiques, et chacun est à même de comprendre que du moment où une pluie aura fait monter le liquide à des niveaux plus élevés dans les cavités intérieures des montagnes, l'augmentation de pression devra activer le débit d'une source inférieure. De là, en partie du moins, les amplifications momentanées de certaines sources dont il a déjà été fait mention.

Outre cela, une disposition particulière des tubulures souterraines pourra donner naissance à de véritables jets d'eau d'une remarquable puissance, et déjà, chez quelques vieux auteurs de traités de physique, on remarque une tendance à rapprocher les sources et les jets d'eau. Celles-là n'étaient pour eux que des eaux s'élevant à peine; mais sans nous arrêter à discuter la valeur de cette indication, donnons de suite des exemples choisis parmi les jets les plus remarquables :

Dans la commune de Chatagna (Jura), on voit le *Jet d'eau naturel* qui, durant les hivers, s'élance à la hauteur de 3 à 4 mètres pour former ensuite un petit torrent, tandis que dans la belle saison il n'émane de l'orifice qu'un simple courant d'air.

Ce phénomène rappelle celui que produit la source d'une caverne située près de l'ancien château de Male-Mort, dans la paroisse de Saint-Etienne en Dauphiné. A la suite de pluies considérables, et surtout quand elles sont accompagnées de vents impétueux, elle saute à 7 ou 8 mètres de hauteur, allant frapper contre la voûte de la grotte. Observons encore que divers bouillons, quelquefois fort gros, mais inégaux, sortent de plusieurs autres points de la même cavité.

La *source de la Soulaine* s'élance en jet du fond d'un entonnoir placé à cent pas de l'Ain.

La carte de l'état-major indique en amont de Rosureux, dans la vallée de Consolation (Doubs), le *Jet-Ménéguin*. Ayant visité la localité en septembre 1858, j'appris des habitants qu'il porte également le nom de *Jet-Viroso;* mais, quelle que soit la valeur de ces indications, il suffit de savoir qu'il est établi à côté de la route, sur la rive gauche du Dessoubre, au milieu de rochers très bouleversés et gisant au pied d'une falaise dont les couches, à peu près horizontales, sont composées de marnes alternant avec des calcaires. Là se trouve une grotte passablement évasée, mais peu profonde, dont la paroi terminale offre, à une petite élévation au-dessus du sol, une bouche horizontale d'environ $1^m,0$ de longueur sur $0^m,15$ de hauteur. Cet orifice, qui n'est qu'un élargissement des joints de la roche, parait ne fonctionner que dans quelques cas, tandis que, immédiatement sous le seuil de la même grotte, on découvre une crevasse verticale d'une dimension à peu près égale à l'ouverture précédente. A en juger d'après l'état de fraîcheur, celle-ci doit être le débouché principal et habituel des eaux; en effet, elle déversa en 1856, en mai 1858, mais non en août de la même année, bien que d'autres sources temporaires aient alors débité. Le Jet-Viroso est peu élancé; par contre, il fournit une eau suffisamment abondante pour avoir exigé la construction d'un pont muni d'un solide perré, pour le passage de la route. On admet, d'ailleurs, non sans raison, que ce dégorgeoir est alimenté par les pluies qui tombent sur le plateau de Charmoilles, qui domine sa position.

D'après la relation de M. l'avocat Bonnyard, la *Source de*

la Bèze (Côte-d'Or), placée à quelques pas du village de Bèze et au pied d'un coteau, jaillissait, en 1680, d'un creux dont la profondeur ne pouvait pas être sondée. En temps de pluie, son impétuosité était telle, que ses eaux vives et claires s'élevaient en colonne verticale de 2^m de diamètre, jusqu'à près de 7^m de hauteur. Par suite des travaux d'élargissement de son orifice, cet énorme puits artésien naturel ne produit plus que des bouillons très prononcés; des déblais accumulés en aval de son ouverture l'ont encore forcé à pratiquer de nombreuses issues au pied du rocher qui l'entoure sur la rive droite de son cours. Cependant ces dégradations ne l'empêchent pas de rester au rang des plus belles fontaines de l'Europe. Versant immédiatement une nappe de plus de 10^m de largeur, elle forme une rivière qui va se rendre à la Saône, et l'on attribue à l'épuisement causé par son débit l'absence complète des sources dans les territoires de Selongey, Orville, Véronne, Chazeuil, Lux et Bourberain. Il est d'autant moins possible d'avoir des puits dans ces endroits, qu'indépendamment du débouché précédent, il en existe un autre, également très considérable, qui est placé au sud de Bèze, contre l'enceinte septentrionale de l'ancienne abbaye. Celui-ci est alimenté par les produits du plateau qui s'étend entre Bèze, Beaumont et Chevigny; sa sortie s'effectue au pied oriental d'une colline, d'où il va confondre ses eaux avec celles de sa voisine.

La *Doue,* dont la source est au bas d'une montagne placée à l'ouest de Vers, près de Sennecey-le-Grand (Saône-et-Loire), jaillit, après les grandes pluies, à plusieurs mètres de hauteur, et avec une abondance suffisante pour inonder les prairies.

A Charny, aux environs de Mâcon, on voit une propriété particulière dont les bâtiments sont établis dans un bas-fond d'environ 100 mètres de longueur sur 80 mètres de largeur. Un puits, creusé dans cette concavité, ne jouait que le rôle ordinaire de ces excavations, lorsque en 1840, les pluies désastreuses de la fin de novembre exerçant leur action, les eaux commencèrent à s'élever. S'élançant bientôt en jet abondant, comme hors d'un puits artésien, elles remplirent le vallon, atteignirent la hauteur des terres voisines, de manière à former un lac improvisé de 16 à 18 mètres de profondeur, dont découlaient de larges ruisseaux.

Enfin je complète ces indications en mentionnant que, dans la saison pluvieuse de 1856, la pression des eaux fit en quelque sorte crever le sol végétal d'une partie du vallon de Sens près de Sennecey-le-Grand (Saône-et-Loire). Les caves de l'endroit furent inondées à la suite de cette rupture.

8° Colonnes oscillantes, à *flux et reflux*.

Le jeu des écoulements précédents est trop simple pour mériter de plus amples commentaires ; mais, s'il est de la dernière évidence, il n'en est pas toujours de même des allées et venues des eaux dans la branche opposée du syphon, qui, d'ailleurs, peut être ramifiée dans la multitude infinie de petits conduits formés par les fissures des roches. Echappant dès lors à tous les regards, ne laissant à l'esprit que le sentiment de leur existence, ils font désirer un exemple dans lequel les proportions établies entre l'orifice d'épanchement et la longueur verticale de la tubulure supérieure, permettent de voir l'eau osciller dans celui-là, sans qu'aucun déversement superficiel vienne compliquer les effets. Eh bien, la mare du *Grand-Saz*, sur le territoire de Servin (Doubs), satisfait à cette dernière condition. Elle consiste en un abîme à peu près circulaire, d'environ 300 mètres de circonférence, bordé de rochers et sans fond connu. Les cadavres des personnes qui s'y sont noyées n'ont jamais reparu, et les plongeurs descendus dans ce gouffre en sont revenus assurant qu'il y avait du danger à s'engager dans ses anfractuosités latérales.

Cette mare est, d'ailleurs, dépourvue de tout écoulement visible, tant vers le haut que vers le bas. Par contre, elle est sujette à des crues subites d'environ $0^m,33$, que ses eaux ne dépassent point. Un équilibre temporaire s'établissant donc alors, il faut croire que l'augmentation de la pression force le liquide à fuir par quelques crevasses, trop minimes pour donner naissance à un jet quelconque.

Au surplus, cette espèce de lac est encore remarquable par la présence d'un amas de tourbe couvert d'herbes, de joncs, de quelques saules et sur lequel on peut s'aventurer. C'est donc une véritable île flottante sujette à se déplacer au gré des vents, comme d'autres productions du même genre qui existaient autrefois sur les marécages de Clairmarais près de Saint-Omer, et comme celles dont on signale également la présence dans le Mexique. Il est permis d'admettre que la quasi stagnation du *Grand-Saz* entre pour une large part dans la formation de ce que le vulgaire regarde comme formant sa principale curiosité.

A tout hasard je range encore ici les exemples suivants, qui achèveront au moins de démontrer que, si parfois rien n'est plus fier que l'essor des eaux jurassiennes, rien n'est plus modeste dans d'autres cas.

Le *lac de l'Abbaye* (Jura), dont l'étendue est d'environ 3 kil. sur 1 kil. de largeur, présente la condition d'un écoulement mystérieux, qui a été l'objet des plus contradictoires conjectures.

La *Mer-de-Ferrières*, sur le plateau du *Clos-du-Doubs*, est un trou placé dans une prairie et constamment plein d'eau. Sa longueur est de 50 mètres et sa largeur, qui n'est que de de 5 mètres, suffisent pour démontrer que cette nappe de liquide occupe l'intérieur d'une crevasse, dont les parois ont été élargies par l'action des eaux. La profondeur de la cavité est d'ailleurs inconnue.

La *Mer-de-Montandon* ressemble à la *Mer-de-Ferrières*. Elle est située dans le village dont elle prend le nom et qui est lui-même à quelques kilomètres au NO du précédent, sur la partie du plateau qui avoisine Saint-Hippolyte.

9° *Colonnes à niveau invariable.*

Imaginons maintenant une tubulure qui surmonte également un réservoir souterrain, mais dont la capacité sera considérable relativement à la quantité d'eau affluente. Dans ce cas, on ne pourra apprécier aucune oscillation dans la tubulure, et ces conditions paraissent exister dans un puits placé dans la cour du château de Duretal, appartenant à la commune de Montpont, vis-à-vis de Tournus, sur la rive gauche de la Saône.

Ce pertuis a une profondeur d'environ 15 mètres, dont les cinq premiers traversent le terrain caillouteux de la Bresse, le reste étant dans le calcaire. L'irrégularité de cette dernière partie démontre qu'elle n'est qu'un simple accident naturel mis à profit pour obtenir de l'eau; il est même probable qu'en cela on s'est laissé guider par un fondis, qui a décélé la nappe souterraine. Le niveau du liquide dans le puits est invariable en été comme en hiver; il n'a éprouvé aucune modification dans des épuisements les plus considérables que l'on ait effectués; enfin, l'eau qui est très limpide ne se trouble jamais. Tout s'accorde donc pour justifier nos énoncés. Mais les conjectures que l'on peut se permettre à ce sujet conduisent à d'autres aperçus qui sont bien plus importants, en ce sens qu'ils se rattachent à certains phénomènes hydrographiques dont la Bresse, ainsi que d'autres parties du bassin du Rhône, ont été le théâtre. On reviendra

donc sur ces détails dans une future occasion, et, avant
d'en finir avec ces divers accidents hydrostatiques, si évidemment influencés par la pression, je ferai encore ressortir
une circonstance à laquelle on n'a pas suffisamment égard
dans la pratique.

En effet, certains propriétaires trouvant leurs sources mal
placées, situées à des niveaux trop bas pour arroser convenablement leurs terrains, n'imaginent rien de plus simple que
d'environner l'orifice d'une digue afin de forcer l'eau à
s'élever selon leur fantaisie.

Une pareille combinaison est sujette à de grands dangers.
La pression des liquides s'exerçant en raison de la base mul-
tipliée par la hauteur, il peut arriver que l'eau ne tarde pas
à déterminer la rupture des cloisons souterraines, à élargir
les diaphragmes qui la contenaient à sa hauteur et dans sa
position. Des fuites latérales ou inférieures survenant alors,
le débit de la fontaine est diminué, si même elle ne prend au
loin un autre cours, de façon à rappeler au malencontreux
possesseur le mécanisme en vertu duquel un solide tonneau
peut être défoncé en le surmontant d'un menu tube que l'on
remplit d'eau, en même temps que la capacité avec laquelle
il est en communication. Cette expérience étant d'ailleurs
casée parmi les plus élémentaires de la physique, il n'y a pas
même lieu de plaindre celui qui a assez peu profité de son
séjour au collége pour en être encore au point de s'ébahir
du résultat de son inepte tentative.

10° Volume de quelques sources.

Pour donner en passant une idée du débit de quelques-unes
des sources, tant verticales que horizontales du genre de
celles qui nous occupent, je mentionnerai les détails suivants :

L'Ain pourrait être flottable dès sa naissance, si ce n'étaient
les rochers qui embarrassent son lit.

La *fontaine de Sirod* donne en toute saison et par seconde 0,616 mèt. cub.

La *Loue*, dans les montagnes des environs d'Ornans, près de Pontarlier, écume en bondissant hors d'un antre placé à 10 mètres au-dessus de la base d'un rocher, qui a plus de 60 mètres de largeur et s'élève verticalement à 106 mètres de hauteur. C'est l'entrée d'une caverne dont la profondeur est inconnue, et dans laquelle il est difficile de pénétrer à cause de l'abondance des eaux. La rivière tombe de là, avec fracas, sur des rochers, en formant trois admirables cascades avant d'arriver au fond de la vallée dont elle fait rouler les diverses usines.

D'après les jaugeages faits à la forge de Bèze, par MM. les ingénieurs des ponts et chaussées, le débit des deux sources de la localité a été reconnu être à l'étiage de 450 litres par seconde ou 27 mètres cubes par minute, tandis que le débit de l'Ouche, à Dijon, n'est que de 23 mètres cubes par minute.

La source de Collonge près de Saint-Boil (Saône-et-Loire), sort du pied d'un rocher pour faire mouvoir successivement trois moulins, en donnant naissance à une petite rivière, la *Goutteuse*, affluent de la Grosne. Une autre source, très abondante, prend son issue dans la colline, sur le penchant de laquelle est établi le village de St-Boil. D'ailleurs, l'on doit faire observer que la ligne des coteaux qui s'étendent de St-Gengoux-le-Royal à Givry, est remarquable à cause de l'abondance de ses eaux.

Dans la Haute-Saône, où les sources de ce genre sont également très abondantes, on peut citer au même point de vue :

La *Baignotte*, qui met en mouvement la forge de Baigne à quelques mètres de sa source.

La *fontaine de Champdamoy*, qui fait rouler immédiate-ment un moulin à cinq tournants.

La *Morte*, sur laquelle se trouve le moulin de Roche à 50 mètres en aval de sa source.

La *Fontaine-au-Diable*, celles des *Charmilles*, du *Trou-de-la-Roche*, dont les eaux impriment l'activité à vingt usines.

La *fontaine de Veuvey* près de Calmoutiers, qui dessert le moulin de Chantereine; la belle *fontaine de Sainte-Dèle* à Lure; celles de *Filain*, *Cugny*, *Authoison*, *Vaugererd*, *Gy*, si remarquables par le grand volume de leurs eaux.

11° Sources sortant des crevasses et des fissures.

Jusqu'à présent il n'a été question que de sources sortant par des goulets, en quelque sorte proportionnés à l'étendue des vides intérieurs des montagnes. Cependant, il est aussi des orifices de moindre dimension, et dont le rôle doit être d'autant moins perdu de vue, qu'étant plus fréquemment répété, il donne l'idée d'une sorte de tamisage des eaux, dont les effets peuvent devenir très sensibles dans les saisons pluvieuses. En cela, il existe encore une foule de passages aux cavernes et aux puits proprement dits. En voici des exemples :

La *Cusanne*, qui se rend à Nolay, est formée par deux sources dont l'une, celle du *Bout-du-Monde*, étant intermittente, sera mentionnée ultérieurement. L'autre, appelée la *Tournée*, sort du roc par une fente assez large dans laquelle on peut pénétrer jusqu'à la distance d'environ 500 mètres. Ici se trouve, à proprement parler, l'origine de la fontaine.

La *Seille*, rivière de la Bresse, s'échappe en plusieurs endroits hors des joints des rochers; en outre, une crevasse latérale donne naissance à une autre branche.

Le lac de Nantua, un des plus beaux et des plus romantiques de la France, est muni, à son extrémité et sur le côté septentrional, d'une cascade provenant d'infiltrations au travers de rochers. Elle donne naissance à un ruisseau qui se jette dans la nappe lacustre sous-jacente.

La *Sène*, qui forme la cascade de la Langouette, aux Planches, dans le vallon de Foncines, sort d'une intersection de fissures déterminant une sorte de bassin demi-circulaire. L'eau transsude partout entre des pierres mousseuses et fait immédiatement mouvoir des usines.

Le *calcaire jaune*, qui fournit la plupart des moellons employés aux constructions lyonnaises et qui forme la superficie de presque tous nos plateaux calcaires, est subdivisé en assises minces, nombreuses, très fendillées et par conséquent très perméables. On peut, à cet égard, le comparer à une maçonnerie en pierres sèches. Eh bien, les couches de cette roche qui dominent Chessy, au nord, laissent échapper plusieurs sources assez fortes, même en temps ordinaire. Mais lors des grandes pluies de 1852 et de 1856, il s'en établit une foule d'autres, par lesquelles toutes les caves et même les rez-de-chaussées des maisons situées au pied de l'escarpement, furent inondés, malgré l'interposition des masses de tufs qu'elles devaient traverser.

Le même calcaire se retrouve au Mont-d'Or où il donne également naissance à de belles fontaines, telles que celles de Saint-Romain et de Poleymieux. Indépendamment de ces eaux, on en voit plusieurs autres de moindre importance, disséminées çà et là dans les vignes et dans les carrières voisines de la Saône. Elles surgissent à divers niveaux, tantôt près des marnes supraliassiques et tantôt à quelque hauteur au-dessus. Celle de Renain sort du front de taille de la partie des carrières de Couzon qui est sur le territoire d'Albigny. Etant disposée à peu près sur la moitié de l'épaisseur du calcaire, elle découle de ses interstices en formant d'exiguës cascades d'environ cinq mètres de chute, sujettes à se déplacer vers l'aval-pendage des couches, selon l'avancement des exploitations, et son volume ne grossit pas sensiblement par suite de l'arrivée des pluies, probablement à cause de son élévation au-dessus des marnes.

Dans la carrière de Decrain, à laquelle on arrive par le vallon de Molleton, il en est une autre habituellement à sec; mais au moment des inondations, elle déverse une quantité d'eau suffisante pour faire tourner un moulin, et l'on entend le bruit qu'elle fait dans le rocher.

Une seconde vallée, placée au sud de la précédente, celle de Rochau, par laquelle on gravit de Couzon au Mont-Bourru, en présente cinq, placées à diverses hauteurs dans les vignes ou sur le chemin, au bas des falaises calcaires. Leur débit est variable, et, pendant les averses soutenues, leur volume devient tel qu'il en résulte un ruisseau capable d'occasionner d'assez graves dégradations, ainsi que cela est arrivé notamment en 1856. La promptitude avec laquelle se produit leur flux s'explique d'ailleurs facilement par les dislocations de la roche, qui, à partir du vallon de Molleton, affecte deux inclinaisons en sens inverses. M. Thiollière a remarqué, en outre, que, non loin de là, sur le territoire du Bel-Air près d'Albigny, il existe une bramafan désignée sous le nom de la *Constance*, probablement par antiphrase.

12° Orifices absorbants. Scialets.

Les détails qui précèdent, étant suffisants pour faire comprendre les particularités du phénomène de l'écoulement des eaux à la surface, nous allons aborder le sujet inverse, c'est-à-dire celui des absorptions. Celles-ci, naturellement encore, peuvent s'effectuer par les crevasses aussi bien que par les *abîmes* ou *scialets*, tubes que l'on rencontre partout dans les parties calcaires de la Côte-d'Or, de la Haute-Saône et du Jura,

D'après mes observations faites sur les montagnes de la Drôme, ces orifices absorbants ne sont pas toujours semés au hasard. Plusieurs d'entre eux se trouvent ordinairement alignés selon certains axes qui indiquent que leur établissement a été facilité par des fractures, dont les eaux d'infiltration ont profité pour effectuer leurs érosions souterraines. J'ai encore pu constater que les orifices des cavernes sont souvent placés sur le prolongement de ces mêmes lignes. Il arrive, d'ailleurs, que le plateau sur lequel apparaissent ces gouffres, étant parfois légèrement concave et très étendu en surface, un seul d'entre eux peut ne pas suffire pour engloutir l'ensemble des eaux pluviales amoncelées dans le bassin. Il se forme donc un lac temporaire qui s'exhausse jusqu'à ce qu'il rencontre un scialet plus élevé. Dans certains cas d'abondance extrême, celui-ci étant également incapable d'effectuer l'absorption, le niveau de la nappe aqueuse monte jusqu'à un troisième entonnoir placé plus haut.

Eh bien, ces faits se reproduisent en grande partie dans les montagnes du Jura, ainsi que dans celles de la Bourgogne.

Le *Puits-de-Fenoz* reçoit les eaux du Dard, de la Voye et de la Baume. Il leur suffit pendant les étés; mais, à la suite de la fonte des neiges ainsi que des grandes pluies, l'orifice étant insuffisant, les eaux inondent le vallon. Alors aussi la partie basse des villages d'Orve et de Chasot, est quelquefois envahie jusqu'à la hauteur des premiers étages des maisons. Ce débordement est donc un véritable fléau pour la contrée.

A 10 kil. vers l'ESE de Besançon et à 185 mètres au-dessus de cette ville, est établie la plaine du Grand-Sône, d'environ 676 hectares de superficie et qui, étant couverte d'eau à diverses époques de l'année, constitue un large marais. Ses eaux ont un débouché par une cavité naturelle où elles vont s'engloutir. Mais ce passage, trop exigu pour les temps ordinaires, l'est à plus forte raison après les grandes pluies, et alors la submersion est complète.

Près de Belvoir et Sancey, vers Laviron et Landresse, non loin du *Grand-Saz*, du *Puits-de-Fenoz*, d'une foule d'entonnoirs et de sources remarquables, divers cours d'eau disparaissent de la même manière que les précédents.

Parmi les effets moins saillants, on peut citer le ruisseau sortant du lac de Grand-Vaux, lequel, après avoir fait tourner un moulin, s'engouffre immédiatement sous sa roue. Il en est exactement de même pour l'eau de la *Combe-du-Lac*. Au chalet des environs de Moirans, le ruisseau qui traverse le vallon s'enfonce subitement au milieu d'une prairie, sans laisser sur l'herbe aucune trace d'humidité à quatre pas du trou qui l'absorbe.

Dans la Haute-Saône, le Ramier se perd dans un gouffre à Gonvillard, et la Rigotte disparaît à Farincourt.

Enfin, près de Dijon, la Tille, la Venelle, ainsi que le Suzon, s'éclipsent aussi sous terre.

13° *Réapparition des eaux absorbées.*

C'est une idée très répandue, et souvent fort juste, que ces eaux reparaissent à des distances plus ou moins considérables du point où elles ont été englouties.

Ainsi, l'on croit que les quatre sources intermittentes de *Noire-Combe*, dans l'arrondissement de St-Claude, de même que les cascades de *Flumen* et de *Tresergey*, sont alimentées par les eaux du lac de *Grand-Vaux*, qui, dans cette hypothèse regardée comme très probable, feraient un trajet souterrain de près de 30 kilomètres.

Les ruisseaux du *Crouzet*, de *Migette*, ainsi que les eaux du marais de Villeneuve (Doubs), se précipitent dans l'entonnoir dit le *Puits-Billard*, situé en arrière et au-dessus des rochers de la source du Lizon. Dans les grandes crues, l'ensemble devient un torrent furieux tombant de plus de 100 mètres de hauteur, et pourtant cet entonnoir le reçoit en entier et le conduit à la susdite source par un canal intérieur de 400 mètres de longueur.

Les lacs de Franois et du Vernois envoient leurs eaux dans l'Ain par des conduits invisibles, à travers les fissures des rochers.

Le lac d'Antre est placé près des ruines de cette ville, si curieuse par les restitutions archéologiques qu'elle fait tous les jours. Il n'a que 600 mètres dans son plus grand diamètre, et il verse une partie de ses eaux dans la Bienne, au sud. Un canal souterrain conduit l'autre partie dans le ruisseau d'Hériat, qu'elle rejoint au Pont-des-Arches.

La Riverotte, après avoir dépassé Pierre-Fontaine (Doubs), tombe dans une grande crevasse ouverte sur une plate-forme calcaire, où elle s'unit à un ruisseau sortant d'une grotte peu profonde située sous la chute.

Dans le même département, sur le territoire de Vellevans, au lieu dit les Alloz, le vallon de Sancey possède, au milieu d'un rocher, une ouverture conique qui rejette quelquefois un volume d'eau considérable, et l'on croit qu'il n'est que le débouché d'aval des eaux dont le *Puits-de-Fenoz*, établi à quelques kilomètres vers l'est, serait l'ouverture d'amont.

Diverses personnes admettent également que la source de la Mouillère, sous le bastion du Battant, à Besançon, est le produit d'une dérivation de l'Ognon.

On a supposé que la partie des eaux du Doubs qui disparaît dans les rochers crevassés du val Saugeois, va produire, à 286 mètres plus bas et à la distance d'environ 10 kil., la source volumineuse de la Loue ; mais on a objecté que les eaux de celle-ci sont toujours claires, et qu'en outre, durant l'été, elle débite quelquefois plus d'eau que n'en a le Doubs. Enfin, il est démontré que les eaux du Doubs qui s'enfoncent sous les bancs rocheux de son cours supérieur, reparaissent aussi volumineuses à quelque distance du point critique, après un cours souterrain, soit par le fond de son lit, soit par les flancs caverneux des montagnes qui l'encaissent. Ce phénomène aurait donc certaine analogie avec celui de la *perte du Rhône* près de Bellegarde.

A cet égard, il ne serait pas hors de propos d'étudier plus attentivement le rôle de la grotte de l'Etouffière, qui est placée près du labyrinthe rocheux du Doubs, en aval des Brenets. On y entre en bateau quand l'eau est haute. Par les basses eaux on y pénètre à sec, et au fond de cette caverne on rencontre une ouverture passablement étroite, conduisant à une autre excavation dont le fond contient une nappe liquide.

La *Loue* n'est que le débouché de plusieurs cours d'eau, devenus souterrains après avoir été absorbés par les entonnoirs des plateaux et des vallons supérieurs du canton de Levier et des versants SO des cantons de Pontarlier et de Mouthe.

Il a encore été dit que le Creux-Gena ne déborde qu'autant que le Doubs est très fort, et qu'il se trouve en communication avec cette rivière dont il est éloigné de trois lieues, mais sur un terrain plus bas. Cependant on l'a vu émettre ses eaux dans des moments où le Doubs était voisin de son étiage.

Le *Suran*, affluent de l'Ain, est un torrent qui coule sur un lit rocheux, gercé et perforé d'entonnoirs en plusieurs endroits. Durant les chaleurs de l'été, la rivière disparaissant par ces fentes, notamment près de Noblans, laisse les habitants dans la disette ; mais, au moment des grandes pluies, elle revient avec une telle abondance qu'elle inonde les campagnes. On présume que le Suran contribue aux phénomènes de la vallée du Drom, dont il sera question plus loin.

On a également avancé que l'eau de la cascade qui jaillit vers l'extrémité et sur le côté septentrional du lac de Nantua, arrive par des canaux souterrains du lac de Sylant. Celui-ci est situé entre des rochers à environ 4 kil. de distance et à 162 mètres plus haut.

Le ruisseau qui descend le long du vallon de Rully près de Charrecey (Saône-et-Loire), s'engouffre à 10 mètres de distance de la roue du *moulin de l'Entonnoir*. Il reparaît après un trajet de 1500 mètres au Pont-Latin près de Mercurey, endroit placé à environ 100 mètres plus bas. Ce trajet, qui s'effectue en deux heures, a été constaté à l'aide d'une tentative fort simple; il a suffi de colorer les eaux.

La *fontaine de la Balme* sort à Rizerolles, du pied de la montagne de Rochebain près d'Azé (Saône-et-Loire). Il paraît résulter de quelques expériences qu'elle provient du ruisseau souterrain de la *Goulouse* dont la source est à Saint-Gengoux-de-Scissé, et qui disparaît subitement après un court trajet. A 50 mètres environ au-dessus de cette fontaine existe une grotte que peu de curieux visitent à cause des dangers de son parcours. Les habitants du pays prétendent d'ailleurs qu'elle traverse toute la montagne de Rochebain, de manière à s'étendre jusque sous la commune de Brancin, à 1 myriamètre 1/2 d'Azé. Quelle que soit la valeur de cette indication, elle suffit cependant pour mettre à même d'apprécier l'état perforé de ce terrain.

Les ruisseaux qui arrosent le territoire de Culles près de Buxy (Saône-et-Loire), s'engouffrent ensemble dans un pré situé un peu au-dessous du moulin de l'endroit, et leurs eaux ne reparaissent qu'à une distance de 2 ou 3 kil. sur le territoire de Collonge, hameau de Saint-Boil.

Enfin, dans la Côte-d'Or, la belle source de Bèze est supposée être alimentée par les eaux de la Tille ainsi que par celles de la Venelle que l'on voit se perdre entre Til-Châtel et Lux. En effet, depuis Selongey, celles-ci s'infiltrent dans les terres et finissent par s'y absorber complètement à l'extrémité de la prairie de Véronne-les-Petites, entre ce village et Lux, à l'altitude de 263 mètres. Au surplus, entre ce point et la source, dans les territoires de Véronne, de Bèze et notamment dans là forêt de Velours, on remarque de vastes et profonds entonnoirs produits par des affaissements, et indiquant le cours souterrain des eaux.

14° Katavothrons et Kephalovrysi.

Si quelques-unes des indications précédentes peuvent paraître plus ou moins problématiques, il ne doit pas en être de même des suivantes, dont la portée sera, d'ailleurs, mieux comprise quand, appuyé de l'autorité de M. Boblaye, j'aurai rappelé brièvement les phénomènes analogues de la Grèce.

Dans certaines parties de ce pays, où les chaînons montagneux sont emboîtés de manière à constituer des bassins complètement fermés, les eaux qui s'y réunissent formeraient autant de lacs, sans l'intervention des galeries naturelles désignées sous le nom de *katavothron*, et dont les embouchures inférieures sont connues sous celui de *kephalovrysi*. Quelques-unes de ces percées ayant été obstruées par suite d'accidents quelconques, les plaines d'amont furent inondées jusqu'à ce que des travaux convenables, ou bien encore quelques causes accidentelles aient remédié à ces inconvénients. Déjà du temps d'Alexandre, et tout récemment encore, il a fallu procéder au dessèchement du lac Copaïs, qui tend à se former de cette manière.

Ceci posé, on conçoit que la disposition cratériforme d'un assez grand nombre de vallées jurassiques doit y provoquer l'établissement du même régime, partout où les abîmes ne seront pas suffisants. C'est ce qui arrive, à divers degrés de similitude, dans les localités dont il va être fait mention.

Entre Bouverans et Bonnevaux, le Drugeon s'étale en un lac ou marais qui se dessèche, dans les printemps ordinaires, grâces à quelques entonnoirs par lesquels les eaux surabondantes sont absorbées et conduites dans des canaux souterrains. Le sol peut alors être partiellement cultivé, pendant l'été, lorsque l'année n'est pas trop pluvieuse.

Le lac Crotelle, que l'on trouve au bout d'une heure et demie de montée rapide au-dessus de Groslée en Bugey, est alimenté par plusieurs sources. Ses bords sont des prairies marécageuses, et l'excédant de ses eaux s'écoule vers le SO, par un fossé creusé dans la prairie et le long des escarpements, jusqu'à la rencontre d'une sorte de fente ouverte dans les couches calcaires. Cette fente a environ 0^m,60 de largeur sur 1^m,60 à 2^m de hauteur; mais quelques éboulis empêchent de pénétrer dans son intérieur. Une inscription relatée par M. Lortet, permet, d'ailleurs, de constater que cette bonde est en partie artificielle, en ce sens qu'elle a été élargie par les Romains pour abaisser le lac à son niveau actuel.

Voilà pour les lacs et pour leur écoulement souterrain. Voyons actuellement un katavothron complet.

La vallée de Joux (alt. 1024^m) s'étend de l'est à l'ouest sur une longueur de près de 30 kilom., dont une moitié est sur le canton de Vaud et dont l'autre partie appartient à la France. L'Orbe, qui arrose cette longue dépression, constitue trois lacs situés dans autant de concavités partielles différentes. Le premier porte le nom de son bassin, c'est-à-dire celui de lac des Rousses ou bien encore celui de *lac Tar* ou *Ter* (*lacus tertius*). Il est assez petit puisqu'il suffit de dix minutes pour en faire le tour; mais sa profondeur est remarquable et ses eaux s'échappent par un détroit pour se jeter dans le second évasement, qui est la vallée de Joux proprement dite. Ici les eaux, de nouveau stagnantes, dessinent le lac de Joux, dont la longueur est de deux lieues et dont la profondeur est de 26 mètres. Vient ensuite l'élargissement du sol qu'occupe le lac des Brenets. Celui-ci communique avec le précédent par un canal très court, sur lequel est établi un pont pittoresque;

il a 5 kilom. de circonférence, et, bien que l'Orbe le traverse à l'instar des précédents, on ne lui voit aucun écoulement apparent. C'est que ses eaux trouvent une issue souterraine au travers des joints verticaux des rochers, dans lesquels elles pénètrent par divers entonnoirs dont le plus grand, situé au NO, est l'ouvrage de la nature. Les autres orifices sont artificiels, et, pour les pratiquer, il a suffi de creuser des trous de 6 à 7 mètres de profondeur dans les interstices de la roche. Un petit banc de pierre sèche empêche les herbes ainsi que la vase de s'y introduire, et l'on a soin de les enlever de temps à autre afin d'éviter toute obstruction.

L'eau s'élance dans ces gouffres. Ses tourbillons intérieurs, ses bouillonnements invisibles sont d'une telle violence, qu'il suffit d'appliquer l'oreille contre certaines parties des parois verticales pour en entendre le mugissement. D'ailleurs, à 220 mètres plus bas, au pied d'un nouvel escarpement très élevé, elle revient au jour en formant immédiatement une rivière de $5^m,0$ de largeur sur $1^m,30$ de profondeur, et ce qui est surtout digne de remarque, c'est que l'on peut pénétrer assez loin dans les vastes excavations de cette nouvelle source, où l'Orbe roule en se précipitant avec une vitesse extrême. Bien plus, le courant a été utilisé pour faire mouvoir, au sein même de la montagne, diverses scieries connues sous le nom de moulins de Bon-Port, et, hors de là, cette rivière arrose aussitôt de ses eaux limpides, la gracieuse vallée de Vallorbe, pour aboutir enfin aux lacs de Bienne et de Neuchâtel. Le kephalovrysi avec son katavothron ne peut donc pas être reproduit d'une façon plus grandiose; aussi l'identité de ce phénomène avec ceux de la Grèce n'a pas échappée à la sagacité de M. Boblaye.

Au surplus, des études plus suivies permettront probablement de constater, dans le bassin de la Saône, l'existence d'un plus grand nombre de ces katavothrons, dont, après tout, le rôle n'est qu'une simple conséquence de celui des puits absorbants.

15° *Estavelles.*

Examinons actuellement certains modes d'écoulement moins simples que les précédents, mais par cela même d'autant plus propres à mettre en évidence l'agencement des cavités aquifères, et à compléter ce que l'on sait déjà au sujet des ramifications des courants profonds.de nos montagnes. En effet, des épanchements parfois énormes, des influences de pression, des associations pour le débit, des intermittences réglées par les sécheresses, vont s'ajouter à quelques autres particularités pour composer un régime singulier, qui, après avoir exercé la sagacité des observateurs, a dû faire placer au rang des merveilles de la nature les nouvelles espèces de fontaines qu'il s'agit de décrire.

Le premier type est caractérisé par deux bouches en quelque sorte jumelles; la complication peut être plus grande encore. Dans tous les cas, la destination des unes, qui sont habituellement à sec, est de servir à l'évacuation du trop plein des cavernes, du moment où l'orifice, dont l'écoulement est permanent, devient insuffisant par suite de l'exubérance des eaux. En ce sens, ces soupiraux représentent le phénomène inverse des scialets, qui unissent leurs efforts pour absorber.

Dans le Languedoc, ces bouches supplémentaires sont désignées sous le nom d'*Estavelles*, dénomination que j'ai jugé à propos de généraliser, en l'appliquant à tous les pertuis du même ordre, disséminés dans les autres contrées. Mais, avant tout, je complète ces aperçus préliminaires en disant que ceux des environs de Neffiez près de Pézénas, sont établis dans les calcaires siluriens, et qu'en outre cette seule station offre, dans un assez court espace, l'estavelle de Sauveplane, celle de Cabrières et celle de la Resclauze. Ces dernières ont vomi beaucoup d'eau pendant les pluies du printemps de l'année 1856; depuis dix ans, l'estavelle de Cabrières n'avait point fonctionné.

Les estavelles s'improvisent quelquefois, soit que l'eau parvienne à rompre des cloisons amincies avec le temps, soit qu'elle débourre d'anciens orifices obstrués par les argiles. Les détails suivants viendront à l'appui de ces indications.

Les grandes pluies du 29 juillet 1851 firent déborder tous les torrents et les rivières de la Forêt-Noire, du Jura, des Alpes et des montagnes subalpines, en occasionnant entre autres d'excessifs désastres dans le Vercors et dans le Royannais. Dans la vallée de la Bourne, au bout de quelques heures, l'eau faisait déjà irruption de tous côtés par des sources, qui, réunies aux eaux sauvages, provoquèrent des excavations et des éboulements de terrain. Sur divers points des environs de Chorance, la forte inclinaison des rampes déterminait des glissements de rochers; de quart d'heure en quart d'heure, les vignes, les forêts, les prés, disparaissaient par hectares. Le pont de Mane fut emporté par la Bourne dont la rage était effrayante. On vit alors, à 200 mètres au-dessous du sommet de la montagne de Cournont et hors d'un précipice de 300 mètres de hauteur, jaillir une énorme fontaine qui décrivait une courbe majestueuse dans l'espace.

Non loin de la vallée de la Bourne, se trouve celle du Cholet, dont le lit reçoit les eaux des sources de Laval, du Cholet et du Frochet. Le 30 juillet, l'ouverture de cette dernière ne suffisant pas au dégagement de l'eau, il se fit, sur la gauche et à 30 mètres plus haut, une autre issue que personne ne connaissait et qui répandit également une grande quantité d'eau. Quant au Cholet, il est muni de deux estavelles supérieures dont le déversement, pendant les grandes crues, est

un fait normal. Le 13 mai 1854, vers 3 h. s., des phénomènes
du même ordre se sont reproduits à la suite d'un violent orage
qui éclata sur la montagne de Larps ; mais ils se manifestèrent
plus particulièrement sur les sources de Laval, en ce sens
que, sur leur droite, il jaillit subitement une autre source
également inconnue, et dont l'eau était tellement abondante
que le Cholet, alors peu élevé, monta presque instantané·
ment de plus d'un mètre.

Naturellement, les flux de ces fontaines temporaires doivent
être en relation avec l'ampleur des cavernes, avec le diamètre
des débouchés pérennes et avec l'abondance des pluies, complications qui expliquent la rareté des émissions chez les
unes et leur fréquence chez d'autres. Au surplus, les exemples
suivants feront ressortir les caractères de leurs principales
variétés.

Le *Frais-Puits* doit être mis au premier rang. Il est placé
à 4 kil. au SE de Vesoul et à 1 kil. 1/2 au SO de Quingey,
au pied d'un rocher établi à la naissance d'un vallon étroit,
qu'arrosent les eaux de l'abondante source du Champdamoy,
située à 2 kil. en aval de cet orifice. L'estavelle est un entonnoir de 20 à 25 mètres de diamètre sur 16 à 17 mètres de
profondeur ; le fond est très étroit. Cette cavité contient toujours un peu d'eau qui croît et baisse selon l'état atmosphérique. Habituellement à sec, elle ne laisse échapper, en d'autres moments, qu'une petite fontaine ; mais après 2, 3 ou 4
journées de fortes pluies, l'eau s'élançant en bouillonnant à
quelques mètres au-dessus du bord, inonde en moins de
6 heures le vallon, la prairie de Vesoul sur une étendue de
10 kil., et même quelquefois les parties basses de la ville.
On voit alors comme un large fleuve, profond de $1^m,0$ à $1^m,30$,
dont le courant est d'une si grande violence qu'il entraîne tout
ce qui se trouve sur son passage, fait extravaser le Drugeon
avant de se jeter dans la Saône, dont il détermine le déborde-

ment local. Cet écoulement dure quelquefois trois jours, mais le plus souvent il ne persiste pas si longtemps; parfois la crue se maintient seulement durant six heures et elle cesse après la pluie.

Pour expliquer le phénomène, M. Thirria admet que l'entonnoir du Frais-Puits surmonte une vaste cavité souterraine, mise en communication par un canal avec le Champdamoy, qui est la seule source non intermittente connue dans cette partie du territoire. Celui-ci étant placé à environ 2 kil. en aval, laisse déboucher le trop plein du réservoir, et son abondance est telle qu'il fait marcher immédiatement un moulin à cinq tournants. Mais, après les pluies extraordinaires, l'eau d'infiltration ne pouvant s'écouler en totalité par l'orifice trop étroit du Champdamoy, élève progressivement son niveau dans le soupirail du Frais-Puits, d'où elle jaillit tant que dure la cause. Il est de fait que jusqu'à une certaine distance, toute la surface du terrain qui environne ce gouffre est garnie de monticules et de dépressions fissurées, percées de petits trous, et ces concavités étant plus élevées que le Frais-Puits, les eaux qu'elles rassemblent peuvent se réunir dans le bassin intérieur. Cette hypothèse est même d'autant plus admissible que les territoires de Villers-le-Sec, de Lademie et de Colombe sont tout-à-fait dépourvus d'eau.

M. Thirria place encore le *Puits-de-Courboux* au même rang que le Frais-Puits. En effet, il se compose également d'un puits naturel de forme conique, profond d'environ 10 mètres, ayant 30 mètres environ de diamètre à son orifice et 12 mètres inférieurement. Quand on s'en approche, on entend le léger bruit des eaux passant dans un canal souterrain, situé au bas de l'entonnoir, et par lequel arrivent à la surface du sol celles de la *Font-de-Courboux*. Le ruisseau qui en résulte, après avoir serpenté dans la prairie de Pennesière, se précipite dans un autre gouffre profond, et au bout d'un nouveau trajet souterrain, il reparaît à 3 kil. du village de Quenoche, dont il prend le nom. A la suite de grandes pluies, le Puits-de-Courboux se remplit progressivement, et bientôt l'eau en découle en si forte quantité que tout le vallon est inondé, depuis Courboux jusqu'à l'embouchure de la Quenoche dans l'Ognon. Ici donc, l'ensemble du système est analogue à celui des Frais-Puits; il y a également un réservoir souterrain recevant les eaux d'infiltration, et le Puits-de-Courboux en est le déversoir de superficie dans les moments de surabondance. On peut, d'ailleurs, admettre que ce canal est en communication souterraine avec la source d'Hyet et peut-être même avec celles d'Authoison et de Filain, bien que ces dernières soient éloignées de 3 et 5 kil. En effet, à la suite de l'affaissement survenu en 1750 dans un des vergers d'Hyet, les eaux se trouvant barrées pendant 24 heures, refluèrent de telle manière que le Puits-de-Courboux fut rempli, et que les fontaines de Filain, ainsi que d'Authoison, grossirent comme après des pluies abondantes.

Les détails qui précèdent suffiront pour faire comprendre que ces estavelles peuvent faire connaître les périodes remarquables par leur état pluvieux, et, dans le but de jeter quelque jour sur la question, le commandant du génie, M. Degors, a réuni les dates d'un certain nombre d'inondations. Elles sont consignées dans le tableau suivant, qui comprend les époques pendant lesquelles le Frais-Puits, ainsi que la source du village de Varogne, ont débité séparément ou simultanément. Cette dernière source, connue sous le nom de *Font-de-Voillot*, concourt à former le *ruisseau de Bâtard*, qui tombe dans le Drugeon, devant le village de Coulevon. Son puits vomit un torrent boueux qui, après avoir inondé les vallées inférieures, vient grossir, dans le bassin de Vesoul, la masse des eaux jetées par l'entonnoir du Frais-Puits dans les mêmes circonstances. Les deux orifices peuvent débiter à la fois l'énorme quantité de 100 mètres cubes par seconde, et ce produit est considéré pour la *Font-de-Voillot*, aussi bien que pour le *Frais-Puits*, comme provenant du trop plein d'un vaste réservoir rempli par les eaux pluviales.

DATES des inondations.	HAUTEUR au-dessus de la mer.	HAUTEUR à l'échelle.
1831 { 9 Août	224,25	2,75
4 septembre	224,35	2,85
1839 { 21 et 22 janvier	225,80	2,30
1840 { 30 octobre	223,96	2,46
1841 { 4 octobre	224,00	2,50
5 octobre	223,65	2,15
6 octobre	223,70	2,20
25 octobre	223,90	2,40
1842 { 29 octobre	223,90	2,40
1843 { 10 avril	223,85	2,33
28 et 29 mai	223,76	2,26
13 octobre	224,15	2,65
1845 { 16 mars	224,00	2,50
20 août	223,70	2,20
12 et 15 novembre	224,11	2,61
1852 { 17 et 18 septembre	224,35	2,85

La vallée de Drom, dans le Revermont (Ain), est comprise entre le Mont-Granier et le Mont-Charvet. D'après M. Riboud, sa largeur est de 1 kilom.; elle est ouverte au nord comme au sud, et son fond est passablement cultivé quoiqu'il soit très inégal, rempli de crevasses, d'affaissements. Partout il est hérissé de rochers décharnés, perforés, verticaux, sortant de terre comme des dents, accidents fort analogues à ceux que l'on remarque autour du Frais-Puits. D'ailleurs, la stratification n'étant pas d'accord avec celle des côtes voisines, on peut supposer que l'ensemble de ces irrégularités est l'indice d'une voûte énorme qui se serait affaissée.

Au milieu de ce bassin est le village de Drom, possédant

une fontaine placée dans un enfoncement disposé en entonnoir. Son eau baisse et tarit fort souvent; elle s'élève en
d'autres temps sans s'échapper. Ces mouvements, du genre
de ceux que l'on peut remarquer dans certains puits, portent
à admettre qu'elle n'est pas une source ordinaire, mais bien
une colonne siphonnante qui se rattache par le bas à une
grande nappe souterraine.

Indépendamment de ce phénomène, et après les pluies
abondantes, on voit encore la vallée se remplir bientôt d'une
eau limoneuse et sableuse. Mais ces inondations peu durables
ne proviennent pas des eaux sauvages qui ruissèlent le long
des rampes voisines, car ces courants momentanés se partagent en dehors et en dedans de la vallée, dont les couches
encaissantes sont inclinées, et dont les fissures sont dirigées dans divers sens. D'ailleurs, si les pluies du pays
étaient capables d'occasionner cet effet, elles devraient également le reproduire dans les vallées voisines, au nombre
desquelles on en voit qui sont plus profondes, bordées de
montagnes plus considérables, et de plateaux plus vastes.

C'est au contraire du fond perfide de ce bassin que les eaux
jaillissent, en divers endroits, sous la forme de jets nombreux,
et assez violents pour que plusieurs d'entre eux puissent s'é-
lancer à 2 mètres de hauteur avec un diamètre de plusieurs
centimètres. Dans ces moments, le sol semble être percé
comme un vaste crible; les eaux foulées par une force
invisible bondissent de toutes parts hors de leur réservoir
souterrain; mais après l'inondation, elles sont réabsorbées
avec une promptitude égale à celle de leur arrivée, et leur
retraite s'effectue par la multitude des trous et des entonnoirs, mis en évidence par ce déluge qui, dans sa petite
sphère, réalise la grande image biblique..... *Et facta est
pluvia super terram..... Rupti sunt omnes fontes abyssi magnæ
et cataractæ cœli apertæ sunt.... Reversæque sunt aquæ de terrâ
euntes et redeuntes.....*

Ces débordements passagers se reproduisent toutes les années avec divers degrés d'intensité, quelquefois même à trois ou quatre reprises, au grand préjudice des habitants. En 1840, le village eut à souffrir beaucoup plus que de coutume; pendant plusieurs jours, il fut en grande partie baigné par les eaux qui, dans certaines maisons, s'élevèrent à la hauteur de $2^m,70$; les pluies du 29 juillet 1851 et celles de 1856 renouvelèrent le mal.

J'ai déjà dit que le lac souterrain de Drom paraît être en connexion avec le Suran. En effet, le lit de ce torrent est plus élevé que la vallée en question. D'ailleurs, si l'on place l'oreille à mi-coteau, dans le bois de Jarvenaz, qui est situé sur le trajet, on entend les eaux fuyant sous les rochers et leur bruit tend à démontrer la communication. Il est encore permis de présumer que les ruisseaux ou les rivières des autres vallées, placées à l'est de celle de Drom, lui livrent un certain contingent. Réciproquement, son bassin inférieur est muni de déchargeoirs placés à l'extérieur de ses parois, sur des points assez rapprochés. L'un deux produit, à Jasseron, la source assez abondante du Jugnon; d'autres eaux débouchent au hameau de France, dans le vignoble de Meillonas, et les fontaines, aussi bien que les ruisseaux qui sortent depuis Treffort jusqu'à Journans, ou peut-être plus loin encore, paraissent être alimentés par la même cause.

S'il est vrai, ainsi qu'on le dit, qu'il existe des titres attribuant au seigneur du pays des droits sur le lac de Drom, il faut admettre qu'au lieu d'être, comme de nos jours, habituellement souterrain, il occupait autrefois la superficie. Se serait-il engouffré à la suite de quelque éboulement, ou bien parce que ses eaux parvinrent à perforer la roche qui leur servait de lit? La tradition est muette à cet égard. En tous cas, l'absence des souvenirs n'empêche pas de faire ressortir les analogies et les différences qui existent entre le phénomène de Drom et celui de Vesoul.

De part et d'autre, on voit des débits temporaires liés à des écoulements permanents. Mais, combien la complication de l'un est éloignée de la simplicité de l'autre? Champdamoy et Frais-Puits n'offrent qu'un satellite rattaché à un corps principal. Drom, au contraire, avec son lac, avec son puits escorté d'une centaine de dégorgements éphémères, avec ses sources intarissables de Jasseron, de Meillonas, de Treffort et de Journans, avec ses infiltrations supposées du Suran, Drom, dis-je, est là comme un de ces mille caprices prodigués par la nature, à dessein de diversifier l'ornementation de la grandiose ceinture montagneuse qui encadre notre bassin.

Un nouvel exemple ne peut que faire encore mieux ressortir le fond de notre pensée.

L'auteur anonyme de l'*Almanach de Lyon* pour l'année 1760, ainsi que Alléon Dulac en 1765, ayant avancé que la *Fontaine de Brinieux* près d'Anse est sujette à tarir dans les années pluvieuses, et qu'elle donne avec beaucoup d'abondance dans les plus grandes sécheresses, on comprendra facilement qu'une pareille interversion des lois qui régissent les sources dut attirer mon attention. Le premier résultat de mon enquête fut que la source en question peut être considérée comme n'étant autre chose qu'une *bramafan*. Elle vomit en effet des courants pendant une grande partie de l'année si pluvieuse de 1829. Plus récemment, Brinieux a débité à la suite des pluies de mai et juin 1853, qui, dans la contrée environnante, donnèrent la quantité de $228^{mm},8$ d'eau, soit en moyenne $114^{mm},4$ par mois, d'après les observations de notre Commission hydrométrique. A son tour, l'année 1854 eut deux périodes pluvieuses en mai-juin et octobre-novembre, produisant respectivement $221^{mm},6$ et $196^{mm},7$, d'où l'on déduit les moyennes mensuelles $110^{mm},8$ et $96^{mm},3$ d'eau; il n'y a donc rien qui doive surprendre dans la réapparition de la source aux deux reprises subséquentes. Cette fontaine déversait également en mai 1856, à la suite des grandes inondations qui caractérisèrent ce printemps. Alors il tombait dans la région lyonnaise 292^{mm},0 d'eau pluviale, et l'écoulement persista jusqu'à l'époque des vendanges. Par contre, en avril 1857, on ne remarquait que de faibles suintements après des pluies de 87^{mm},1. D'ailleurs, en juin de la même année, époque de ma visite, la quantité d'eau fournie par l'atmosphère ne s'élevait qu'à 58^{mm},5. La source devait donc être à sec, et c'est effectivement l'état dans lequel je la trouvai. Si d'autre part je prends la somme des pluies tombées dans le district depuis le mois de janvier, laquelle s'élève à 77^{mm},6, pour la comparer au produit d'avril, j'arrive à admettre qu'il suffit d'un surcroît d'environ 10 millimètres pour déterminer les premiers indices de ses épanchements.

Ma tâche, on le conçoit, ne se bornait pas à détruire une erreur; il me fallait encore détailler le phénomène et prévenir les exagérations. A l'égard de celles-ci, certains lecteurs, combinant quelques-unes de mes indications avec la sinistre désignation de *bramafan,* et encore avec les détails de certaines narrations trop poétiques, pourront en venir à s'imaginer que Brinieux possède une ténébreuse caverne, telle qu'en ont rêvés l'Arioste et la belle Scheherazade.

Eh bien, rien de plus désillusionnant que l'aspect des lieux! En montant d'Anse à Brinieux, par la route de Lucenay, on rencontre bientôt un pont au bas duquel gît le réduit obscur, très peu saillant, qui constitue l'un des éléments de l'intéressant problème hydrographique qu'il s'agit de résoudre. A peine peut-on découvrir quelques crevasses dans la roche, et encore, au moment de ma visite, un malencontreux cultivateur avait masqué les plus importantes sous les herbages et les pierrailles extirpées de ses vignes. L'état des parties environnantes suffit cependant pour démontrer que l'eau s'échappe encore de diverses autres jointures d'un calcaire

oolitique, dont les bancs minces, irréguliers, fissurés, paraissent être orientés NE-SO, en inclinant d'environ 15° vers
le SE. Et l'ensemble des filets aqueux, réuni à un courant
que les pluies font naître dans le vallon, forme bientôt un
torrent passablement ravageur pour sa taille, car son lit et
ses berges sont assez fortement corrodés.

Envisageant actuellement les faits d'une manière plus générale, je ferai remarquer que Brinieux se trouve placé dans
une ride qui longe les plaines de la Saône depuis la vallée
du Morgon jusqu'à celle de l'Azergues. Cette file de collines,
aux pentes douces, si peu élevées, si riantes, si riches de
culture, si embellies par ses châteaux, qu'elle fait naître
irrésistiblement l'admiration des voyageurs qui naviguent
sur la rivière; cette ligne, dis-je, est en outre le siége de phénomènes géologiques forts importants. On y trouve entre
autres nos divers étages calcaires, le *lias*, les *marnes supra-
liasiques*, le *calcaire jaune*, le *ciret* et l'*oolite de Lucenay*,
autrement dite la *pierre de Tournus*. Elle montre de plus
une série de failles, les unes transversales, les autres longitudinales, qui ont été l'objet des études particulières de
mon digne ami, M. Thiollière. Il en résulte d'abord que
quelques-unes des roches sus-mentionnées sont échelonnées
à diverses hauteurs jusqu'aux altitudes de 357, 414, 398, 402
mètres, au Mont-Buisanthe, à Saint-Cyprien, à Marcy et à
Charnay. Une autre conséquence de ces cassures est la production d'un assez grand nombre de sources abondantes,
permanentes, et sans doute liées à celle qui fait l'objet de
mes discussions du moment.

Ainsi, en s'élevant au-dessus de la plaine, on trouve
presque immédiatement, à peu près à 1 kilomètre au sud
d'Anse, la *fontaine de Chiel;* puis au nord de la même ville
gît celle du château de Belle-Fontaine. Le point d'émission de
cette dernière est voisin du ciret et des alluvions; la première,
qui est à peu près au même niveau, s'échappe du pied d'un

petit escarpement oolitique que surmonte la route. Leur altitude est d'environ 180 mètres. D'autres eaux apparaissent ensuite à un niveau un peu plus élevé et dans la position intermédiaire du château de Jonchay; elles émanent d'un point près duquel on remarque le triple contact de l'oolite, du ciret et des alluvions, à l'altitude de 197 mètres.

Mais le domaine de Jonchay est étendu sur une rampe passablement inclinée, de façon que si les sources abondent autour de sa partie inférieure, elles cessent de se montrer au jour vers le haut, où déjà il a été nécessaire de creuser un puits assez profond pour les trouver.

Bien plus, en montant encore d'une certaine quantité, on entre dans la campagne de M. Calvé, qui, au bas de ses jardins, n'obtient une eau permanente qu'à l'aide d'un puits aboutissant probablement au même niveau que celui de Jonchay, tandis que vers la partie culminante de la propriété, il a fallu recueillir dans des citernes celle qui tombe sur les toits des habitations.

Or, le point d'émission de Brinieux est placé immédiatement derrière la propriété Calvé, près d'une nouvelle jonction de l'oolite et du ciret, que l'on peut supposer être à l'altitude d'environ 210 mètres.

Voilà donc trois échelons, passablement différents, qui, pour plus de simplicité, peuvent être rapportés au niveau de la Saône, dont l'altitude est 168^m,3. Et si, d'ailleurs, l'on combine avec ces hauteurs les températures des eaux, telles qu'elles ont été obtenues le 27 juillet 1856, on arrive à composer de l'ensemble des données, le tableau suivant, disposé selon l'ordre, de haut en bas :

	Hauteur au-dessus de la Saône.	Températures.
Brinieux	42^m	»
Puits de Jonchay et de Calvé	39	10°,1
Source permanente de Jonchay	29	11°,4
Sources de Chiel et du château de Belle-Fontaine	12	11°,8 à 11°,9

Ainsi donc, dans ces gradations dominées par les culmi-
nations de Saint-Cyprien et de Marcy, tout s'accordant pour
faire de la position élevée et mixte de Brinieux, une dépen-
dance des sources pérennes de Chiel, de Belle-Fontaine, de
Jonchay et des puits Jonchay et Calvé, je me crois parfaitement en droit de conclure que cette fontaine intermittente
n'est autre chose que l'estavelle du système aqueux sous-
jacent. On le voit d'ailleurs, cette estavelle est bien autrement diffuse que celle du Drom, et c'est en cela qu'elle
m'a particulièrement paru digne d'attention.

Au surplus, la même chaîne pourrait encore présenter
d'autres points d'émission analogues, car, en se dirigeant
vers le sud, on trouve successivement de nouvelles sources
à Morancé, tandis que non loin de là, une bouche ne déverse
que par intervalles, pour arroser un vallon au milieu duquel
existe un lit habituellement à sec. Ajoutons que sous ce
dernier village, le château de Beaulieu, placé sur les alluvions du bassin de la Saône, ne peut avoir que des puits,
et même au hameau voisin, dit le Tredo, M. Burnier a dû
percer environ 4 mètres de dépôt meuble, puis 34 mètres
de calcaire oolitique avant de rencontrer l'eau dont il désirait
enrichir sa propriété. Cette station offrirait donc également
de nouveaux sujets d'études, mais, comme elles ne feraient
que démontrer surabondamment le rôle hydrographique
des cassures et des fissures de ce sol si disloqué, je regarde
comme plus utile d'entrer dans des détails au sujet d'une
station remarquable par la multiplicité de ses accidents.

16° *Complications hydrographiques des environs de Porrentruy.*

Après avoir appuyé à diverses reprises, de mes observations personnelles, celles qu'il m'a été possible de collecter

dans les écrits de divers observateurs, je dois encore fournir un dernier contingent plus circonstancié et plus complexe que les précédents. Il concerne les sources variées des environs de Porrentruy, et pour mettre à même d'apprécier convenablement les causes de leurs divers agencements, quelques aperçus géologiques et orographiques ne seront pas superflus.

On saura donc que la station est dominée au sud par le Lomont, courant de l'est à l'ouest, et atteignant des altitudes de 800 à 950^m. Cependant, malgré sa hauteur, cette chaîne ne sépare que d'une manière incomplète les eaux rhénanes des eaux rhodaniennes. La Halle, entre autres, bien qu'appartenant au versant alsacien, aboutit, après un long circuit, au Doubs qui, lui-même, est contenu sur le revers méridional par l'infranchissable barrière que lui oppose la grande arête en question.

Ces allures sont les conséquences de l'entrecroisement de divers chaînons dirigés, les uns à peu près E-O, de même que le Lomont, les autres étant orientés du SO au NE, parallèlement à divers autres axes que l'on peut observer d'une manière plus précise le long des rives du Doubs. Les intersections des deux groupes sont d'ailleurs accompagnées de cassures transversales, ou bien de relèvements qui tantôt permettent aux courants de traverser les chaînons de part en part, et tantôt les obligent à faire des détours pour aboutir à leurs embouchures.

Nous ne suivrons pas ces accidents dans leurs détails. Il suffit, pour notre objet, de faire ressortir la disposition affectée par un chaînon dont la largeur, l'étendue et le glacis prolongé en pente douce vers le nord, font en quelque sorte une contrescarpe placée en avant du rempart que compose la chaîne principale. Parmi les stations établies sur son dos, on peut citer Blamont, Dannemarie, Grandfontaine, Fahy,

Courtedoux, le château de Porrentruy, Cœuve et Vendlincourt. Enfin, son élévation abrupte en face du Lomont, et la stratification à peu près horizontale de ses couches, indiquent qu'il est le résultat d'un soulèvement ou d'une faille, de façon que la solution de continuité, établie le long de son pied, paraît de nature à arrêter parfaitement les eaux superficielles ou souterraines, qui, venant du sud, tendraient à s'écouler vers le nord. Cette présomption sera, du reste, suffisamment justifiée par les faits.

Une large vallée, ou si l'on veut, un fossé, sépare le Lomont de cet ouvrage extérieur. Cette dépression a été utilisée pour l'établissement de la route qui, de Pont-de-Roide, se prolonge vers l'est en passant par Blamont, Damvant, Reclère, Cheveney, Porrentruy, Alle, Miécourt et Charmoille où se trouvent les sources de la Halle.

Ce fossé n'est pas simple, car il est divisé longitudinalement en deux parties par une petite chaîne subordonnée, détachée du Lomont au SO de Bressaucourt, et qui n'est qu'une enfilade de collines de plus en plus déprimées, désignées sous les noms de *Montaigre*, *Mavaloz*, *l'Oiselier*, *le Banné*, *la Perche*, *et l'Ermont*. Leur trace dégénère en petites buttes perdues dans la plaine de Cornol que domine le Mont-Terri, ou autrement dit le camp de Jules César. Bressaucourt, Villars, Courgenay, Courtemautruy, sont placés dans la concavité laissée au sud de cet axe, tandis que la partie au nord, encore plus déprimée, renferme Porrentruy et Alle.

Si les couches de la contrescarpe sont à peu près horizontales, à Courtedoux aussi bien qu'à Alle, il n'en est plus de même à l'égard de celles qui composent l'arête en question. Leur ensemble, fortement courbé, a fourni à M. Thurmann ses types de ploiements des voûtes coralliennes et de leurs divers genres de ruptures, que l'on peut étudier au Banné, à la Perche et à l'Ermont. D'ailleurs ces ruptures, encore plus intenses au Montaigre et aux carrières de l'Oiselier, n'y laissent voir qu'un simple redressement des assises en regard du Lomont, l'autre moitié de la voûte étant probablement affaissée au-dessous du niveau de la plaine sous-jacente.

D'autres accidents compliquent cet arrangement. En effet, diverses cassures transversales établissent la communication entre les parties basses adjacentes. Ainsi, de Bressaucourt, on peut descendre à Porrentruy par la crevasse qui disjoint Montaigre et l'Oiselier; il est également possible de passer par celle qui sépare l'Oiselier d'avec le Banné. A son tour, celui-ci est détaché de la Perche par la scissure de Fontenois, d'où un chemin aboutit à Villars. De même encore la gorge de Voyebœuf facilite le trajet de la ville à Courgenay. D'ailleurs, indépendamment de ces dislocations quasi limitées dans le petit chaînon, il faut distinguer la grande fente qui, partant de Villars, passe à Fontenois, traverse Porrentruy et se prolonge du côté de Pont-d'Able. C'est par elle que toutes les eaux de la partie du fossé comprise entre Bressaucourt et Charmoilles, et venant, par conséquent, de l'ouest et de l'est, s'échappent pour arriver au Doubs vers Montbéliard.

Notons enfin que le fossé général a des limites plus reculées. Etant déterminées par deux bosselures dirigées à peu près perpendiculairement au Lomont et à sa contrescarpe, elles établissent les vrais partages des eaux de la contrée. La première est celle de Damvant qui fait déverser, vers l'ouest et vers le nord, le Gland et le Roule, tandis qu'elle oblige les courants de son revers oriental à tirer vers l'axe général d'écoulement de Porrentruy. L'autre dorsale, du même ordre, se trouve à l'est, près de Charmoilles. La Halle en descend vers l'ouest; la Lucelle et l'Ill tirent dans le sens opposé.

En dernière analyse, une plaine inégale, oblongue, bifide, comprise entre le Lomont et sa contrescarpe, limitée à l'ouest

et à l'est par les barrières de Damvant et de Charmoilles,
constitue le bassin de réception des eaux pluviales dont proviennent les diverses sources qui, directement ou indirectement, aboutissent au défilé de Porrentruy. Sa longueur,
d'environ 24 kilomètres, sa largeur moyenne qui atteint environ 5 kilomètres, et sa position au pied du Jura, grand
condenseur des vapeurs aqueuses, en font un ensemble passablement privilégié au point de vue qui nous occupe. Cependant, par suite de la constitution inégale du sol, la partie
orientale , d'où dérivent la Halle ainsi que ses premiers
affluents, n'offrant aucun des phénomènes qu'il s'agit de décrire, il n'en sera plus fait mention ultérieurement. Par contre,
mon attention a dû se concentrer essentiellement sur la partie
orientale, à l'égard de laquelle, je m'empresse de le dire,
mes recherches ont été fortement facilitées par les utiles
indications de M. le professeur Kohler. Encore, pour introduire une certaine clarté dans l'exposé de la multitude des
détails, il m'a fallu subdiviser le travail, et je rendrai tout
d'abord compte des phénomènes que j'ai pu observer dans
Porrentruy.

Indépendamment de quelques sources intermittentes dont
il sera fait mention par la suite, cette localité possède des
fontaines intarissables, ainsi que l'explique nettement le vers
latin :

Fontibus ex quatuor Bruntulum nomina sumpsit.

En effet, la dénomination germanique de la ville, *Bruntrut*,
peut être considérée comme composée des deux mots *bronn*,
fontaine, et *tru*, abondante, interprétation qui, pour le dire
en passant, me paraît préférable aux traductions *pons-reintrudis*
ou *pons-ragenetrudis*, dans lesquelles on fait intervenir à la
fois le latin *pons* et le mot celtique *ragen, rein, ren*, indiquant
un cours d'eau.

Quoiqu'il en soit de ces explications, on doit admettre dans Porrentruy, d'après les indications de M. Michaeli, les fontaines suivantes qui dérivent parfois d'une même source:

	Altitudes.
La Beuchire........................	420^m
La source de la Boucherie...	421
Chaumont et Maupertuis......	418
Les Pâquis et Bonnefontaine...	415

Ces dernières sont d'ailleurs, à peu de chose près, au niveau de la Halle, et toutes étant disposées dans la longue concavité qui remonte à l'ouest, vers Chevenay et Rocourt, il a paru naturel de chercher, dans cette direction, l'origine de ces eaux.

Eh bien, en tirant ainsi vers l'amont, on rencontre, à la distance d'environ 4 kilom., au pied nord du Montaigre et au niveau de la prairie, le Creux-Gena, dont les flux sont, sinon complètement intermittents, du moins sujets à de brusques et intenses variations. Ne contenant habituellement qu'une petite nappe limpide, silencieuse, quoique animée d'un mouvement attractif vers l'intérieur, il n'éveillerait guère l'attention, si ce n'étaient la profondeur du gouffre, le rocher jaunâtre, lézardé, horizontalement stratifié qui l'abrite, et le site agreste, ombreux où il est confiné. Creux-Gena est de plus intermittent. Viennent les autans pluvieux et les neiges fondantes, la coupe presque épuisée se remplit. L'invasion brusque des eaux, expulsant l'air des canaux qu'il avait envahis durant l'étiage, fait naître parfois un bruit rauque et prolongé qui expire en bulles écumantes. *Creux-Gena beugle*, disent alors les campagnards des environs, et bientôt le torrent, surmontant sa digue, s'élance dans la plaine, s'y déroule avec plus ou moins d'impétuosité, et va partager Porrentruy en deux, avant de se jeter dans la Halle.

Ces débordements foudroyants, étant bien faits pour émerveiller les anciens, ils donnèrent à la cavité le nom de Creux-Gena, c'est-à-dire celui de *Creux-du-Sorcier* ou *Creux-du-Génie,* parce qu'ils supposèrent qu'elle servait de retraite à un être surnaturel. La science actuelle se contente à moins de frais. Peu soucieuse de la poésie des croyances païennes, il lui suffit, pour le cas présent, de connaître les relations de Creux-Gena avec les sources de Porrentruy.

Son altitude est de 450^m. Se trouvant ainsi placé à environ 30^m au-dessus de ces dernières, il était permis de supposer que la partie souterraine de ses eaux doit se dégager par leurs orifices, de sorte que l'on aurait ici la reproduction du phénomène des estavelles. L'hypothèse ne tarde d'ailleurs pas à passer à l'état de certitude, du moment où, en suivant le lit superficiel, on observe dans la prairie quelques affaissements manifestes quoique peu caves, les uns anciens, les autres récents ou raffraîchis. Bien plus, dans la partie voisine de Beaupré, on entend, dans les temps calmes et en certains endroits, le bruit d'un courant intérieur. Il ne peut être que celui auquel sont dues les érosions, les dépressions qui en jalonnent pour ainsi dire la route. Dès lors, rien n'empêche d'admettre sa liaison avec les épanchements continuels de la Beuchire, ainsi que de ses collatérales. D'ailleurs, l'on prétend avoir remarqué que la limpidité des eaux de ces sources subit toutes les vicissitudes de celles du Creux-Gena, qui sont tantôt limpides, tantôt limoneuses.

Arrivée à ce terme, la question est loin d'être épuisée, bien qu'habituellement l'on se contente de visiter le Creux-Gena, parce qu'il est en effet le plus pompeux des débouchés du pays. Mais la vallée, remontant encore plus loin, jusqu'au barrage de Rocourt et Danvant, on comprend aussitôt que les vrais points de départ des eaux doivent être cherchés vers cette extrémité. Poursuivant donc la route indiquée, on trouvera

d'autres pots avant d'arriver à Chevenay. Trois d'entre eux sont
établis à 15 pas en amont du pont ; puis l'on rencontre le *Creux-
des-Prés*, et, ici, de nouvelles relations se manifestent. En
effet, Creux-des-Prés débite en même temps, mais beaucoup
plus rarement que Creux-Gena, et seulement quand celui-ci ne
suffit plus. Il n'arrive même qu'en troisième ligne, car ses déver-
sements sont précédés par ceux des orifices voisins du pont,
conformément aux préséances déterminées par les altitudes.
En définitive, aux sources pérennes des bords de la Halle suc-
cède une première estavelle, puis viennent des estavelles d'estavelles, largement espacées, de plus en plus intermittentes,
conformément à leurs hauteurs, et il me semble qu'un pareil
enchaînement est suffisamment démonstratif pour ne plus
rien laisser à désirer à l'égard de la parfaite solidarité de ces
divers débouchés.

A son tour, Creux-des-Prés est dominé par la région plus
élevée, passablement accidentée, assez brusquement faillée de
Chevenay, Rocourt, Danvant, espace sur lequel on découvre
encore plusieurs fondrières. D'ailleurs, le premier de ces endroits possède des scieries et des moulins mus par l'eau qui,
sortant d'un puits émissif placé au sud, disparaît subitement dans un puits absorbant, établi dans la prairie, à une
assez petite distance en amont du Creux-des-Prés.

Et, si l'on persiste dans ce système d'investigations, on finit
par découvrir, vers les culminances du Lomont, qui atteignent l'altitude de 932^m, le village de Rochedor. Il est doté
d'une belle fontaine ; d'autres filets s'échappent encore, non
loin de là, d'une combe oxfordienne près des Vacheries-
Dessous, et l'ensemble des eaux se dirige vers Chevenay ;
mais en temps ordinaire, ces courants disparaissent au milieu
des pâturages, où les entonnoirs se multiplient suivant la
descente. La pente du terrain, permettant d'ailleurs de supposer
que les veines liquides reparaissent au jour par le puits de

Chevenay, on voit que sur ces rapides déclivités le régime hydrographique est sensiblement différent de celui des bas-fonds peu pentifs. Ici l'eau, intermittente ou non, une fois émise, n'est plus manifestement réabsorbée ; sur les rampes, au contraire, elle apparaît pour disparaître et reparaître tour-à-tour, suivant les brisures du terrain, et ces vicissitudes ne cessent qu'au joint de rencontre de la partie horizontale avec la partie inclinée du sol. Là s'établit, d'une manière définitive, la grande nappe qui, en temps normal, alimente les fontaines de la ville et qui, aux époques critiques, vomit le trop plein de son chenal par les embouchures temporaires du Creux-Gena, du pont et du Creux-des-Prés.

Cependant, nous n'avons jusqu'à présent tenu compte que des afflux provenant de la vallée basse, et il a été dit que sur le revers méridional de la levée du Montaigre, de l'Oise-lier, du Banné, de la Perche et de l'Ermont, il existe une vallée haute, parallèle à la précédente, limitée au sud par le Lomont, et à l'ouest par le chaînon qui s'en détache à Bressaucourt. Cette plaine n'est pas indifférente dans la question. Loin de là, son adjonction est nécessaire pour expliquer l'intensité du débit attribué au Creux-Gena. Le détail des faits, devant d'ailleurs justifier cet énoncé, nous allons commencer par la partie occidentale où se trouve le dernier de ces villages.

La concavité pentive de Bressaucourt, dont l'altitude est d'en-viron 520^m, reçoit du Lomont deux ruisseaux. Elle possède de plus sa source propre, la *Douve,* qui alimente les fontaines de l'endroit où elle fait tourner un moulin. Tout porte, d'ailleurs, à croire qu'elle dérive simplement des infiltrations qui s'effec-tuent au travers de la terre végétale des parties supérieures, soit qu'elles proviennent entièrement des pluies, soit qu'il s'y ajoute quelques échappées venant des côtes voisines. Au même point, converge un premier courant assez fort, descen-dant de la métairie dite Sous-les-Roches, qui est à peu près au niveau de Rochedor; il reçoit ainsi son tribut de la même combe oxfordienne. Les masses réunies de la Douve et du ruisseau suivent une rigole, dans laquelle on voit l'eau, d'abord assez compacte, disparaître et reparaître successivement, puis s'effacer complètement, sans même avoir atteint l'extrémité du pré qu'elle arrose. Les bords du canal sont manifestement effondrés sur divers points; l'on m'a même montré, sur la moitié du trajet, un trou de 1^m environ de diamètre, au fond duquel l'eau coule assez vivement vers l'aval, quoique la nappe soit établie, pour ainsi dire, sous les racines du gazon et dans un lehm fort peu pierreux. Une canne peut être enfoncée de toute sa longueur au milieu de cette boue, sans rencontrer d'obstacles. En outre, diverses parties de ce sol, mal drainé par la nature, sont constamment fangeuses. Enfin, sur d'autres endroits, on peut entendre l'écoulement souterrain.

Sur le côté méridional de la prairie en question, s'étend une autre dépression distincte de la précédente, non-seulement par son niveau qui est moins élevé, mais encore par la multiplicité et par le bel évasement de quelques-uns de ses creux tapissés d'herbes. De plus, le second des ruisseaux de ce recoin du pays s'y rend en tombant des sommités de Calabry, où il surgit au travers de gros rochers également liés à la longue et haute combe oxfordienne déjà mentionnée. En temps ordinaire, ce courant se perd à la hauteur de Fréteu, et par ce détail se complète sa ressemblance avec celui de Rochedor. Mais l'identité ne va pas au-delà, car ce dernier ressuscite en quelque sorte brillamment au puits de Chevenay; l'autre, au contraire, paraît demeurer dans la tombe. Cependant, les circonstances locales s'accordent pour faire admettre sans peine que le ruisseau de Calabry doit se confondre souterrainement avec celui du moulin de Bressaucourt, au confluent des dépressions respectives, et qu'à partir de ce point, ils tendent naturellement à se jeter dans la vallée du Creux-Gena, autour du Mavaloz, en profitant de la crevasse qui sépare Montaigre de l'Oiselier. Cette nouvelle jonction s'effectuant d'ailleurs également sous terre, ce n'est qu'autant que d'abondantes pluies auront amplifié convenablement les nappes, qu'il sera permis de vérifier la réalité de ces aperçus.

Entre l'Oiselier et le Banné se trouve une autre échancrure, qui paraît n'entailler qu'imparfaitement la dorsale jurassique. Aussi ne voit-on là que les sources connues sous les noms de la *fontaine aux chiens*, la *fontaine aux jésuites*. Elles sont habituellement faibles, même intermittentes dans leur état actuel. Etant jadis pérennes, l'appauvrissement est attribué à la destruction des forêts. Telles que je les trouvai elles étaient dépourvues d'eau, si bien que l'emplacement de l'une d'elles a été labouré, et l'on dit que ce tarissement persiste depuis un an et demi, c'est-à-dire depuis le début de la période sèche du moment (1858). J'ai d'ailleurs observé, sur le versant occidental du Banné, plusieurs indices d'anciens effondrements, dont quelques-uns paraissent avoir servi de carrières. Leur disposition, à peu près sur l'axe de la crête où se trouve la rupture de la voûte calcaire si bien décrite par M. Thurmann, porte à admettre que ces creux, ainsi que les déchirures de la butte, ne sont pas indifférents dans la question de l'existence de ces sources. En tous cas, s'il est facile de voir que leur influence sur les débordements de Creux-Gena doit être très minime, on comprend aussi que le fait de l'adjonction des nappes de Calabry, de la métairie Sous-les-Roches, et de Bressaucourt à celles de Rochedor et des Vacheries-Dessous, suffit pour rendre raison de l'intensité du phénomène. Encore n'a-t-il pas été question, jusqu'à présent, des eaux provenant de la contrescarpe qui borde au nord la plaine occidentale de Porrentruy. Toutefois, avant d'aborder cette nouvelle zone, nous allons continuer notre revue des effets produits par la chaîne du Lomont.

L'interminable cirque oxfordien, suivi depuis Rochedor, laisse découler d'autres torrents vers Villars, par les combes de Sainte Croix et d'Es-Tennes. De même que les précédents, ils sont absorbés par les terres de la plaine dont la pente les conduit directement sur Porrentruy ; mais, arrêtées par la dorsale, leurs eaux sont obligées d'enfiler la gorge dont Fontenois occupe l'entrée, pour aboutir à la Halle après avoir longé les murs de la ville. Cette gorge n'est elle-même qu'une véritable cassure qui, dirigée du sud au nord, laisse sur la gauche les hardis escarpements du Banné, et sur la droite les abruptes de la Perche. Des petites crevasses de son fond, que l'on peut trouver en amont d'une prairie, près de la maison curiale de Fontenois, on voit s'élancer, pendant les temps de pluie, diverses sources sans nom. A côté des fêlures précédentes, on voit l'*Oyate* (petite oie), autre soupirail plus remarquable, et placé à un niveau un peu plus élevé, contre les flancs du Banné. Déversant dans les mêmes circonstances que ses voisines, il complète le système des estavelles de la fontaine pérenne qui, à quelque distance en aval, subvient aux besoins du village et même à ceux d'une partie de Porrentruy. D'après les étymologistes, son nom de *Bacavoine*, corruption de *Bec-Avoine*, dérive du celte *bec*, bouche, et du gaëlique *abhainn*, eau. Pour ma part, je ne mentionne ce détail que pour faire ressortir, en passant, l'importance de cette nouvelle source.

Parmi les autres écoulements de la combe oxfordienne, il reste encore à indiquer celui qui, des hauteurs du Plain-Mont, se précipite par Courtemautruy vers Courgenay, à la sortie duquel il se perd dans le sol de la même plaine pentive qui a déjà englouti ses congénères. Son cours souterrain, barré par la même arête rocheuse, ne peut également s'échapper vers la Halle que par une découpure, et, en biaisant un peu, il trouve celle qui fait des buttes de l'Ermont et de la

Perche, deux membres distincts d'un chaînon d'ailleurs parfaitement continu.

Dans cette traversée, les eaux reparaissent de distance en
distance, mais d'abord intermittentes et à l'état d'estavelles,
comme à Fontenois. Cependant, plus abondantes ici, elles
jaillissent du fond très creux d'un lit de torrent, et, parmi
leurs pertuis, il faut distinguer spécialement la *Creulle* qui
est placée au bas d'un mur à parapet, destiné à soutenir la
route. Cette fontaine a coulé en 1857 et non en 1858 ; elle
fonctionne du reste beaucoup plus rarement que Creux-Gena,
mais avec une violence qui, d'ailleurs, est exaltée par la déclivité du chenal et par l'appui qu'elle reçoit de ses bouches
complétives. Deux belles sources, à écoulement continu,
l'*Ermont* et le *Voyebœuf*, achèvent l'opération du débit. La
première, qui est placée en tête de la prairie, est un large
puits émissif donnant naissance au Bief, ruisseau qui, vers
le débouché de la vallée, s'augmente encore des eaux du
Voyebœuf, de façon que l'ensemble constitue un affluent
presque aussi puissant que la Halle elle-même.

Ici doivent s'arrêter naturellement nos recherches au sujet
des eaux du fossé compris entre le Lomont et sa contrescarpe ;
mais celle-ci possède aussi son hydrographie, dont il serait
impossible de faire abstraction sans laisser quelque chose
d'incomplet dans nos détails. Aussi, sans plus tarder, je ferai
remarquer que la superficie de ce prétendu plateau n'est pas
un simple glacis déclinant en pente douce vers le nord, ainsi
qu'il a été permis de le dire tant qu'il n'a été question que
de considérations générales. Depuis sa lisière méridionale,
il s'élève rapidement d'abord jusqu'à une gibbosité intérieure,
à partir de laquelle commence seulement à se manifester la
déclivité opposée. Cette indication résulte non-seulement de
l'inspection attentive des lieux, mais encore des données nu-
mériques que l'on peut grouper de la manière suivante :

Altitudes

		Altitudes
Stations voisines de la lisière méridionale.........	Au nord du Creux-Gena, près Courtedoux.	520ᵐ
	Aqueduc au NO de Microferme.........	513
	Waldeck...........................	532
	Au-dessus de Bellevue...............	480
Stations sur la gibbosité intérieure	Fahy..............................	642
	Le Rombois........................	614
	Villars-le-Sec......................	621
	Bois de Corgère....................	603
Versant septentrional.........	Montbouton........................	573
	Saint-Dizier.......................	535
	Gramont...........................	502
	Bois des Goutis....................	401
	Bois du Fays......................	405
	Lébétain..........................	430
	Grande-Rague.....................	434

Il s'ensuit naturellement que les eaux pluviales, qui tombent sur la pente sud de ce plateau, doivent pouvoir se rendre dans la vallée du Creux-Gena, et d'ailleurs les combes Maillard, Gaigneraz, Grandrichard, ne sont, en définitive, que les rigoles par lesquelles s'effectuent ces écoulements superficiels qui vont augmenter directement la surface inondée. Un autre contingent est fourni par la voie indirecte des infiltrations ; celles-ci nous ramènent encore une fois vers des détails du même ordre que ceux qui nous ont occupés dans les autres occasions.

Ainsi, les cartes indiquent des vallons arides autour de Fahy, Mormont, Bure et Croix. A cet égard, le nom de Villars-le-Sec paraîtra sans doute non moins expressif ; d'ailleurs la même pénurie se manifeste jusque vers l'extrême lisière, car Courtedoux, village bâti en amphithéâtre sur la falaise qui domine Creux-Gena, ne possède que des citernes, et, durant les sécheresses prolongées, les habitants sont dans la nécessité d'aller s'approvisionner à Porrentruy.

Les effondrements ne m'ont point paru communs sur la partie du plateau que j'ai parcouru; mais les escarpements permettent de voir çà et là des calcaires très fendillés, état qui suffit pour donner lieu au tamisage des eaux pluviales. Aussi s'épanchent de loin en loin des sources, telles que la *fontaine de Pierre-Ronde*, au-dessus de Blamont, puis, entre Rocourt et Grandfontaine, celle du *Trou du Cher-Temps* qui n'est en travail que tous les deux ou trois ans, à la suite d'averses très soutenues et après que Creux-Gena a épanché plusieurs fois. Courtedoux, dont je viens de faire ressortir la misère, devient également prodigue en de pareils moments, et bien à contre-temps, car il ajoute, à la masse débordée de son voisin, les jets de ses deux bouches qui sont placées au niveau de la prairie. Dans une situation plus rapprochée de Porrentruy, sous le vivier près de Microferme, on voit une petite source continue. Enfin, au delà, sur les bords de la Halle, Courchavon, ainsi que Milandre, sont dotés de puits émissifs.

Ces stations ramènent naturellement à Porrentruy, dont j'ai laissé de côté deux sources intermittentes, par la raison qu'en vertu de leur gisements et de leur régime, elles me paraissaient complètement indépendantes des fontaines pérennes indiquées en premier lieu.

Les deux sources en question sont:

Altitudes.

La fontaine des Capucins	425^m
Le Creux-Belin, environ	440

La dernière, qui se trouvait à peu près à mi-hauteur de la partie méridionale de la ville, sortait d'un trou de 1^m de profondeur, situé sous des bâtiments. Ce soupirail dédié, d'après l'ingénieur des mines, M. Quiquerez, à *Bel* ou *Belenus*, dieu du soleil des Celtes, ne fonctionne plus. Il n'en reste

d'autre souvenir que le nom de son emplacement, et, faute
de plus amples indications sur son régime, il est inutile de
s'arrêter davantage à son sujet.

La *fontaine des Capucins*, dans la rue du Faubourg, a pris
son nom du couvent des religieux de cet ordre, dont elle
occupe une cave placée à 4 ou 5 mètres environ au-dessous de
la rue voisine. Son goulot est également un trou d'une profondeur de 3 à 4 mètres, avec un diamètre de $0^m,50$; il consiste
d'ailleurs en un puits maçonné, au fond duquel se trouve
l'eau qui jaillit très rarement, de même que celle du *Trou
du Cher-Temps*, et seulement à la suite de pluies fort
soutenues. Il faut au moins que Creux-Gena déverse avec
une grande violence et d'une manière prolongée, pour que
l'effet ait lieu; mais alors l'épanchement s'effectue avec
une violence et une abondance à inonder tout le faubourg.
Il n'est d'ailleurs pas superflu d'ajouter que ce débouché
est adossé au pied du rocher qui couronne le château.

Celui-ci, en effet, est muni d'un magnifique puits artificiel
de $4^m,50$ d'ouverture supérieure, et atteignant jusqu'à $54^m,5$
de profondeur. La source des Capucins étant située à $35^m,7$
au-dessous de sa margelle, il s'ensuit que le fond de ce puits
est à $18^m,8$ plus bas que le niveau de la fontaine. Mais, durant
les temps pluvieux, l'eau s'élevant dans ce même puits jusqu'à
$16^m,88$, on voit qu'il ne reste, entre la surface de sa nappe et
celle de l'orifice des Capucins, qu'une différence d'environ 2^m.

Observons encore que le puits est alimenté par une
source sortant d'une crevasse placée au sud, c'est-à-dire du
côté de la ville, le trop plein s'écoulant au nord par un orifice pareil, établi au même niveau, et qu'indépendamment
de cet affluent principal, on a reconnu une autre petite source
émanant à $0^m,48$ au-dessus du fond. Ainsi donc, ce puits est muni
de diverses ouvertures, que rien n'empêche de supposer liées
aux tubulures qui amènent l'eau dans la source des Capucins.

Et, comme on vient de l'expliquer, l'embouchure de celle-ci n'étant qu'à $2^m,0$ environ au-dessus de l'eau du puits, on conçoit que dans les temps d'exubérance extrême, elle peut devenir l'estavelle d'une nappe souterraine, dont le débouché normal est peut-être du côté du Pont-d'Able, c'est-à-dire à Milandre ou à Courchavon. C'est ainsi que se complète le régime hydrographique dont j'ai cru devoir tenter l'esquisse, parce qu'en vertu de sa complication, il résume la plupart des autres phénomènes déjà mentionnés, en comprenant de plus le rôle d'une terre végétale, suffisamment perméable pour rivaliser avec les orifices absorbants des masses calcaires.

17° Des fontaines périodiques.

Pour clore ces détails au sujet de l'hydrographie souterraine, il me reste à insister sur un dernier phénomène qui a vivement fixé l'attention des anciens. C'est celui des *fontaines périodiques,* qu'ils mettaient en opposition avec les *fontaines uniformes* et les *fontaines temporaires.* En effet, leur jeu, qui s'effectue à de courts intervalles, est assez merveilleux pour exiger quelques connaissances des lois de la physique, d'autant plus que certaines complications viennent parfois introduire de la variété dans l'écoulement des eaux.

Par suite de leurs observations, ils avaient distingué entre autres les *fontaines périodiques intermittentes* d'avec les *fontaines périodiques intercalaires,* plus ou moins complexes. Chez les premières, il survient un tarissement complet à la suite d'une émission, tandis que les secondes présentent des espèces de flux et de reflux, de sorte que sans cesser entièrement de couler, elles éprouvent des retours d'augmentation et de diminution après un temps plus ou moins considérable.

On avait reconnu, en outre, les *fontaines périodiques réci-*

proques dont l'action est complexe, en ce sens qu'elles possèdent deux débouchés par lesquels les eaux s'épanchent tour-à-
tour. Tels sont *Gourg* et *Boulay* dans le Lot. A ces indications
sommaires on peut ajouter, dès à présent, que ces intermittences diverses, dues à des crevasses jouant le rôle de siphons, se compliquent encore de l'intervention de l'air
comprimé dans les cavernes, et de l'état plus ou moins pluvieux des saisons. Les exemples suivants suffiront pour faire
connaître les sources les plus remarquables en ce genre.

La *fontaine de Grain*, placée au pied de la montagne de
Rondaille, est la plus considérable parmi les sept principales
qui alimentent la Mouge à Azé (Saône-et-Loire). Son flux et
reflux, dont la période revient toutes les 24 heures, à midi
et à minuit, permet de voir d'abord l'eau s'élever pendant une
heure d'une manière très sensible, puis décroître avec lenteur.

La *source du Bout-du-Monde* ou du *Cul-de-Sac de Saint-
Ménévrault* près de Nolay, déverse également à gros bouillons
toutes les 24 heures.

La *fontaine binale* de Virey (Haute-Saône) a été ainsi
nommée parce qu'elle coule régulièrement deux fois l'année.
Souvent en été, lorsque les autres sources sont taries, elle
donne une eau assez abondante pour former un gros ruisseau,
et il lui arrive de disparaître en hiver quand les pluies gros-
sissent les autres cours d'eau. M. Thirria explique cette circonstance en admettant un siphon s'amorçant au moment où
les eaux de la cavité à laquelle aboutit sa courte branche,
atteignent le niveau de son coude. Il faut supposer en outre
que ce siphon est capable de débiter plus d'eau qu'il n'en
arrive dans le souterrain. Enfin, l'effet a lieu en été plutôt
qu'en hiver parce que dans la première saison les pluies sont
plus abondantes.

La *fontaine de Baudoncourt* (Haute-Saône) demeure tarie
durant plusieurs années, puis son cours a lieu pendant un,

deux ou trois mois. M. Thirria explique ces flux en admettant une structure intérieure analogue à celle du cas précédent; mais il faut en sus des pluies extraordinaires, de sorte que cette source est considérée dans le pays comme étant une bramafan.

La *Fontaine-Ronde* se trouve dans les environs de Pontarlier. Son bassin, sensiblement circulaire, a 6 mètres de diamètre. Rien n'y indique une source quand il est à sec; mais au moment où l'eau arrive, ce qui a lieu par intermittences à des intervalles assez rapprochés, quoique variables à chaque instant entre certaines limites, elle chasse devant elle une multitude de bulles qui imitent le bruit d'un grand bouillonnement. Le bassin se remplit en quelques minutes et se vide de même; ainsi, d'après M. Girod-Chantrans, le flux peut durer de 1 à 6 minutes, et la marche du reflux peut s'effectuer dans les espaces de 2 à 4 minutes. Cependant, malgré la continuité réelle du flux et du reflux, ces mouvements ne sont pas évidents dans les saisons pluvieuses, parce qu'alors le vallon est inondé.

La fontaine voisine du lac de Brassus, près des Rousses, opère ses mouvements tous les quarts d'heures.

La *fontaine intercalaire de Siam* (Jura), au sujet de laquelle les anciens ont fait tant de conjectures, présente une période de 7 minutes. Mais son jeu cesse en hiver et à la suite des fortes pluies, parce qu'alors les filets d'alimentation deviennent trop considérables.

Les environs de Saint-Claude présentent cinq cavernes percées dans le flanc escarpé d'un rocher situé près de Cinquétral. L'une d'elles est caractérisée par la *fontaine intermittente de Noire-Combe.*

Enfin, je vais clore cette liste par l'adjonction de la *fontaine de Groïn,* magnifique source sortant d'un bassin circulaire de 13 mètres de diamètre et muni d'un large soupirail disposé au fond de l'entonnoir. L'arrivée de ses eaux pures et transparentes s'annonce par un bruit dans le rocher; elles sortent bouillonnantes avec tant d'impétuosité, que si le visiteur ne se hâtait de remonter au premier signal, il serait enveloppé. Puis, tout-à-coup elles disparaissent entièrement. Les intermittences sont encore curieuses par suite de leur irrégularité. Souvent elles surviennent à plusieurs reprises dans la même heure; en d'autres temps, les jets s'effectuent durant plusieurs journées consécutives. Enfin, l'on remarque encore des stagnations de 8, 10 à 12 jours. Groïn est situé entre Belley et Nantua, sur le trajet par Champagne.

IIIᵉ PARTIE

—

18° Applications diverses.

Dans le cours de cette notice, j'ai fait ressortir diverses applications déduites, ou à déduire, de la connaissance des phénomènes naturels. D'abord, quand il fut question des fontaines maïales et diurnes (2), l'influence qu'elles peuvent exercer sur les résultats du jaugeage des rivières alpines a été mis en évidence. Le danger que l'on court en exhaussant les sources, a été rappelé à l'occasion de l'effet qu'une augmentation de pression peut exercer sur les canaux souterrains (9). Le rôle des orifices absorbants (12) n'a point passé inaperçu, et de plus, les travaux effectués par les anciens, pour le curage des katavothrons, ont fait l'objet de quelques détails (14). D'ailleurs, le jeu des bramafans et des estavelles (2,15) a été invoqué à l'appui de certains phénomènes météorologiques.

Cependant, la foule des autres indications relatives à des effets au moins curieux, ne devait pas aboutir à une simple coordination. Il importait de leur assigner un but pratique et large, celui d'éviter aux constructeurs les embarras qui peuvent être la conséquence d'opérations hasardées sur des terrains inconnus. Combien de fois n'a-t-on pas vu de fâcheuses déceptions survenir au moment de l'introduction des eaux dans des bassins, que l'on pouvait croire parfaitement étanches, par la raison qu'ils ont été établis sur des roches très solides ?

Cette raison est loin d'être suffisante, et, pour résumer l'ensemble des faits dans le sens actuel, je dirai qu'il existe en quelque sorte deux espèces de calcaires dont le rôle est manifestement distinct.

Les uns, massifs, c'est-à-dire formés de bancs très épais et durs, sont habituellement traversés de crevasses, de tubulures ou de gouffres. On a suffisamment expliqué que le géologue qui parcourt les vastes plateaux de nos contrées y rencontre presque partout des tuyaux aussi exactement circulaires que s'ils eussent été percés au compas, des creux irréguliers, ou bien encore des fentes très étendues en longueur. Sèches ou mouillées, ces lacunes superficielles n'en ont pas moins été autrefois, et ne s'en trouvent pas moins aujourd'hui en communication avec des canaux souterrains. Rarement les corrois d'argile, damés par les siècles, sont assez serrés, assez exactement appliqués pour ne laisser filer aucun suintement. Et du moment où une goutte passe, elle est suivie par une autre, si bien qu'enfin la voie finit par s'élargir en raison du nombre des infiltrations et de l'augmentation de volume des masses transsudantes. Au Mont-d'Or lyonnais abondent de belles carrières d'où l'on extrait le lias compacte. Elles permettent de voir sur divers points, et sur d'assez grandes hauteurs, des pertuis verticaux ou inclinés, alternativement étranglés et renflés, offrant çà et là des poches et des vides remplis de la terre la plus onctueuse. Ces tubulures suffiront au besoin pour justifier mes énoncés à l'égard de cette roche.

D'autres étages calcaires sont construits d'une manière différente. Ils résultent de la superposition d'une multitude de petits bancs affectés de fissures perpendiculaires, et le nombre de celles-ci équivaut aux grandes fractures, plus clair-semées du lias. Encore plus souvent qu'on ne le croit généralement, ces assises sont désarticulées par des tassements locaux, sans relation bien manifeste avec les effets des soulèvements. Les feuillets inclinent vers un centre, de manière à indiquer un abîme à l'état rudimentaire, de sorte que les interstices, étant élargis, facilitent par cela même l'introduction et l'émission des eaux. Notons, d'ailleurs, que si ces calcaires sont dépourvus des mises argileuses si fréquentes dans d'autres couches, ils ne sont pas pour cela privés de cavernes. La célèbre grotte de la Balme est précisément creusée dans un pareil système.

Sans doute, s'il ne s'agissait que d'une affaire simple, telle que l'est la construction d'une écluse à sas, on pourrait facilement, à l'aide de bétons suffisants, résister aux sous-pressions et remédier aux grandes ainsi qu'aux menues crevasses. Mais, remarquons-le bien, parmi les problèmes posés à MM. les ingénieurs, il en est qui concernent la possibilité du barrage de vallés dont le fond, dont les parois se trouvent d'ordinaire couverts d'une couche de terre végétale, et celle-ci ne laisse pas immédiatement découvrir les diverses solutions de continuité dont leurs roches sont affectées.

Ici donc, les renseignements géologiques interviendront d'une manière au moins utile, sinon complètement efficace. C'est pourquoi, fort de cette conviction, je dirai, dans un sens général, qu'il faut se méfier des étages jurassiques désignés sous les noms de lias, de grande-oolite, de corallien, etc., parce qu'ils peuvent être très caverneux. Il en est de même du puissant étage néocomien à *Chama*. Enfin, parmi les terrains inférieurs, on trouvera encore, dans les épais calcaires siluriens et dévoniens, des gueulards du même genre. Réciproquement, les calcaires de l'étage oolitique à petits bancs, étant plus souvent fendillés que caverneux, doivent travailler en quelque sorte par leurs fissures absorbantes ; ils

agissent par toute l'étendue de leurs surfaces, et par conséquent les tamisages qu'ils facilitent peuvent aboutir à des
effets non moins intenses que les engloutissements occasion-
nés par les larges bouches. D'ailleurs, je dois le répéter, les
cavernes n'y manquent pas, et il faut se tenir aussi bien en
garde contre le travail divisé, peu apparent, des uns, que
contre le fonctionnement énergique, mais clair-semé, des
autres: car les orifices des deux genres peuvent en définitive
permettre aux eaux de traverser certains contreforts montagneux. Et qu'on ne dise pas que je parle uniquement d'après
des hypothèses. Les tarissements du Doubs, du Suran,
de la Tille, sont là pour démontrer la possibilité de pareils évènements. Encore ne sont-ce que des effets rendus
plus palpables par l'exiguité des cours d'eau; mais combien
d'autres absorptions, pour être moins grossières, n'en ont
pas moins une influence très prononcée sur le régime des
rivières d'un pays calcaire. C'est pourquoi la prudence veut
qu'on les étudie avec soin. Au surplus, si même une
simple source est sujette à se perdre, quand on veut
en élever le niveau dans le but d'obtenir une chute plus
considérable, il arriverait certainement, dans un bon nombre
de cas, que l'établissement des retenues agirait d'une manière
identique, et, dans ces questions d'équilibre hydrostatique, le
plus évident des dangers que l'on ait à courir est celui de
jeter la perturbation dans les propriétés en déplaçant les sources qui en font la valeur, pour les pousser quelquefois sur
des points où leur établissement n'est ni désiré, ni désirable.

On pourra, au contraire, opérer avec une certaine sécurité
dans les marnes peu perméables des puissants étages supra-
liasiques, oxfordiens et du néocomien inférieur, pourvu toutefois
que l'on ne se place pas trop près de leur partie supérieure,
parce que là encore, elles se ressentent parfois de l'influence
des corrosions effectuées par les infiltrations des étages

superposés. D'ailleurs, il ne faut pas perdre de vue leurs fondrières déjà mentionnées.

Le degré de l'inclinaison des couches peut aussi avoir une grande influence sur les résultats des travaux. Ainsi, une vallée entaillée, dans un étage crevassé ou caverneux, qui plonge dans le sens de son thalweg et sous un angle à peu près égal, sera certainement assujettie à des chances de fuites bien autrement nombreuses qu'une autre vallée, qui couperait une suite de bancs d'égale puissance, mais inclinant plus fortement. Au reste, pour ne pas laisser une idée trop mesquine du rôle de ces dispositions dans l'esprit des personnes peu familiarisées avec l'importance des groupes en question, je dirai qu'on en connaît dont l'épaisseur, mesurée perpendiculairement à leurs deux surfaces limites, est de plusieurs centaines de mètres.

J'arrête ici mes aperçus géologiques. Des indications plus détaillées seraient parfaitement hors de saison vis-à-vis de la sagacité de nos ingénieurs. Il suffit d'avoir indiqué l'existence de certains dangers, pour qu'ils puissent en éviter les inconvénients dans leurs travaux. En cela également, ils sauront faire la part de l'empreinte d'exagération, qui est la conséquence naturelle de l'accumulation sur quelques pages d'un grand nombre de faits démonstratifs. Mon but, en établissant l'enchaînement des phénomènes, a été de les mettre à même d'éviter plus facilement les dangers et non pas de les arrêter devant la perspective d'une interminable série d'impossibilités. D'ailleurs, plusieurs d'entre eux ont parfaitement saisi certains côtés de la question. M. Parandier a publié, en 1855, une *Carte routière, orographique et hydrographique du Dép^t du Doubs*, dans laquelle l'existence d'une série de bassins fermés, et la porosité remarquable des terrains jurassiques, a été démontrée d'une manière plus détaillée que n'avait pu le faire M. Boblaye. J'ajoute que, dès les premières années de ce siècle, divers projets ont été mis en avant pour le déssèchement des marais du Grand-Sône et d'autres réceptables du même ordre; ils ont même été suivis de quelques travaux. D'autre part, M. Lamairesse, ingénieur à Lons-le-Saulnier, s'occupe depuis plus d'un an, pour le département du Jura, d'une carte analogue à celle dont on doit l'exécution à M. Parandier. Il a placé en outre, sur quelques-uns des bassins fermés et à la sortie probable des eaux, des udomètres ainsi que des déversoirs, afin d'arriver à connaître les relations entre les quantités d'eau tombées et celles sorties, puis, en sus, le temps qu'elles emploient pour traverser le sol. Il est permis d'espérer que ces études, si précieuses pour la géographie physique, seront fort avancées à la fin de 1859. Enfin, M. L'Eveillé, ingénieur en chef, actuellement chargé du service des inondations à Châlon, observait déjà, dans les parties jurassiques de la Corrèze, des phénomènes du même ordre que ceux sur lesquels je viens d'insister, et par cela même il généralisait une catégorie d'effets presque inaperçus en dehors du bassin du Rhône.

De mon côté, l'action dissolvante ou délayante des eaux souterraines, a été l'objet d'une assez longue suite de recherches dont le début remonte à l'année 1839. Elles aboutirent à la production d'un premier travail au sujet des *Effondrements de l'écorce terrestre*, inséré dans les Annales de l'Académie de Lyon, en 1852. J'attribuai alors, à leur influence, la formation de certaines vallées, et je mentionnai les bassins fermés, ainsi que les scialets du département de la Drôme. Toutefois, j'ai encore d'autres motifs pour revenir sur ces infiltrations, car loin de croire la question épuisée, j'admets n'en avoir posé ici que les préliminaires.

TABLE ALPHABÉTIQUE

FIN DE LA TABLE DES NOMS D'AUTEURS.

TABLE DES MATIÈRES

FIN DE LA TABLE DES MATIÈRES.